JN320255

行政法研究双書27

学問・試験と行政法学

徳本広孝 著

弘文堂

「行政法研究双書」刊行の辞

　日本国憲法のもとで、行政法学が新たな出発をしてから、六〇有余年になるが、その間の理論的研究の展開は極めて多彩なものがある。しかし、ときに指摘されるように、理論と実務の間に一定の乖離があることも認めなければならない。その意味で、現段階においては、蓄積された研究の成果をより一層実務に反映させることが重要であると思われる。そのことはまた、行政の現実を直視した研究がますます必要となることを意味するのである。

　「行政法研究双書」は、行政法学をめぐるこのような状況にかんがみ、理論と実務の懸け橋となることを企図し、理論的水準の高い、しかも、実務的見地からみても通用しうる著作の刊行を志すものである。もとより、そのことは、本双書の内容を当面の実用に役立つものに限定する趣旨ではない。むしろ、当座の実務上の要請には直接応えるものでなくとも、わが国の行政法の解釈上または立法上の基本的素材を提供する基礎的研究にも積極的に門戸を開いていくこととしたい。

塩　野　　　宏
園　部　逸　夫
原　田　尚　彦

はしがき

　本書は、学問法に関する論文集である。学問法は、学問の自由にかかわる実定法及び不文法の解釈論を扱う学問領域である。憲法論が大きな役割を演ずる領域であるが、学問を担う組織は国からの距離保障と国による支援という相反的な要請の調整が課題となり、調整の媒体は組織である。行政法学的には組織に対する国の関与をめぐって生ずる法関係や組織内部で生ずる法関係が検討の対象となる。そして、学問の担い手たる組織と国との関係や当該組織内部の関係には、規制的・権力的関係はなじまず、協働原則が妥当する（第1部第3章参照）。

　大学院の6年間を大学寮（向ヶ岡寮：2004年3月閉寮）で過ごした経験は、最終的に本テーマを選択するバックグラウンドとなったように思える。寮生たちは、老朽化した寮の建替え問題をめぐって、伝統的な寮自治を守るために長きにわたり大学や大学行政当局との交渉にあたっていた。しかし、寮自治が現代的な法の発展にそぐわないものを内在させてしまっていることに、大学院から入寮した筆者だけでなく、他の寮生たちも感じていたように思う。時代に即応した自治のあり方が問われていた寮や大学の問題は、筆者にとって身近にあった。

　本テーマ選択の遠因をたどるならば、金沢大学在学中に所属した鴨野幸雄先生（金沢大学名誉教授）の行政法ゼミにさかのぼることになる。大学4年生になっても進路に逡巡する筆者に、進学の道を勧めてくださったのは鴨野先生である。また、東京大学大学院法学政治学研究科公共政策Ⅰ（専修コース、2006年廃止）の受験に際して提出した研究テーマは、ゼミで興味をもった「行政指導」であった。大学院に進学後、同課題の勉強の過程でドイツ行政法総論の改革というテーマを知ることとなった。行政指導は日本の行政スタイルの象徴ととらえられてきたが、ドイツにおいても行政と市民との協働をエッセンスとするインフォーマルな行政活動が環境法

領域などで用いられていた。このことは法治主義を重んじるドイツの行政法学者たちを戸惑わせ、多様な参照領域での理論形成を通して行政法総論を充実させることを目指す行政法総論改革論議にも影響を与えていた。改革を主導するシュミット－アスマン先生が学問法という新たな参照領域を掘り起こそうとしていることに刺激を受けたのは、博士後期課程への進学が叶った1994年の終わり頃であった。同年はトゥルーテ先生の教授資格論文 „Die Forschung zwischen grundrechtlicher Freiheit und staatlicher Institutionalisierung" が刊行され、学問法の本格的な研究成果が世に出た年でもある。

　修士課程に引き続き博士後期課程でも指導教官としてお世話になっていた宮崎良夫先生に学問法をテーマとする件について報告した際、先生はトゥルーテ先生の前掲書の「はしがき」を読みながら「行政法各論」として学問法が扱われていることに興味深げなご様子であった。おそらく筆者がそうであったように、高柳信一先生の『学問の自由』を念頭に浮かべながら、大学法を中心とした学問の自由・大学自治をめぐる論議に思いをめぐらせておられたのではないだろうか。そして同時に一抹の不安を覚えていらっしゃったに違いない。筆者自身、学問の自由を扱いながら行政法的な論文に仕上げることには困難が伴うことを確信しつつも、他に魅力を感じるテーマをもちあわせていなかった。いささか荷の重いテーマ設定ではあったが、諸先輩方の優れた研究業績、とりわけ科学技術の法的統制に関する保木本一郎先生による一連の業績や、ドイツの学問法の研究成果を摂取した山本隆司先生の業績の存在は、本研究にとって大いに助けとなった。もっとも、本書ではなお十分に論じきれていないことも多く、今後も学問法について勉強を継続していかなければならないと考えている。大学院入学のころから、優れた論文に圧倒され、時に焦りを覚える筆者を気にかけてくださった宮崎先生に本書を進呈できることをうれしく思う。ようやく宿題の１つを終えたような気持ちである。

　わが国では、国立大学法人法の制定（2003年）を通じて大学に対する関

与法制が整備されたことにより、大学にはより行政法学的な検討が求められるようになった。また、大学外の研究機関の組織構造の問題、研究者の不正行為の頻発、大学における麻薬の使用、司法制度改革に伴う司法試験法制の改正論議など、学問のあり方とその周辺をめぐる課題は多い。学問の発展は、社会的な利益の増進に不可欠であり、その制度的な基盤を法的に検討する必要性は年々高まっているといってよいだろう。本書で取り上げたテーマはいずれも上記の諸問題に関係している。本書の刊行が、わが国における参照領域としての学問法の充実、ひいては行政法総論の内容の豊かさにつながればと思う次第である。

本書は第1部〈学問の条件整備と国の役割〉と第2部〈試験の法理〉とからなる。第1部は、筆者がこれまでに公表した論文がベースとなっており、第2部は書き下ろしである。

第1部の構成は次のとおりである。

第1章は、「大学に対する国家関与の法律問題」(明治学院論叢)法学研究68号(1999) 203-251頁に大幅な加筆修正を行ったものである。旧稿執筆当時、ドイツの大学法に即して大学と国との法関係を解明しようと試みたが、筆者には日本法への示唆を得るまでの分析力が乏しかった。そのため、旧稿はもっぱらドイツ法の紹介にとどまっていた。本書を刊行するにあたり、「第7節 結語―日本における国家と大学の法関係」で日本の法制度への示唆を得ることを試み、結果として、日本の国立大学法人法が予定する各種の関与を通して国と大学間に外部法関係が成立する論拠を示している。

第2章は、「ドイツの大学組織争訟」(明治学院論叢)法学研究70号(2000) 157-183頁をほぼ全面的に書き改めたものであり、扱う判例や学説、叙述内容も旧稿とは異なっている。本章では、ドイツにおける大学組織訴訟で扱われる大学内部の法関係を析出・検討し、わが国の大学内部の紛争の行政訴訟対象性について試論を提示した。

第3章は、「マックス-プランク協会」（明治学院論叢）法学研究72号（2001）213-230頁に大幅な加筆修正を行ったものである。本章では、私法人であるが公的資金の配分という国の任務を遂行するマックス-プランク協会を取り上げ、学問の自由の実現に配慮すべき国の枠組責任について検討している。旧稿ではドイツ法の紹介にとどまっていたが、本書を刊行するにあたり、「第1節 学問法の意義」で大学外の研究機関を検討する意図の説明を加えるとともに、「第3節 結語」では設置形態を問わず学問を営む組織が備えるべき基準、及び日本の私立大学のあり方を考える上で援用可能な知見を提示した。

　第4章は、「研究者の不正行為とオンブズマン制度」明治学院大学法科大学院ローレビュー2巻3号（2006）61-73頁に大幅な加筆修正を行ったものである。旧稿は、筆者が2002年9月から2004年9月（2002年9月～2003年8月［ミュンスター大学］、2003年9月～2004年9月［ハンブルク大学］）まで行った在外研究の成果の一部である。ハンブルク大学での1年間、当時DFGオンブズマンの任にあったトゥルーテ教授の下で研究することが叶い、その際に得た資料・情報をもとにしている。旧稿は、もっぱらドイツ法の紹介であり、また、情報と叙述の整理が行き届いていなかった。そこで本書を刊行するにあたり、叙述の順序等を改めるとともに、新たに加えた「第4節第2項 私見」では、ドイツにおいて研究者の不正行為に対処するオンブズマン制度が研究者の良き研究実践に関するソフトローを創出するシステムとして機能していること、その点で、わが国の類似制度とは異なることを指摘している。

　第5章は、「網目スクリーン捜査の法的統制」渥美東洋編『犯罪予防の法理』（成文堂・2008）291-303頁をベースにしている。旧稿は、警察政策学会が実施した犯罪予防法制に関する法制調査の結果であり、ドイツでテロ対策の一環として実施された大学等に対する大規模な行政調査に関する判例・学説を検討している。旧稿では、わが国への示唆について何ら言及がなかったため、本書の刊行にあたり、「第4節 日本法への示唆―大学と警察の協働と個人情報保護法」を加筆し、ドイツ法研究で得た知見をふま

えて、わが国における大学と警察との協働の可能性を個人情報保護法制に即して検討している。

　第2部は、「試験の法理」と題する1本の論文であり、全5章からなる。第2部では、職業の自由の規制として主に試験を扱い、学問の自由を主題とするわけではないが、国家試験と大学法制とは深い関係にあることから、学問法の課題としてとらえることができよう。試験判定には他の許認可に比して広範な判断の余地（裁量）が決定者（試験委員など）に認められ、そのため、実体法上の規律及び司法統制に限界が生じ、結果として手続による統制が重要となる。たとえば、ドイツでは実体法的な法治主義の弱化を組織及び手続により補うことを要請する代償原則（Kompensationsprinzip）が重要な役割を果たしており、同原則の適用により職業の自由の基本権から試験判定の再考を求める請求権等が導かれている。第2部では、ドイツの試験法理をふまえ、わが国の試験法の解釈及び制度のあり方について考察を加えている。

　本書の構想は、明治学院大学に着任して間もない頃からすでにイメージされていたが、遅筆のため、実現にはほど遠いというのが実感であった。その後、玉國文敏先生（現中央大学教授）をはじめとする明治学院大学のスタッフの方々のご厚意により2年間に及ぶ在外研究の機会を得たことは、構想を実現する励みとなった。また、大学院の先輩という縁もあって、大橋洋一先生には在外研究で学んだ知見を素材とした特殊講義（九州大学）の場を設けていただいた。こうした得難い機会を通して、おぼろげだった構想は、「大学法の日独比較研究―新公共管理による大学自治の変容」という具体的な研究テーマに仕上がり、同テーマは平成19年度及び20年度科学研究費補助金・基盤研究C（研究課題番号：19530029）の交付を受けることができた。本書はその成果である。

　筆者が行政法の研究者として、まがりなりにも歩んでこられたのは多くの方々のご指導のおかげである。

小早川光郎先生には、東京大学大学院での授業を通して、真摯かつ緻密に論文を読み解く姿勢を教えていただいた。以来今日に至るまで、あらゆる局面でお世話になっている。思い出深いのは、博士後期課程進学後にティーチングアシスタントとして参加した学部ゼミにおいて、研究と教育の一体性を体感したことである。ゼミ課題の設定を研究会での報告につなげるという鮮やかさは、当時の筆者に強い印象を残した。この貴重な機会を通して、筆者自身の教育・研究者としての原風景が形成されていったと感じている。本書の出版についても便宜を図っていただき、感謝の言葉もない。小早川先生の懐の深さに甘えるだけではなく、教育と研究に精進することを通して学恩に報いたいと改めて思う。

　宇賀克也先生と玉井克哉先生には、大学院在籍中から今日に至るまでご指導をいただいている。宇賀先生の精力的なご業績からは、本書を執筆するにあたり多くの示唆をいただいた。玉井先生にはRIETI（経済産業研究所）での「経済社会の将来展望を踏まえた大学のあり方」研究会（平成19年度）にお誘いいただき、同研究会を通して経済学や教育学を専攻する研究者の手による最先端の大学研究に触れる機会を得ることができた。さらに、同研究会の企画としてドイツの大学法に関する海外調査を担当させていただき、調査に際しては、トゥルーテ先生をはじめ、在外研究1年目にお世話になったエーラース先生など多くの方々のご協力を賜ることができた。

　幸いにも本書は、平成23年度科学研究費補助金・研究成果公開促進費（学術図書：課題番号235152）による出版助成を得ることができた。本書を執筆することができたのは、学生時代から教えを請うことのできた先生方は言うに及ばず、様々な仕事を通してお世話になった先生方のおかげである。また、大学院時代から常に学問的な刺激を与えてくれる仲間の存在がなければ、筆者のモチベーションは維持できなかったであろう。そして、明治学院大学及び首都大学東京の恵まれた研究環境とそれを支える先生方やスタッフの存在なくして、本書の刊行は実現しなかったに違いない。各位には感謝の気持ちでいっぱいである。

本書の刊行を快く引き受けてくださった弘文堂の皆様に対し、心よりお礼を申し上げたい。筆者にとって初めての著書を同社から出版できることは誠に名誉なことと思う。また、清水千香さんに本書の編集をご担当いただけたことは、筆者にとって実に心強かった。拙い筆者の原稿の矛盾点を丹念に拾い上げていただいたほか、わかりやすい表現についてもご提案をいただき、編集者が本書において果たした役割は大きい。清水さんには心からお礼を申し上げたい。
　最後になるが、大学の6年間及び大学院の6年間という長きにわたり学生として勉強する機会を与えてくれた両親と日頃の生活を支えてくれている妻と2人の子供たちにも心から感謝したい。

　　2011年8月

　　　　　　　　　　　　　　　　　　　　　　徳　本　広　孝

【凡例】
1　独語引用文献の末尾に記した数字は、原則として頁数である。文献によってはRundnummerをRn.と略記した上で数字を記載し、引用または参照箇所を示した。
2　引用文献の著者及びタイトルは適宜略記している。完全な情報は文献一覧を参照していただきたい。第1部では各章ごとに文献一覧を掲載し、第2部では最後にまとめて文献一覧を掲載している。
3　裁判所の判決及び決定は、原則として、年月日、判例集ないし掲載誌、頁数を示した。

目　次

第1部　学問の条件整備と国の役割

第1章　大学に対する国家関与の法律問題 … 2
第1節　はじめに … 2
第2節　大学法における大学自治 … 3
　第1項　大学の法的性質…3
　第2項　憲法による大学自治の保障…5
　第3項　自治事務と国家事務…6
　第4項　大学の自主法制定権…8
　第5項　協力領域…9
第3節　関与形式 … 10
　第1項　国家監督…10
　　(1)　法監督と専門監督(10)　　(2)　法監督の手法(11)
　　(3)　専門監督の手法(14)　　(4)　監督権限発動を抑制する理論(14)
　　(5)　司法上の救済(15)
　第2項　協力の形式…16
第4節　学則制定及び組織変更 … 18
　第1項　学則の認可…18
　第2項　組織変更…20
第5節　大学統括機関及び教授 … 21
　第1項　大学統括機関…21
　第2項　教　授…23
第6節　大学財政 … 26
　第1項　大学財政の制度…26
　第2項　国の監督…28
　第3項　会計検査…29
第7節　結語——日本における国家と大学の法関係 … 30
　◆第1章　文　献 … 35

第2章　大学組織訴訟 ……………………………………………………… *40*
第1節　はじめに ………………………………………………………… *40*
第2節　大学内部組織の法関係 ………………………………………… *43*
第1項　大学の組織構造…*43*
(1) 基本的組織(*43*)　(2) 大学組織改革(*44*)
第2項　内部法と外部法…*48*
第3項　権限の主観化…*50*
(1) 権限に関する紛争の「主観争訟」性(*50*)
(2) 権限の主観化の基準(*52*)
第4項　大学組織訴訟における学問の自由の意義 ……………… *53*
第3節　訴訟要件 ………………………………………………………… *55*
第1項　公法上の争訟、非憲法上の争訟…*55*
第2項　訴訟類型…*56*
第3項　関係人能力…*57*
第4項　原告適格…*59*
(1) 行政裁判所法42条2項類推適用(*59*)
(2) 固有の機関権の機能(*60*)　(3) 組織編成と学部(*63*)
第4節　結　語 …………………………………………………………… *65*
　◆第2章　文　献 ………………………………………………………… *71*

第3章　学問法と大学外の研究機関 ……………………………………… *76*
第1節　学問法の意義 …………………………………………………… *76*
第2節　MPGと国の枠組責任 …………………………………………… *79*
第1項　組織構造…*79*
第2項　内部組織の形成に関する基準…*84*
第3項　国による影響力の行使…*87*
(1) 大学外の研究機関に対するコントロール手法(*87*)
(2) 経済計画に関する交渉(*88*)
(3) 補助金交付に付される附款(*89*)　(4) 国の代表派遣(*90*)
第3節　結　語 …………………………………………………………… *91*
　◆第3章　文　献 ………………………………………………………… *94*

第4章　研究者の不正行為とオンブズマン制度……96
第1節　研究者の不正行為とオンブズマン制度……96
第1項　研究者の不正行為に対処する制度の必要性…96
第2項　不正行為の定義…98
第2節　オンブズマン制度設置の経緯……98
第3節　不正行為に対処するための組織と手続……103
第1項　DFGオンブズマン…103
第2項　結果報告書…105
(1) 事案の類型及び具体例(105)
(2) 通報者の保護の欠如(107)
(3) 研究者の不正行為の解明に関する組織の抵抗(108)
(4) 不十分な制裁(108)
(5) オンブズマン手続の透明性の欠如(108)
第3項　HRKマスター規定におけるオンブズマン及び調査委員会……109
(1) HRKマスター規定(109)
(2) フライブルク大学の場合(111)
第4節　ドイツの制度に対する評価……112
第1項　制度形成の法的基準と課題…112
(1) オンブズマン手続及び調査手続の目的(112)
(2) 判断基準(113)　　(3) 手続(114)
(4) 制裁(116)　　(5) 法律の留保(117)
第2項　私　見…118
◆第4章　文　献……122

第5章　大学と警察—網目スクリーン捜査を素材として……124
第1節　はじめに……124
第2節　網目スクリーン捜査の要件……125
第1項　権限行使のための実体的な要件…125
第2項　手続、訴訟の提起…128
第3項　「現在の危険」の存否に関する判例の展開…129
第3節　2006年決定の分析……131

第1項　旧NW警察法31条及び関係事実…131
　　第2項　分　　析…132
　　　(1)　網目スクリーン捜査の侵害的性質及び授権法律の合憲性(132)
　　　(2)　侵害の強度(134)　　(3)　具体的危険の必要性(135)
　第4節　日本法への示唆――大学と警察の協働と個人情報保護法……………139
　　第1項　早稲田大学事件…139
　　第2項　大学による警察への情報提供…141
　　　(1)　私立大学の場合(141)　　(2)　国立大学法人の場合(144)
　　　(3)　警察法2条について(146)
　◆第5章　文　献……………………………………………………………149

第2部　試験の法理

第1章　試験と法治主義……………………………………………154
　第1節　職業の自由と試験制度……………………………………154
　　第1項　職業の自由の規制としての試験…154
　　第2項　試験制度と法律の留保…155
　　　(1)　職業の自由規制と法律の留保(155)
　　　(2)　法律の留保及び代償原則(157)
　　　(3)　明確性の原則(158)
　第2節　法的安定性及び信頼保護……………………………………161
　第3節　比例原則………………………………………………………162
　第4節　平等原則………………………………………………………165

第2章　試験判定に対する裁判上の統制…………………………168
　第1節　1991年決定以前の学説と判例……………………………168
　　第1項　試験訴訟の始まり…168
　　第2項　判断余地説と代替可能性説…170
　　　(1)　古典的行政法における裁量の概念(170)
　　　(2)　判断余地説(171)　　(3)　代替可能性説(173)
　　第3項　連邦行政裁判所の反応…175

第 2 節　1991年決定の分析 …………………………………………………… *179*
　第 1 項　2 つの1991年決定…*179*
　　⑴　判断余地の縮減(*179*)　⑵　規範授権説(*181*)
　　⑶　機能法的な立脚点(*183*)
　第 2 項　1991年決定の論拠の検討…*186*
　　⑴　総説(*186*)
　　⑵　判断余地の正当化理由としての機会平等原則(*187*)
　　⑶　試験官の経験をふまえた評価（固有の評価基準）の必要性(*188*)
　　⑷　司法の機能限界（複雑性・反復不能性の根拠）(*190*)
　　⑸　試験委員会の設置(*191*)　⑹　試験決定の予測的性質(*193*)
　第 3 項　受験者の解答余地(受験者の解答の支持可能性の判断)…*194*
　第 4 項　再考請求権…*195*
　　⑴　連邦行政裁判所の判例(*195*)　⑵　手続による代償(*198*)
第 3 節　試験訴訟の審理 ………………………………………………………… *201*
　第 1 項　試験成績の評価に関する裁判コントロール…*201*
　第 2 項　証明責任…*203*
　第 3 項　具体化責任…*205*

第 3 章　試験手続の法理 ……………………………………………………… *207*
第 1 節　試験手続と憲法 ………………………………………………………… *207*
第 2 節　試験の許可と試験法関係の成立 ……………………………………… *208*
第 3 節　辞退・欠席の法理 ……………………………………………………… *210*
第 4 節　試験の条件 ……………………………………………………………… *213*
　第 1 項　障害の発生…*213*
　第 2 項　公正な手続の要請…*214*
　第 3 項　試験記録…*216*
　第 4 項　文書閲覧…*219*
第 5 節　評価の組織と手続 ……………………………………………………… *221*
　第 1 項　試験官の党派性…*221*
　第 2 項　理由の提示…*225*
　　⑴　試験決定と理由の提示(*225*)

(2)　理由提示の内容及び程度(227)
　　(3)　口述試験の特殊性と理由の提示(228)
　第6節　手続瑕疵の効果 …………………………………………………… 231

第4章　個別領域における試験法 …………………………………… 232
　第1節　学校の試験 ……………………………………………………… 232
　第2節　大学入試 ………………………………………………………… 234

第5章　日本法への示唆 ……………………………………………… 239
　第1節　試験と法律の留保 ……………………………………………… 239
　第2節　試験判定に対する争訟の提起 ………………………………… 242
　　第1項　試験判定を争う紛争の「法律上の争訟」性…242
　　第2項　国立大学の入試判定…248
　　　(1)　入試判定の法的性質(248)　　(2)　入試判定と裁量(250)
　　第3項　個人情報保護制度に基づく試験の統制？…251
　第3節　試験手続 ………………………………………………………… 256
　　◆第2部　文　献 ……………………………………………………… 261

事項索引 ……………………………………………………………………… 271

第1部

学問の条件整備と国の役割

第1章
大学に対する国家関与の法律問題

第1節　はじめに

　学問の自由及び大学の自治は、基本的には対国家的な自由という文脈で理解されるべきであろうが[1]、今日では自由な学問のための条件を創出する国の責任なくして学問の自由は成立しえないと考えられる。1973年5月29日連邦憲法裁判所判決（以下「大学判決」という）では、人的、財政的及び組織的手段によって自由な学問の育成並びに学問の後世への伝達を実現・振興することは文化国家としての義務であるとされ、さらに今日の学問、とりわけ自然科学の領域では本質的に国家のみが調達することができる相応の組織及び財政手段なくして独立した学問及びその教授はもはや存立しえないと判示された[2]。ただし、大学に対する国の責任が大学に対する国家関与の必要性を導くとしても、基本法5条3項〔芸術及び学問、研究及び教授は自由である（Kunst und Wissenschaft, Forschung und Lehre sind frei.)〕の趣旨をふまえ、大学に対する国家関与の法的限界・大学の判断権の範囲を明らかにする必要がある。ドイツでは、この境界づけが大学大綱法

---

1) 学問の自由条項の成立経緯については、高柳・学問の自由13頁以下、松元忠士『ドイツにおける学問の自由と大学自治』（敬文堂・1998）67頁以下参照。大学を拠点とした自由主義運動が弾圧の対象とされたことについては、宮崎良夫『法治国理念と官僚制』（東京大学出版会・1983）261頁以下を参照。日本でも国の大学への介入が大学自治の必要性を認識させたことについて、田中耕太郎『教育基本法の理論』（有斐閣・1961）757頁以下参照。
2) BVerfGE 35, 79, 114f.；阿部照哉「ドイツにおける『大学改革』と学問の自由―憲法裁判所の判決を中心に―」法叢94巻2号（1973）1頁以下。

(Hochschulrahmengesetz：HRG) 及び州の大学法によって行われており、本稿の問題関心にとって便宜な検討素材を提供している。以下では、まず、ドイツの大学制度を実定法に即して検討し（2節～6節）、次に、わが国における国と大学の法関係のあり方について示唆を得ることとしたい（7節）。

第2節　大学法における大学自治

第1項　大学の法的性質

　中世ドイツで領邦君主によって大学が設置されたときから、ドイツの大学は団体的要素と国家施設としての要素の二面性を備えていた。そして、いずれの要素を大学の本質として理解するかによって大学の国家からの独立性に相違が生じると考えられたため、大学の法的本質をどのように理解するかが問題とされた。その結果、HRG の制定に際して同58条1項1文では、「大学は公法上の社団（Körperschaft des öffentlichen Rechts）であると同時に国家の施設（Staatliche Einrichtung）である」と規定され、大学は中世以来の二面性を維持することとなった。社団であるということは、構成員が外部に対して共同意思をもった法的単位を創造することを意味し、

---

3) 1969年の基本法改正によって連邦の立法管轄に75条1項 a 号「大学制度の一般的諸原則」が追加されたことをうけて（BGBl. I, 363）、すべての州に共通の統一的な高等教育制度の法的枠組みをつくるため、1976年に大学大綱法が制定された（BGBl. I, 185）。ただし、2006年の基本法改正により、連邦の大綱的規定の仕組みは廃止された。村上＝守矢＝マルチュケ・ドイツ法入門32-36頁。
4) 大学大綱法制定以前のドイツの大学法を検討した論稿として、塩野宏「西ドイツ大学改革の一事例　バーデン-ヴュルテンベルク大学法について（Hochschulgesetz von 19. März 1968)」同『行政組織法の諸問題』（有斐閣・1991）97頁以下。
5) 本稿では、各州の大学について、原則として1999年現在の法令を参照している。
6) 塩野・前掲注（4）103頁以下、石川・自由と特権115頁以下など。
7) 大学が法人格を有する営造物（Anstalt）として理解されていたことにつき、塩野宏『オットー・マイヤー行政法学の構造』（有斐閣・1962）237頁以下参照。他方で、大学を営造物としてではなく学術組合として把握する見解も有力であった。Holstein, Hochschule und Staat, in：Das akademische Deutschland, Bd. 3, 1930, 127ff.

それと同時に、国家の営造物とは異なって国家の階層構造から切り離され、限定的にのみ国の決定権に服することを意味する[8]。「国家の施設」の意味をどのように理解するかについては議論がある。HRG の立法者は、国家の施設という概念によって、「大学が国家の組織機構の一部であるだけでなく、国家が大学という教育及び学術施設の担い手として、その機能に責任をもつことを表明した[9]」というにとどめている。そこで、「大学が国家の施設」であることとは、大学が固有の責任で遂行すべき事務領域と並んで、営造物主としての国家が継続的に決定的な影響力を行使しうる国家事務領域が存在することを意味しているとの見解がある[10]。この理解によれば、大学は国家事務領域で活動する限りで直接国家行政の一部となり、活動の効果は国に帰属することになる。これに対して、国家事務領域においても学問に関連する局面があり、当該局面については大学によって処理されることが望ましいので、大学は当該事務領域で活動する場合であっても国家行政の一部として位置づけられるべきではなく、固有の法人格の担い手として活動するととらえる見解がある[11]。以上のような「国家の施設」をめぐる解釈の相違は、各州の大学法の仕組みに差異をもたらすと考えられる[12]。なお、1998年の HRG 第 4 次改正により、HRG58条 1 項 2 文は、「通常、公法上の社団であると同時に国家の施設である」と修正され、財団形式など他の法形式による設置の可能性も認められるに至った[13]。

---

8) Hailbronner, §58 Rn. 6, Hailbronner, HRG；von Mangoldt, 5.
9) BT-Drs. 7/1328, 72.
10) Dallinger, §58 Rn. 3. in：Dallinger, HRG.
11) Hailbronner, §58 Rn. 10f., in：Hailbronner, HRG.
12) 州の大学法では、「大学が国家事務を国家の施設として遂行する」と定める例や、「大学が委託事務を大学の管轄で遂行する」と定める例がある。
13) 大学制度への市場原理の導入を意図した改正である。当時の大学の市場化の動向については、米丸恒治「大学の自由化・多様化と競争導入（海外の行財政）」行財政研究35号（1998）61頁以下参照。行政の経済化に関する公法学的分析は、高橋滋「行政の経済化に関する一考察（上・下）—法学と経済学との対話・ドイツ公法学の議論を素材として—」自研84巻 1 号（2008）46頁、同 3 号（2008）28頁参照。

第2項　憲法による大学自治の保障

　大学法に関する文献は、自治権の内容を決定するために、主として学術的研究及び教授と伝統的に密接に結びついた特定の任務領域であるか否かに焦点を合わせてきた。そのアプローチについては、大学の事実上の機能の変化ないしは任務の変化に十分に対応できないとの指摘がある[14]。HRG 58条1項2文もまた、「大学は法律の範囲内で自治権を有する」と定め、自治事務を指定していなかった。このことは、州の立法者による任意の自治権制限を許すものではなく、HRGが自ら予定する制限のみが許されることを意味すると解された[15]。逆に、HRGが国家の影響力を確保する領域の外では、原則として州の立法者は自治権を拡大することが可能である[16]。

　大学判決では、基本法5条3項の価値決定（Wertentscheidung）は学問の固有領域に対する国家の介入の拒否を意味するのであって、自由な学問の理念とその実現の保障者としての国に対して当該自由保障の空洞化を回避することを義務づけると判示されている[17]。しかし、基本法5条3項で保障されている学問の自由は、ドイツの伝統的大学の構造モデルを基礎とするものではないし、大学における学術事業の特定の組織形式を命ずるものでもなく、大学制度の形成に関する政策の実現のために立法者には広範な余地が認められると判示された[18]。さらに、大学自治を認めること自体は事実上争いの対象とならず、多くの州では憲法上保障されるとともに大学法によって承認されていることに言及し、加えて、大学の任務は国家の直接的介入から守られる領域において発展する可能性が開かれるのであって、自由な構造を前提条件とすると述べられている[19]。大学判決は、歴史的に形

---

14) Oppermann, Kulturverwaltungsrecht, 1969, 358.
15) BT-Drs. 7/1328, 72.
16) Hailbronner, §58 Rn. 14, in：Hailbronner, HRG.
17) BVerfGE 35, 114.
18) BVerfGE 35, 116.
19) BVerfGE 35, 116.

成された伝統的大学の形態を維持することに主眼のあった制度的保障論を[20]
否定したと解されている[21]。

第3項　自治事務と国家事務

　州の大学法は、自治事務・国家事務の両者を列挙する両者列挙型と、国家事務のみを列挙する国家事務列挙型に分類できる。両者列挙型の場合、自治事務の列挙は例示的、国家事務の列挙は限定的な性格を有すると解されている。国家事務列挙型の場合、国家事務の列挙は限定的性格を有すると解され、それ以外の事務は自治事務として位置づけられる[22]。前述したように、HRG は自治事務を列挙していなかったが、第4次改正までのHRG59条2項1文・2文は、人事、経済、予算・財政行政、疾病配慮、教育収容能力調査及び許可数の確定を国家事務として指定していたので、州の立法者はこれに拘束されていた[24]。もっとも、HRG において指定され

---

[20]　制度的保障にかかるドイツの憲法学説の展開については、戸波江二「制度的保障の理論について」筑波7号（1984）66頁、赤坂正浩「二つの制度的保障論―C・シュミットとP・ヘーベルレ―」法学49巻1号（1985）82頁（同『立憲国家と憲法変遷』（信山社・2008）183頁所収）を参照。また、カール-シュミットが中間団体としての大学などを制度体保障ととらえ、制度的保障とは区別して論じていたことについては、石川・自由と特権94頁以下参照。ドイツ及び日本の学説を整理・検討するものとして、小山剛「人権と制度」長谷部恭男＝土井真一＝井上達夫＝杉田敦＝西原博史＝坂口正二郎［編］『岩波講座憲法2　人権論の新展開』（岩波書店・2007）49-77頁以下を参照。

[21]　Schmidt-Aßmann, FS Thieme, 1993, 710；ただし、シュミット-アスマンは、伝統的な制度保障論が時代の変化に対応できないことを指摘しつつも、学問の自由という非常に敏感な基本権は一定の安定化を要請すると述べて、特定の組織形式が基本法5条3項の保護領域に含まれる可能性を示唆する。

[22]　Hailbronner, §59 Rn. 25, in：Hailbronner, HRG.

[23]　伝統的に国家事務として把握されてきた人事管理は、採用、配置、懲戒及び給与等の勤務・労働関係の規制を内容とする事務領域を指す。HRG は、人事に関するすべての事務を国家事務として形成することを命じているわけではない。大学統括機関、教授、共同研究者、助手、嘱託教員などの採用に関して、法律によって大学に付与されている協力権は、人事管理領域であっても国家事務ではなく、自治事務として遂行される。Lüthje, §59 Rn. 49, in：Denninger, HRG.

[24]　第4次改正により、HRG での国家事務の指定は廃止されている。

ている上記の国家事務以外の事務も、州の大学法において国家事務として指定されることは妨げられないため[25]、各州の大学法の間で国家事務領域の広狭に相違があり、ひいては自治事務領域の広狭にも相違が生じていた[26]。

まず両者列挙型を採用し、詳細なコメンタールが用意されているザクセン・アンハルト大学法の場合を紹介しよう。ザクセン・アンハルト大学法は、自治事務として、教授の計画、組織化及び実施（1号）、研究の計画及び調整（2号）、学籍の登録及び除籍（3号）、大学の試験及び学位の付与（4号）、顕彰の付与（5号）、学術後継者及び芸術後継者の支援及び育成（6号）、大学教師の招聘への協力（7号）、学術職員、芸術職員、その他の職員の採用への協力（8号）、公衆への報告（9号）、大学の発展計画（10号）、予算作成の協力（11号）、大学の成員資格から生じる権利及び義務の規律（12号）、固有財産の取得及び管理（13号）を列挙している（64条2項）[27]。

また、ザクセン・アンハルト大学法は、国家事務を「委託事務」として構成し[28]、人事管理（1号）、予算、財務及び経済管理（2号）、病院管理及び公衆衛生制度に関して特に委託された任務（3号）、法律によって委託された行政任務または法律に基づき委託された行政任務（4号）、学修許可及び学生の在籍権の付与（5号）、教育収容可能人数の調査及び許可数の確定（6号）、学修支援（7号）、国家試験の実施の協力（8号）、大学の図書事務（9号）、大学の統計及び情報保護（10号）、講義時間の開始及び終了の確定（11号）、大学に資する不動産の管理（12号）、建設事務（13号）を挙げる（65条）[29]。

---

25) Hailbronner, §59 Rn. 25, in：Hailbronner, HRG.
26) ハイルブロナー執筆のコメンタールにおいて自治事務として例示されているものは、㈠研究及び教授の計画、組織及び実施、㈡博士号取得及び教授資格取得に関する事務を含む教育、試験、学位及び顕彰の付与、㈢学術後継者の育成、㈣招聘の協力、㈤大学成員としての権利及び義務、㈥固有財産の管理、㈦大学建設事務における提案、㈧公衆への報告、㈨学術職員の専門的再教育である。両者列挙型を採用する大学法が列挙している自治事務は、概ねこれと一致している。Hailbronner, §59 Rn. 25, in：Hailbronner, HRG.
27) 例示的列挙と解されている。Reich, HGSA, §64 Rn. 2.
28) 国家事務は、通常、団体たる大学への委託という法的技術が用いられる。

バイエルン大学法は、特に定めがない限りすべての事務を自治事務として位置づけることを明示した上で（5条2項）、国家事務として、国家の職員の人事事務（1号）、国家の予算作成の協力及び予算の執行（2号）、運営の組織化（3号）、学生の登録及び除籍の決定の執行（4号）、国家試験の実施（5号）、秩序権維持（6号）、家産管理権（7号）、法律によって、または法律に基づいて決定されるその他の事務（8号）を挙げている（5条3項）[30]。バイエルン大学法では、州の予算作成のための大学の協力（2号）、秩序権の規律及び行使（6号）、家宅不可侵権（7号）といった大学自治にとって重要な事柄が国家事務に組み込まれているため[31]、他の大学法と比較して、大学に対する州の統制がより広く及ぶ仕組みとなっているといえるだろう。

第4項　大学の自主法制定権

HRGは、州に認可権を留保して、大学に学則制定権を付与していた（HRG58条2項）。自治権を付与する規定（同条1項）とは別に、法規としての性格を有する学則（Satzung）の制定権を付与する規定が設けられたのは、団体の自主法制定権を意味したアウトノミー（Autonomie）と自治（Selbstverwaltung）を区別する伝統的用語法に由来している[32]。学則制定権を憲法上保障される自治権の内容と理解するか否かについて、見解が分か

29）限定列挙と解されている。Reich, HGSA, §65 Rn. 1.
30）限定列挙と解されている。Reich, BayHG, Art. 5 Rn. 3；なお、すべての行政組織が州政府及び州の管轄機関の下級機関として位置づけられる旨を定めたバイエルン憲法55条5号1文は、国家事務を遂行する限りで大学にも妥当すると、大学法では定められている。そのため、国家事務が大学に委託されるという形式がとられていない。Reich, BayHG, Art.117 Rn. 1.
31）これらの事務を国家事務として指定する州は少ないという。Oppermann, Selbstverwaltung und Staatliche Verwaltung, in：HdbWissR I, 1028.
32）Forsthoff, 479f.；斎藤誠「条例制定権の歴史的構造―『アウトノミー』と『自主法』(1)―」自研66巻第4号（1990）110頁以下。団体の法定律は、基本法20条3項が規定する権力分立という文脈において執行権に帰属するのであり、立法権の行使を意味しないとの立場から大学自治に自主法制定権を含めて理解しても差し障りはないと考えられている。Knemeyer, Hochschulautonomie, in：HdbWissR I, 242.

れている。[33]

第5項　協力領域

　自治事務と国家事務を二者択一的に区別するという伝統的考え方の有効性に対しては、1950年代に入ると疑問が提起されていった。大学の自治事務が同時に国益に関わり、国家事務が同時に学問との関連性を有することはままあったため、両任務遂行の局面で大学と国家の相互依存状況が存在するという認識が広がったのである。[34] 今日では大学の任務領域を、大学自治の中核領域と、協力領域及び周辺領域とに区分する考え方が一般的である。中核領域は研究及び教授に直接関わる領域であり、国家による処理から遠ざけられるべき領域として位置づけられる。協力領域は学術関連性を有するがゆえに自治領域に組み込まれるが、他方で国益及び高度の公益性を有するがゆえに国家の影響力を排除しえない領域である。協力領域を法律で規律する場合、中核領域からの距離に応じて国家と大学の多様な協力の形式を想定する必要性がある。周辺領域は研究及び教授の自由に関連しない領域である。周辺領域では国家の優位的規制が可能となるが、その規制も学問の特殊性によって限定される。もっとも、上記三段階モデルにおいても、それぞれの領域は流動的であると考えられている。[35]

　協力領域では、1つの決定の中に大学と国がそれぞれ固有の部分的な管轄権限をもち、それぞれの固有の判断局面を反映させる仕組みを整えなければならない。[36] このことは、国家の権限は教育・研究政策に対する責任に

---

33)　大学の自主法制定権を憲法上保障される自治の内容として認める見解がある。Hailbronner, §58 Rn. 29, in：Hailbronner, HRG；Lüthje, §58 Rn. 48, in：Denninger, HRG．これに対して、大学の自主法制定権を憲法上保障される自治の内容に含めない見解もある。Kickartz, §93 Rn. 67, in：Wolff/Bachof/Stober, Verwaltungsrecht Ⅱ；Dallinger, §58 Rn. 8, in：Dallinger, HRG．
34)　Raiser, Die Universität im Staat, 1958, 31；Reinhardt, WissR 1968, 14.
35)　Schuster/Stenbock-Fermor, WissR 1968, 33-35.
36)　Dallinger, §60 Rn. 1, in：Dallnger, HRG．

由来し、大学の協力権は学問の自由に関わる局面を決定の中に反映させるべきであるとの考え方によって根拠づけられている[37]。学問の自由と教育・研究政策に対する国家の責任とを調和させる機能が、協力形式に求められている[38]。

第4次改正前のHRG60条では、協力領域として位置づけられる事務領域が特に規定され、協力領域として学修及び大学試験の秩序（1号）、専門及び学修領域、学術施設、事業体、共通委員会の設置、変更及び廃止（2号）及び大学統括機関に関する選挙の提案（3号）が挙げられていた[39]。第4次改正によってHRG60条は削除され、州法での協力領域の設計のあり方については多様性が認められることとなった。

第3節 関与形式

第1項 国家監督

(1) 法監督と専門監督

自治権は法律の範囲内で認められるので、自治事務領域における大学の活動は合法性の監督、いわゆる法監督（Rechtsaufsicht）の対象となり、国家事務領域における大学の活動は合法性の監督に限定されない監督、すなわち専門監督（Fachaufsicht）の対象となる。法監督の基準は客観法である。すなわち、法律、法規命令及び大学が自ら設定した自主法または大学の合議機関の議決であり、大学内部において主観的権利の侵害がない場合でも法監督権限は発動されうる[40]。法監督の目的は、大学の活動の合法性を確保し、それと同時に大学内部の学術活動が妨げられないようにすることである[41]。専門監督は、合法性の基準のほかに行政機関によって設定された

---

37) Hailbronner, §60 Rn. 4, in：Hailbronner, HRG.
38) Hailbronner, §60 Rn. 5, in：Hailbronner, HRG.
39) Hailbronner, §60 Rn. 6, in：Hailbronner, HRG.
40) Hailbronner, §59 Rn. 3, in：Hailbronner, HRG.

政策目的、すなわち合目的性を基準として行われ[42]、重要な公益に関わる任務領域において政府が議会に対して負う責任にその根拠がある[43]。

(2) 法監督の手法

法監督の手法は州の法律によって定められる[44]。各州の大学法で採用されている法監督の手法は、概ね次のようになっている[45]。

① 情報請求権

情報請求権の行使方法には、報告の徴収、資料提出の要求、視察及び大学の合議機関への監督官庁の代表者の参加がある。情報請求権は、大学の包括的報告義務を意味するのではなく、あくまで監督は特定の必要性に基づいて行使される。情報請求権は、明文の規定がなくとも、国家監督の機能から正当化されると解されている[46]。大学の合議機関に監督官庁の代表者が参加する場合、何ら当該合議機関の活動に違法な点がないにもかかわらず、監督官庁の代表者が法律問題について介入を行うことは許されない。

---

41) Oppermann, Selbstverwaltung und Staatliche Verwaltung, in：HdbWissR Ⅰ, 1119.
42) 監督官庁の政策目的は、法律で設定された目的または法律で定められていないが、一般的に妥当する価値によって拘束されている。Thieme, Rn. 215.
43) Hailbronner, §59 Rn. 28, in：Hailbronner, HRG.
44) 法監督が法律の留保に服すべきことを明示した判決として、1976年6月10日ベルリン高等行政裁判所判決（WissR 1978, 183）がある。
　「行政の法律適合原則は（基本法20条3項）、任務の配分の中で任務遂行に必要なあらゆる措置のための十分な授権をみてとることを妨げる。それは、市民にとって侵害が一定程度予見可能かつ計算可能でなければならないという、法的安定性の利益を保障する。あらゆる介入は監督客体の権利領域への介入を意味するので、この原則は法監督の領域においても妥当する。したがって、監督目的の遂行のためにいかなる監督手法を用いることができるかについて、立法者によって規律されなければならない。監督手法の適用といった自治にとって重要な措置は、監督官庁の任意に委ねられてはならない。監督官庁の手法発見権は存在せず、監督目的からそれを導くことはできない。」
45) ドイツの地方自治体に対する州の監督手法と共通する点が多い。今村哲也「国の自治体への監督制度について」南博方［編］『行政紛争処理の法理と課題：市原昌三郎先生古稀記念論集』（法学書院・1993）96頁。
46) 公開及び非公開の大学内の委員会の会議に国家の代表者が参加することは、通常の情報提供請求権の行使態様ではないので、法律の根拠を必要とする。Schröder, WissR 1985, 209.

また、州法で視察、資料調査及び報告の徴集のみが定められているにとどまる限り、合議体の議決があって初めて監督官庁の代表者の発言権が認められると解されている[47]。

② **大学機関の違法な議決・措置に対する異議の申出**

監督官庁の異議の申出は、大学によって行われた特定の決定の違法性の確認であり、明文で停止効が備わる旨を明らかにする州法が多いという。大学は異議の申出の趣旨に即して活動しなければならないが、異議対象となった議決・措置の廃止はまた変更命令も定められることがある[48]。

③ **大学の義務不履行に対する違法状態の是正要求**

大学が義務に反して不作為状態にある場合、大学に対して必要な行為を適切な期間内に実施する旨を命じる制度がある。もっとも、大学が合法的に活動する可能性が残されている限りで、そうした命令は許されず、また、期間の設定に際しては、大学内部の諸機関の調整に要する時間等に配慮しなければならない[49]。

④ **代執行**

大学が期間を付した命令に逆らって措置の廃止・変更に着手しない場合、監督官庁による当該事務の代執行を認める制度がある。代執行は事前に予告が必要であり、当該予告で示された措置のみを代執行の対象とすることができる[50]。大学に代替して事務を遂行する監督官庁が法によって要請される措置を実施する場合、たとえば、違法な決定の廃止や法的に要請される学則の変更等の場合には、代執行が許されることに疑いはない。しかし、学問に関わる局面において、大学に認められる形成余地を監督官庁が代替することの是非が問題となる。この場合、監督官庁は事前の文書交換等を通して大学の意向を十分に認識すべきであり、その意向が合法な限りで、当該意向に反する措置をとってはならない。試験や招聘リストの作成のた

---

47) Hailbronner, §59 Rn. 7, in：Hailbronner, HRG.
48) Hailbronner, §59 Rn. 8, in：Hailbronner, HRG.
49) Hailbronner, §59 Rn. 9, in：Hailbronner, HRG.
50) Hailbronner, §59 Rn. 10-12, in：Hailbronner, HRG.

めの学術的能力の判断といった専門的決定に関しても、代執行は排除されないが、この場合、鑑定等の専門的意見をふまえる義務があると解されている[51]。また、監督官庁は、できる限り関係基本権主体の協力権を尊重しなければならない。たとえば、あるグループのボイコット等によって大学が機能不全に陥っている場合には、監督官庁にそれ以外のグループの協力を得ながら代執行に着手する必要があると解されている[52]。

⑤ 国家代理の任命

国家代理は、個別的事務処理のために投入される場合と、包括的な任務を遂行するために投入される場合がある。個別的事務処理のための国家代理の投入は、大学内でその事務を遂行することを許容するので、代執行に比して緩やかな手法となりうる。この場合、国家代理の投入は、大学機関の機能力の欠如を必ずしも必要とせず、大学の機能力をより確かなものとするためであっても可能であると解されている。また、大学外の国家代理の採用は、大学の学術的独立を全体的に、あるいは部分的に著しく制限することになるので、大学内部の代理者の採用が大学外部の代理者の採用に優先すると解されている。そして、研究及び教授に関連する度合いが高い事務であればあるほど、国家代理の権限は事項的かつ時間的に限定されなければならない[53]。

⑥ 大学合議機関の解散、大学の暫定的閉鎖

合議機関が継続的に議決能力を失っている場合に、当該合議機関を解散する制度が設けられることがある。この場合、解散された大学の機関に代替して監督官庁が活動するのではなく、解散後に新たな組織形成のための選挙の実施が命じられる。また、大学における安全と秩序が深刻に損なわれているため、もはや大学によって法律上の任務を遂行することができない場合、暫定的に大学の全体あるいは一部を閉鎖する制度がある。一部閉鎖は、必ずしも全体の閉鎖に比較して緩やかな手法であるとは限らない。

---

51) Hailbronner, §59 Rn. 13, in：Hailbronner, HRG.
52) Hailbronner, §59 Rn. 14, in：Hailbronner, HRG.
53) Hailbronner, §59 Rn. 15, in：Hailbronner, HRG.

大学の特定の学問領域を意図的に閉鎖することは、全体的閉鎖に劣らぬ重大な侵害となりうると指摘されている[54]。

(3) 専門監督の手法

　専門監督の手法についても、州に広範な形成余地が認められてきた[55]。HRG の立法者は、専門監督のための一般的な指針の設定を意識的に放棄することによって、監督官庁の自由意志による権限発動の抑制が可能となり、また、大学の自治活動の萎縮を回避することができると考えた[56]。州の大学法では、原則として法監督の手法と同様の手法が専門監督の場合にも用いられる仕組みが採用されている[57]。

　法監督と専門監督の区分は、大学自治領域を確保するための仕組みである。しかし州の大学法では、たとえば、「任務の遂行力（Funktionsfähigkeit）」、「経済性」、「大学制度に必要とされる統一性」、「大学計画の目的」が損なわれる場合に監督権限が発動される。しかし、これらの要件は指針的性格をもつにすぎないために、合法性コントロールと合目的性コントロールの境界を曖昧にしてしまうことに留意する必要がある[58]。

(4) 監督権限発動を抑制する理論

　監督官庁は法規違反が認められる場合であっても必ずしも監督措置をとる必要はなく（行政便宜主義）、また、監督権限を行使する場合には達成されるべき目的に必要な程度での手法を選択しなければならない（比例原則）[59]。さらに、法監督及び専門監督の両領域に妥当する原則として、親大

---

54)　Hailbronner, §59 Rn. 16, in：Hailbronner, HRG；Lüthje, §59 Rn. 41, in：Denninger, HRG.
55)　ただし、国家事務領域においても大学と国家の関係は外部関係としてとらえることができるため、専門監督も法律の留保に服すべきである。Thieme, Rn. 216.
56)　BT-Drs. 7/1328, 73.
57)　専門監督としての命令について大学に意見表明の機会を与える例について、大学自治に配慮した規定として肯定的に評価されている。Hailbronner, §59 Rn. 39, in：Hailbronner, HRG.
58)　Hailbronner, §59 Rn. 3, in：Hailbronner, HRG.

学行態原則（Grundsatz des hochschulfreundlichen Verhalten）がある。この原則によれば、大学と国家の関係は、権利領域や管轄を確定する法律上の個別規定によって論じ尽くせるものではなく、抑制と協力が要請されるという[60]。そして国家は、積極的に学問の自由保障の空洞化を予防する義務を負い、決定に際して大学の固有性を尊重しなければならないとされる[61]。この原則の適用によって、たとえば監督権限の発動の理由に争いがある場合には、監督の実施が抑制されることになる[62]。

また、大学の統括機関による内部監督の制度と国家監督制度との関係から、後者の抑制が語られている。大学の内部監督は合法性の監督にとどまるのに対し、州の専門監督は合目的性のコントロールに及ぶ。したがって両者は並立関係にあるといえようが、合法性確保のために大学内部の監督制度が機能している場合には、必要性の原則によって監督官庁の介入は禁じられると解されている[63]。

(5) 司法上の救済

監督権限が発動された場合、次に問題となるのが司法上の救済である。法監督として行使される措置は大学自治権に触れることが前提であるから、負担的な行政行為として抗告訴訟の対象となる[64]。これに対して専門監督は、自治領域への侵害となる場合にのみ、州に当該命令を取り消させることを目的とする一般給付訴訟の対象となるとの見解がある[65]。しかし、専門監督であっても、直接国家の出先機関としての性格を有する事務長（Kurator）が国家事務を遂行する制度とは異なり（かつてのプロイセン型）、国家事務

---

59) Hailbronner, §59 Rn. 4, in：Hailbronner, HRG.
60) Lorenz, WissR 1978, 20；連邦信義原則及び市町村信義原則が参照されている。両原則については、大橋・行為形式論276頁以下参照。
61) Lorenz, WissR 1978, 21.
62) Lorenz, WissR 1978, 22；Hailbronner, §59 Rn. 4, in：Hailbronner, HRG.
63) Hailbronner, §59 Rn. 22, in：Hailbronner, HRG.
64) Hailbronner, §59 Rn. 24, in：Hailbronner, HRG.
65) Oppermann, Selbstverwaltung und Staatliche Verwaltung, in：HdbWissR Ⅰ, 1127f.

も自治事務と同様に大学の機関によって処理される一体管理（Einheitsverwaltung）の下では、専門監督は常に大学自治権の侵害となりうるとも考えられる。そこで、専門監督についても負担的行政行為として抗告訴訟の対象となるとの見解もある。[66]

第2項　協力の形式

協力領域を法律で規律する場合、大学と国家のいずれにどの程度の協力権を与えるかという問題は、規律される事務の学問の自由の中核領域からの距離と保護されるべき公益の重要度に応じて決定される。[67]両協力者には固有の責任で他者の影響力を受けることなく判断することができる状況を与えなければならず、特に大学の協力権に対する州政府の関与は合法性の監督に限定される。[68]各州の大学法では、協力領域において次のような形式が予定されている。[69]

① 聴　聞

聴聞は、決定主体が協力者に必要な情報を提供し、決定前に意見表明の機会を与える形式である。たとえば、州が大学に大学法によって課せられている以外の任務を委託する場合に、大学が事前に聴聞されるべきことを定める例がある。

② 協　議

協議とは、決定主体が協力者との合意に至ることを目的として、協力者に意見表明の機会を提供する手続である。たとえば、関係大学との協議及び財務省の同意を条件として、大学に任務を委託する法規命令の発令権限が大学所轄庁に授権される場合がある。

③ 提案、同意

協力者の提案権は、協力者に発意権を与える形式であり、通常は決定の

---

67) Hailbronner, §60 Rn. 24, in：Hailbronner, HRG.
68) Hailbronner, §60 Rn. 12, in：Hailbronner, HRG.
69) Hailbronner, §60 Rn. 8f., in：Hailbronner, HRG.

ための要件である。たとえば、大学の州に対する教授招聘提案、予算提案などがある。これらの提案が決定主体を内容的にどの程度拘束するかについては、個別的に判断される。また、強力な協力権として同意（Zustimmung, Einvernehmen）という形式がある。この場合、決定が合法であるためには、協力者による同意の意思表明が必要となる。

④ **協力組織の設置**

州と大学の代表者から構成される組織の設置による協力という形式も存在する。たとえば、学修・試験の改革の促進及び大学における改革作業の調整・支援を目的とする委員会などは、国の代表、大学成員及び職業実務会の代表等によって構成される。

大学の協力権は大学の自治領域の具体化であり、国の作為・不作為によって侵害されてはならない主観的権利を根拠づける。[70]聴聞及び協議における大学の意見表明は決定主体を拘束しないが、決定主体の情報提供が遅れたために大学側の意見形成のための準備が整わない場合や決定主体が不適切な理由から大学の協力を妨げる場合、大学の協力権が侵害されることとなる。[71]提案が決定主体を内容的にどの程度拘束するかについては制度ごとに判断されなければならないが、もっぱら大学の固有の責任領域に及ぶ理由から提案が拒否される場合には、大学の協力権が侵害されることになる。[72]

大学の活動に対する州の認可（Genehmigung）[73]については、位置づけに争いがある。法監督であれば、大学の活動の合法性のみがコントロールされるにとどまり、州の固有の視点が決定にもちこまれることはないのに対し、逆に専門監督に服する限りで、大学は決定過程に固有の意思要素をもちこむことはできない。これに対して協力形式の場合、大学と州は1つの決定過程にそれぞれの固有の責任領域を引き受けることになる。ところが、

---

70) Hailbronner, §60 Rn. 18, in：Hailbronner, HRG.
71) Hailbronner, §60 Rn. 8, in：Hailbronner, HRG.
72) Hailbronner, §60 Rn. 20, in：Hailbronner, HRG.
73) Hailbronner, §60 Rn. 15, in：Hailbronner, HRG.

大学の学則制定に必要とされている州の認可については、いずれに位置づけるべきかの判断が困難である。位置づけの困難さは、合法性を理由としてのみ拒否できるのか、あるいは合目的性を理由としても拒否できるのかが明らかではないところに理由がある。

第4節　学則制定及び組織変更

第1項　学則の認可

　大学は、州の認可を必要とする基本規則（Grundordnung）を制定する。基本規則は、大学の構成組織及び成員の権利・権限や義務を規律する学則であり、法規としての性質を有する[74]。基本規則で規律できる事項の範囲は、自治事務に関する事柄だけでなく、高度の公益に関わる事柄にまで及ぶことから、州の協力権が正当化される[75]。また大学は、州の認可を必要とする試験規定を制定する。試験規定は、学位取得のために必要な試験の受験要件及び手続を規律する学則であり、やはり法規としての性質を有する[76]。学修終了のためにいかなる学問的能力が期待されるべきかという問題は、伝統的に、自由な学問の中核的な領域に入ると考えられてきたため、試験規定の発令は大学の自治事務に数えられてきたところである。もっとも、職業の自由に対する国の責任があるため、当該事務について国の協力権が正当化されると考えられる[77]。大学の学則制定に対する州の認可制度は、大学

---

74) 1972年5月9日連邦憲法裁判所決定（専門医決定）によれば、地位形成的な根本規範の大枠は立法者が自ら確定しなければならないとされており（BVerfGE 33, 125, 163）、その趣旨によれば、大学の学則制定権は制限される。Hailbronner, §58 Rn. 45, in：Hailbronner, HRG.
75) Hailbronner, §58 Rn. 36, in：Hailbronner, HRG.
76) Waldeyer, §16 Rn. 2f., in：Hailbronner, HRG；大学の試験規定は、国家試験規定とは別のものである。国家試験規定は、職業を規律する法律に基づき法規命令の形式で発令される。
77) Waldeyer, §16 Rn. 32, in：Hailbronner, HRG；新たな正規学修期間を設定するために試験規定の改正認可を申請した大学が認可庁により正規学修期間を短縮することを命じ

の意思を承認する権限を州に付与したにとどまるので、大学には学則の作成優先権が備わると解されている[78]。基本規則及び試験規定のいずれの学則の場合も、認可拒否理由は法定されなければならない。認可拒否理由が法定されるとしても、不確定法概念が用いられることにより、実質的には合目的性のコントロールが及ぶことになる。このことは、基本規則の内容が国の財政的負担を要求する場合もあることから許容されざるをえないと解されている[79]。もっとも、不確定法概念を解釈する際には、できるだけ限定的かつ具体的に解釈することによって裁量の濫用を回避すべきことが要請される[80]。

　学則の制定、変更及び廃止の発意権を州に認める制度の運用に際しても、大学の学則作成優先権が損なわれないように配慮しなければならない。たとえば、認可拒否理由が存在する場合に、認可庁が大学との協議を経て適切な期間内に大学に対して必要な措置をとるように要求することができる規定は問題ないが、学則制定に関して州に内容的に無制限な提案権を与えるとなると、学則作成優先権を大学に認めた趣旨が損なわれてしまう[81]。

　学則の全体を認可することができない場合でも分割して認可する方法

　られ、この取消訴訟を提起した事案において、1989年4月20日バイエルン行政裁判所判決（DVBl 1989, 105ff.）は、試験規定の制定に関する国家の関与権について、次のような理解を示している。

　「基本法12条1項［職業の自由―筆者注］から、職業教育の可能性を保障する国家の義務が生じる。したがって、職業教育可能性に影響を及ぼす試験規定の設定に際して、国家には教育政策的に決定される試験のための基準を浸透させるために、嚮導権及び発言権が備わる。国家がこのように試験関連事項の領域に影響力を行使しうることは、基本法5条3項に基づき大学に妥当する教授及び試験の自由によって排除されない。なぜならば、当該自由は、教育の場でもある大学の機能を考慮すると無制限には保障されないからである。」

　また、正規学修期間の設定は専門学術的、計画的かつ予測的な教育政策的考慮に基づくので当該認可は単なる法監督ではないとしている。

78) BT-Drs. 7/1328, 72；Hailbronner, §58 Rn. 38, in：Hailbronner, HRG；Waldeyer, §16 Rn. 33, in：Hailbronner, HRG.
79) Hailbronner, §58 Rn. 41, in：Hailbronner, HRG.
80) Lüthje, §58 Rn. 53, in：Denninger, HRG.
81) Hailbronner, §60 Rn. 18, 31, in：Hailbronner, HRG.

（部分認可）は、大学の学則作成優先権を尊重する仕組みといえるため、比例原則により明文の規定がなくとも可能であると解されている[82]。もっとも部分認可のためには、認可される部分が独立して適用されうるといった条件が存在しなければならず、さらに大学が部分認可にふさわしくないと考える場合には、大学の意思を尊重する必要がある[83]。

第２項　組織変更

　大学判決において確認されているように、学問の独立性及び固有性から必然的に学問にふさわしい組織原理が導かれるとはいえないので、もっぱら個々の研究者の需要に準拠した大学組織にはなりえない[84]。そして、大学の組織構成に関する決定は研究及び教授に間接的な影響を及ぼすにすぎないとの認識の下で、基本的に州の立法者が当該決定を行うことができると考えられている[85]。しかし、大学の組織構成に関する決定は、学問的観点を全く考慮することなく行うことができないのであって、大学の協力が要請されることも確かである[86]。学部及び学術研究施設などの設置、変更及び廃止の決定が、協力領域に振り分けられた所以である（第４次改正前のHRG60条２号）。多くの州の大学法は、組織に関する決定の発意権を大学に付与した上で州に認可権を与えている[87]。また、州に対して大学組織の設

---

82) Hailbronner, §58 Rn. 43, in：Hailbronner, HRG；Waldeyer, §16 Rn. 16, in：Hailbronner, HRG.
83) Hailbronner, §58 Rn. 43, in：Hailbronner, HRG；Waldeyer, §16 Rn. 16, in：Hailbronner, HRG；部分認可について判示した1972年９月19日カッセル行政裁判所決定（WissR 1978, 177）によれば、「……認可留保の意味は、学則内容に関して学則制定者と認可官庁との間の意思の合致を創出することにある。この意思の合致は、認可官庁による例外取扱いの申出や条件づけに関しても存在しなければならない。したがって、認可の部分的拒否によってもたらされる学則の内容変更が本質的であるならば、学則制定機関の新たな議決が必要となる」とされている。
84) BVerfGE 35, 97, 122.
85) Hailbronner, §60 Rn. 37f., in：Hailbronner, HRG.
86) Hailbronner, §60 Rn. 38, in：Hailbronner, HRG.
87) HRGの立法者は、大学組織の決定における州の地位を重視し、大学の聴聞を経さえ

置、変更及び廃止の発意権を付与する規定を設ける例もある。[88]

第5節　大学統括機関及び教授

第1項　大学統括機関

　第4次改正前の HRG62 条は、独人制（学長または総長）または合議制の大学統括機関（学長部または総長部）を予定していた。学長及び学長部の議長は少なくとも2年の任期、総長及び総長部の議長は少なくとも4年の任期が定められ、学長は教授でなければならず、総長は教授でなくともよいことになっていた。これを受けて、州の立法者は両者のうちいずれかを採用し、あるいは大学に選択させる仕組みを採用することとなっていた。学長などの大学統括機関は、大学の選挙提案に基づいて中央水準の合議機関によって選挙され、期限付きで州法が定める機関によって任命される。選挙は団体の意思形成であり、任命は国家が官吏関係を根拠づける行為である。[89] 学長は、教授の採用要件と重なるため州法でも特に定めはなかったが、総長については、特に学術、経済、行政または司法の領域での多年にわたる職業活動から職の任務に適していることを期待させる人物が採用されうる、との規定が設けられる例が多い。

　第4次改正前の HRG60 条3号が「大学による選挙提案の作成」を協力領域に指定していたにもかかわらず、州が選挙提案の作成に際して協力すべきか否かについては議論があった。[90] 大学による選挙提案の作成は協力領

すれば、州が組織に関する措置について決定しうると考えていた（BT-Drs. 7/1328, 74）。
88）　州の大学法で州の発意権を付与する規定が設けられていない場合、州が法律で一方的に新たな学部の設置を決定しうるかが問題となる。協力領域の趣旨から、少なくとも聴聞権が大学に備わるとの見解がある。Hailbronner, §60 Rn. 38a, in：Hailbronner, HRG.
89）　Karpen, §62 Rn. 55, in：Hailbronner, HRG.
90）　大学統括機関の選挙が自治にとって重要な位置を占めるといえども、一体管理の下では、大学統括機関が学術的な事務のみならず国家事務についても権限を有するので、大学統括機関の選挙に関する州の協力権が根拠づけられる。Hailbronner, §60 Rn. 41, in：Hailbronner, HRG.

域ではあるが、州法では大学の単独決定を可能にする仕組みを設ける必要があるとの見解があった[91]。この見解によれば、所轄庁に情報請求権や意見表明権を付与したり、または協議の機会を与える制度は、大学の選挙機関の権限を決定的に制限しないため問題がないとされる。これに対して、選挙提案について所轄庁の同意を要求しても同意が整わない場合に州に独自の提案権を認める制度は、大学の発意権を前提とするHRGの趣旨に適合しないという[92]。この点については、選挙提案に所轄庁の同意を求める制度を許容しつつ、選挙後に州が当選者の任命を拒否することは、事前の意見調整を無意味にしてしまうため許されないとの見解もある[93]。また、何らかの理由で選挙提案が作成されない場合、大学の機能を確保するために提案権が州に移る旨の規定、または州が暫定的に大学統括機関を任命することができる旨の規定を設ける大学法もある。これらの制度は法監督を定めた規定として理解され、HRGとの整合性は肯定されていた[94]。以上は、第4次改正前のHRGとの整合性という観点からの議論であるが、大学統括機関の任命の仕組みを考える上で参考になろう。

　州の所轄庁は当選者をいかなる理由で拒否しうるのかという問題がある。この点について所轄庁は、大学統括機関の任命に際して選挙過程の合法性及び候補者の適性に関する要件の存否を審査できるにすぎないとの見解がある[95]。この見解によれば、州の審査権は、大学の選挙機関による候補者の適性判断が法律上の枠内で行われたか否かの審査に限定されるのであり、候補者の大学政策は州によって評価されてはならず、かつ、任命の基礎とされてはならないと説かれる[96]。他方、議会に対する政府の責任を表す任命に重要な位置づけを与える論者は、州が大学の設置者として候補者の人格的・専門的な適性についての審査権を有すると説くだけでなく、さらに州

---

91) Lüthje, §62 Rn. 40, in：Denninger, HRG.
92) Lüthje, §62 Rn. 40, in：Denninger, HRG.
93) von Mangoldt, 40f.
94) Lüthje, §62 Rn. 40, in：Denninger, HRG.
95) Lüthje, §62 Rn. 43, in：Denninger, HRG.
96) Lüthje, §62 Rn. 50, in：Denninger, HRG.

の判断に判断余地が認められるとして当選者の任命は義務づけられないという[97]。新公共管理の下で大学統括機関の権限が強化される中、その任命・解任のルールは今後ますます重要な論点になろう。

第2項　教　　授

　教授は、公募及び大学内の機関による提案リストの作成を経て州により招聘される。招聘提案は通常3名のリストとして作成され、リストへの搭載及び順位づけに関する根拠が詳細に記される。州の管轄機関が提案リストの順位に原則として拘束される旨を定める大学法もあるが、多くの大学法は招聘提案の順位に州が拘束されない旨を定めている[98]。公募が原則であるが、リストに搭載されなかった応募者や応募しなかった者も例外的に招聘の対象となりうる[99]。教授の採用要件として、一般勤務法上の要件のほかに、大学の修了、教育者としての適性、博士号取得などで証明される学問的・芸術的な特別な能力、教授資格などが求められてきた。ほとんどの州大学法では、招聘提案に疑問がある場合に州が招聘提案を拒否し、新たな招聘提案を要求することができる制度が設けられている。さらに州によっては、大学よる提案以外の人物の招聘のために、拒否に際して要求された再提案の提出期限を大学が守らないこと、または再提案でも適切な候補者が挙げられていないことといった要件が定められている[100]。

　招聘提案に一定の拘束力を認める判例として、1982年8月11日リューネブルク高等行政裁判所判決を挙げることができる。本件は、州政府が第1

---

97) Karpen, §62 Rn. 59, 62, in：Hailbronner, HRG.
98) Epping, WissR 1992, 170ff.；順位に拘束されない旨の規定は学問の自由によって修正され、州の管轄機関は法律によって定められた例外を除いて提案に拘束されるだけでなく、順位にも拘束されるとの見解がある。Reich, BayHG, Art. 57 Rn. 2.
99) Thieme, Rn. 678；立法者は、「公募によって可能な限り最善の」教員補充を確保することを意図すると同時に、「やむをえない理由」から提案リストとは別の招聘が行われなければならない事態をも想定していた。BT-Drs. 7/1328, 69；HRG45条3項は、「非応募者の招聘は許される」と明文で定めていた。
100) Epping, WissR 1992, 182ff.

順位の候補者の招聘を、学部の均衡ある構成（実際には左翼的傾向のある人物の排除）を理由として拒否したところ、原告（候補者）がその取消しを求めた事案である。本判決は、次のように述べて被告の裁量瑕疵を認定し、原告の請求を認容した。[101]

「ニーダーザクセン大学法58条1項2文［当時］によれば、大臣は招聘提案の順位から逸脱することができる。これは事柄により近い判断を可能とする大学が自己補充権を行使するに際して、……招聘提案の順位からの逸脱が自由に行われることを許容するのではなく、義務に適合した裁量を許容することを意味する。異なる内容を望むのであれば、当該規定は大臣が提案に拘束されないことを意味すると解さなければならないであろう。……原告の拒否は法学部の均衡ある構成の利益のみで理由づけられている。この証言は多義的であり、決定のための具体的基準を認識できない。被告は、この点について解明に役立ちうることを何も述べていない。」

しかし、リストに挙げられた3名の応募者に関して、州は法的に無制限な選択裁量を有する旨を判示した、1983年4月18日マインツ行政裁判所決定もある。[102]

「……大学法47条2項［当時］では、文部大臣が大学の確定した順位から限定的にのみ逸脱できることは予定されていない。明文法律による大学への授権はないので、雇用者として、文部大臣には、大学により提案された応募者からの選択に際して法的に限定されない選択裁量が備わるとの結論が導かれる。」

上記のとおり、招聘提案の拘束力について下級審の判断は分かれていたが、1982年リューネブルク高等行政裁判所判決の上告審たる1985年5月9日連邦行政裁判所判決は、結論として原審の判断を覆し、招聘における大[103]

---

101) NJW 1984, 1640-1642.
102) WissR 1984, 91f.

学と国との判断権の及ぶ範囲について整理を行っている。

　「大学は、原則として大学教師職への応募者の能力について憲法上保障される判断権を有する。当該判断権は大学の協力権の核心として、原則的に国家の決定を寄せつけない。それは、例外的にのみ国家の措置によって無視されうる。……ドイツの大学法では、通常、大学ではなく大学の担い手としての国家が大学で活動する者の雇用者であるから、拒否理由は人事法上の領域から生じる。法律上、強制的な理由だけでなく、そのレベルより下の、応募者の人事上の適性に関わる理由も、本件では被告によって言及された大学教師の人格もまた招聘提案を拒否するための十分な理由となりうる。しかし、国家の大学運営はこの拒否理由に限定されない。複数の応募者を載せた招聘提案を受けて、国家の大学行政機関の見解により、種類及び範囲に照らして課せられる任務に最もふさわしいと思われる応募者のために、選択は（必然的に）義務に適った裁量に則って行われる。そして上記の事柄を指摘することによって、他の候補者が拒否されうる。招聘リストが大臣によって逸脱可能な順位を含む場合も異ならない。管轄大臣は、裁量決定に際して様々な視点の1つとして、法的に上記のことを考慮しなければならない。」[104]

判旨によれば、学問上の能力の判断は大学のみが行うことができる。学説においても、学術的・専門的な能力の判断は大学の協力権の核心であるから、所轄庁が自らの学術的・専門的な判断に基づいて提案を拒否することや、提案リスト上の順位から逸脱して招聘することはできないと解されている。[105]

---

103) NVwZ 1986, 374.
104) NVwZ 1986, 375f.
105) Siekmann, DÖV 1979, 82；招聘提案の鑑定的意義から、専門的能力についての判断余地を大学に認める見解がある。この場合、所轄庁の審査は、通常の判断余地の審査方法に則り、大学における手続規定の遵守、事実誤認の有無、一般的に妥当する評価基準の遵守、他事考慮の有無などの観点からの審査に限定されることになる。Epping, WissR 1992, 178f.

第6節　大学財政

第1項　大学財政の制度

　今日の学術活動は、予算とその配分によって決定的な影響を被るところであり、この点に、予算を通した国家による学問の統御可能性がみてとれる[106]。しかし、HRGでは、大学から州の大学担当省に提出される予算提案については、大学の合議機関の議決を経て行われるとする規定以外に特に規定が設けられていなかったこともあり、大学は階層的に構成される国家行政機構と区別されることなく、原則として一般的な財政法規に服してきた。このことから、次の問題が生じる。

　まず、州の予算策定過程における大学の地位の低さが批判されている。大学の各構成組織が作成した見積もりに基づいて事務長（Kanzler）が大学の予算見積もりを作成し、当該見積もりは、大学内部の決定を経て大学を所轄する省の個別予算の要素となる。当該省の予算案は、さらに州の財務担当省に送付され、州政府によって作成される予算の要素となる。州の大学法の多くは予算見積もりの作成を明示的に自治事務に振り分けているとはいえ、大学の予算提案、所轄省の予算提案に拘束力は認められないため、以上の過程の中で政策的な判断が介在し、ひいては大学の学術関連需要が予算に反映されなくなるという[107]。

　また、予算原則は学術活動にそぐわないとの指摘がある[108]。支出権限を使

---

106) Wolff/Bachof, Verwaltungsrecht II, §93 IV b）；日本でも予算による大学統御の問題性は指摘されており、大学の財政自主権の強化が唱えられてきた。高柳・学問の自由101頁以下。ドイツの予算の機能については、櫻井・財政69-79頁参照。また、州と大学の間で締結される資金交付契約に対する批判的なコメントとして、大脇成昭「財政法制の政策誘導機能（序説）」九大法学79号（2000）85頁以下参照。

107) Karpen, Hochschulfinanzierung, 58；大学が直接州の議会で意見表明を行う制度が提案されている。Thieme, Rn. 568.

108) Wissenschaftsrat (Hrsg), Empfehlungen des Wissenschaftsrats zur Forschung und zum Mitteleinsatz in der Hochschule, 1979, 54f.

用目的・金額・会計年度に拘束する限定原則は、予算見積もり作成時には予測不可能な学問的進展に対して、必要となる柔軟な資金的対応を妨げるからである[109]。そこで、大学による予算管理権の拡大を実現する仕組みとして、包括予算制度が提唱されてきた。包括予算制度は、州から包括的な補助金の提供を受けた大学が固有の予算を作成する仕組みである。包括予算の長所として、大学が長期的視点から自由に資金を処理することができること、大学、大学担当省、財務担当省及び議会に至る多段階手続を回避しうることが挙げられている。短所として、費目について吟味する責任から議会を解放し、ひいては景気次第で予算削減の対象とされやすくなること、さらに、大学の負担増大及び決定能力に対する疑念が指摘されている[110]。

今日、新制御モデル（Neues Steuerungsmodell：NSM）に則り、国と大学との間の目標合意（Zielvereinbarung）を通して大学に対する資金提供が行われるようになっている[111]。合意の内容として、大学の発展に関する計画、教育・研究の目標等と並んで、投資計画、投資資金に関する詳細な項目も含まれているという[112]。また、NSMではアウトプットの制御に力点が置かれるため、資金提供の包括化を伴う。大学の自律性は、国家事務であったことから財政制度には及ばなかったが、NSMの下では一定程度の財政面においても大学の影響力を確保することにつながるようにみえる。ただし、目標合意を締結する州の行政機関は議会の合意を得られるとは限らないため、その法的性質はなお未解明なままである[113]。また、州財政の負担を軽減

---

109) Zeh, Finanzverfassung und Autonomie der Hochschulen, 1973, 38ff.
110) Bachof, FS Jahrreiss, 1964, 12f.；Karpen, Hochschulfinanzierung, 88f.
111) Kahl, Hochschule und Staat, 2004, 97 ff.；山本隆司「民営化または法人化の功罪（下）」ジュリ1358号（2008）54頁以下。ドイツ版の新公共管理（NPM）である。包括的な検討として、大西有二「NPMと法・行政法―『成果志向』による行政統制手法の豊富化？―」新山一範[編]『変容する世界と法律・政治・文化 上巻』（ぎょうせい・2007）223頁以下参照。そのほかに、磯村篤範「ドイツにおける行政改革・NPMと行政法学」山村恒年[編著]『新公共管理システムと行政法―新たな行政過程法の議論深化を目指して―』（信山社・2004）167頁、荒木修「ドイツにおけるNSM改革と行政法」法時78巻9号（2006）63頁などを参照。高橋・前掲注(13)37頁以下も参照。
112) Trute, WissR 2000, 134ff.

するために目標合意が用いられる懸念も否定できないことから、NSM は決して大学の自律性を高めることはないとの見方もある[114]。

第2項　国の監督

　資金提供者としての国は、大学の設備及び資金利用を固有の合目的性の考量に沿って決定する権限をもたなければならない[115]。しかし、その国家の権限もまた研究及び教授の自由の留保の下にあり、研究及び教授の自由を直接侵害する命令、たとえば、特定の出版物の購入あるいは特定の研究事業の実施のための資金利用を禁じる旨の命令は許されない[116]。また、費目の決定及び資金利用の決定に関する専門監督の行使に際して、予算法上の経済性原則や国家の発展計画との合致といった合目的性の観点からの専門監督は許されるが、学術的判断に基づく専門監督は許されないと解されている[117]。

　予算年度の終了時点で職の削減を可能とするため空席となった職を補充しないようにとの、ノルトライン-ヴェストファーレン州政府の命令の違法性を確認するために、大学が提起した訴訟がある（被告行政庁が原告の意思に反して当該命令を発することができない、という当事者間の法律関係を争う確認訴訟）。1985年10月25日ミュンスター高等行政裁判所判決[118]は、当該命令が次年度の大学内の資金配分に際して大学から判断の余地を奪うことについては、当該不利益が事実上の侵害であるとし、さらに、州の大学法

113）　トゥルーテは、大学の場合、契約の承認を想起させうる大学内部の法的地位、たとえば、学部や研究者が存在することを看過すべきではないとして、目標合意を部分的に契約としてとらえる余地があると指摘する。Trute, WissR 2000, 146ff.
114）　Musil, 328ff.
115）　Hailbronner, §59 Rn. 33, in : Hailbronner, HRG；ただし、社会全体で責任を負うべき資源の配分問題について、原則的に国家の権限を否定することは幻想であるだけでなく適切でもない。Lorenz, JZ 1981, 118.
116）　もっとも、それは、国家による目的決定を通して大学に与えられる資金の範囲でのみ妥当するという限界がある。Hailbronner, §59 Rn. 33, in : Hailbronner, HRG.
117）　Hailbronner, §59 Rn. 36, in : Hailbronner, HRG；Hailbronner, JZ 1985, 867f.
118）　WissR 1986, 170.

が予算・財政事務に関して原則的な国家の単独責任を前提としていることを確認した上で、財政上の節約のために必要な限りで当該命令が国家の権限内にあると判示した[119]。財政上の制約を理由とする以上、やむをえない結論であろう。

第3項　会計検査

ドイツにおける大学に対する経済性コントロール[120]の議論は、1970年代に増大する大学予算の効率的運用という問題意識の高まりを背景とし、会計検査院が経済性基準に依拠して成果コントロールの導入を決定したことに端を発する[121]。成果コントロールとして、研究及び教授の活動の有用性の評価を行うことが適切かどうかが問題となるが、成果コントロールのためには、通常、金銭的評価が可能でなければならない。しかし、研究及び教授は金銭的評価になじまない[122]。そのため、研究事業及びその実施が経済的か否かは、会計検査院ではなく研究者のみが決定できると解されている[123]。もっとも、研究の成果コントロールに関して上記の会計検査の限界を指摘しつつも、明確な不経済性が確認される場合には会計検査は可能であるとの意見もある。たとえば、明白な不経済性が確認される場合として、学術の進捗がみられない状況が継続する場合、研究目的にとって必要以上に高額な費用を設備や出版物にかける場合、研究目的に照らして必要以上に高額な旅行が行われる場合、十分な準備もなくあるいは成果を出すこともなく長期にわたってシンポジウム等が行われる場合が挙げられている[124]。

---

119)　WissR 1986, 173.
120)　経済性コントロールの意義と効果については、石森久広『会計検査院の研究』（有信堂・1996）73頁以下参照。
121)　Sigg, Die Stellung der Rechnungshöfe, 118.
122)　Sigg, Die Stellung der Rechnungshöfe, 119ff.
123)　Vogel, DVBl 1970, 198；Karpen, Recht der Jugend und des Bildungswesens 1992, 226.
124)　Hettlage, FS Wacke, 1972, 123.

また、1985年2月28日連邦行政裁判所判決[125]は、フォルクスワーゲン財団の研究支援活動に対する会計検査院の検査権限について判示した。本判決では、研究支援団体に対する会計検査院のコントロール権限は研究事業の学術的評価及び研究支援措置の学術的評価領域での決定に及ばないと判示されている[126]。確かに、研究設備の必要性や調査旅行の必要性について、会計検査院や監督庁がより安価な実施可能性を理由に介入することは、学問の自由の観点から問題がある[127]。しかし、研究及び教授のための資金利用の経済性審査は、学術的判断以外の観点からは許容されると解される[128]。

第7節　結語—日本における国家と大学の法関係

ドイツの大学法において大学の任務は、大学自治の中核領域、大学と国家の協力領域及び周辺領域に区分されている。大学自治の中核領域及び大学と国家の協力領域で付与されている大学の協力権の両者は、自治事務に組み込まれる。そしていずれの事務領域であっても、学問の自由に関わる場合には、国の監督措置に対して訴訟の提起が認められている。自治事務については合法性の監督に限定されるのに対して（法監督）、国家事務（委託事務）については合目的性の監督の対象となる（専門監督）。そして、州法で列挙された自治事務は例示的列挙と解されているのに対して、国家事務の列挙は限定列挙であると解されている。以上は、自治事務に対する監督権限を法監督に限定することにより、大学自治を保障する仕組みである。法監督は行政行為ととらえられており、これに対して抗告提起の提起が認められるのはもちろんのこと、専門監督についても、行政行為と解して抗告訴訟の提起を認める見解や、あるいは内部法関係と把握しつつ一般給付

---

125)　DÖV 1986, 518；石森・前掲注(120)188頁参照。
126)　DÖV 1986, 519f.
127)　Hailbronner, §59 Rn. 34, in：Hailbronner, HRG；Redeker, DÖV 1986, 949f.
128)　Hailbronner, §59 Rn. 34, in：Hailbronner, HRG；たとえば、研究設備の維持のためにどの業者と契約を結ぶべきかといった問題は、学術的判断を必要としない場合もあろう。Sauer/Blasius, DÖV 1986, 559.

第 7 節　結語—日本における国家と大学の法関係

訴訟を提起することができるとの見解がある。大学は、いずれにせよ、訴訟提起により争うことができる。また、自治事務については法監督に限定されるため、国と大学の責任の範囲が明確になっている。学問の自由及び大学自治の趣旨をふまえて、大学の各事務領域における国家関与の限界を制度的にある程度明確化することは、大学と国家の役割分担の明確化を意味し、ひいては大学の効率化につながりうる素地を提供することになろう。

　これに対してわが国の場合、国立大学法人法（以下「国大法人法」という）制定以前から、国の関与に対して大学が訴訟を提起できるかどうかという問題は意識されていた。たとえば、雄川一郎は、「大学に自治権がある範囲に存するとすれば、その限りにおいて、それは一般の法人格のある自治団体と基本的には同様に裁判的保護を受け得べき可能性を認めるべきであろうが、それは、現在の大学制度の具体的な吟味によって答えられるべきものである」と述べていた。しかし、この問題については、十分な検討は行われてこなかった。国立大学が国家行政組織法上の施設等機関（国家行政組織法8条の2）として設置された国の行政機関であったことから、権利義務の主体間の紛争としてとらえられない可能性が高かったためであろう。もっとも国大法人法の制定後も、国立大学に対する国の関与をめぐる紛争が法律上の争訟なのかどうかは、学説・判例に照らしても明らかではなかった。田中二郎は、（講学上の）独立行政法人等（大部分の特殊法人、地方公社及び公共組合等）については、実質的には国や地方公共団体の代行機関であると説明している。また最判昭和53年12月8日民集32巻9号1617頁は、旧日本鉄道建設公団の成田新幹線建設工事実施計画に関する運

---

129)　国立大学の効率性の問題は、「学問の研究・教育という事業を効率的に行うことができる制度のあり方は何か」という問題としてとらえられる。藤田宙靖「国立大学と独立行政法人制度」ジュリ1156号（1999）120頁参照。

130)　雄川・機関訴訟467頁。

131)　田中・中212頁。藤田宙靖は、独立の法人格を得ることによって国家行政組織に属することに伴う様々な制約から解放されることになるが、その一方で独立行政法人の行う業務自体は民営化の場合とは異なり「行政」の一部として位置づけられるのであり、その業務の達成については内閣が最終的な責任を負うことになるとしていた。藤田・前掲注(129)114頁。

輸大臣の認可を内部法関係の問題としていた。

　現在でも特別行政主体として位置づけられる法人と国との関係は、いわゆる内部法の問題として司法上の救済の対象とはならない、としばしば説かれている。[132] その理由として、①行政主体による出訴の肯定は、行政主体による私人の権利侵害のために行政訴訟を機能させることにつながりうること[133]、②司法の介入により行政組織の一体性及び行政案件処理の迅速性・効率性等が損なわれる可能性があること[134]、③司法の介入は三権分立違反になること[135]、等が挙げられている。しかし、国大法人法の制定以降、学説では、大学に対する国の関与をめぐる紛争に法律上の争訟性を認める見解が有力になりつつある[136]。国大法人法に導入された新公共管理（New Public Management：NPM）の中核的な仕組み、すなわち中期目標—中期計画—認可—評価—交付金への反映というサイクル及び同法が予定する関与法制は、大学自治に対する強い影響力を伴うと想定することができるため、肯定説には重要な意義があろう[137]。本稿も肯定説に与するものであるが、国立大学法人も行政主体であることから[138]、上記①から③の論拠の妥当性について検討する必要がある。

　まず①の問題は、大学の権限行使によって大学教員の学問の自由が、あ

---

132) ただし、独立行政法人の出訴可能性を肯定する学説として、長谷部恭男「独立行政法人」ジュリ1133号（1998）103頁があるほか、より包括的に特別行政主体と国との紛争が法律上の争訟となる可能性を認める見解として、山本隆司「独立行政法人」ジュリ1161号（1999）129頁、南博方=高橋滋［編］『条解行政事件訴訟法〔第3版補正版〕』（弘文堂・2009）190頁以下［山本隆司］がある。
133) 藤田宙靖「行政主体相互間の法関係について―覚え書き―」同『行政法の基礎理論下巻』（有斐閣・2005）58頁以下。
134) 小早川・下Ⅲ 275頁以下。
135) 深見敏正「独立行政法人の法的性格と国との関係」藤山雅行［編］『新裁判実務大系25 行政争訟』（青林書院・2004）106頁以下。
136) 塩野・Ⅲ 112頁、山本・前掲注(132)ジュリ1161号133頁、市橋克哉「国立大学の法人化」公法68号（2006）168頁以下。
137) 新公共管理の導入が紛争の契機をはらむことについては、常本照樹「大学自治と学問の自由の現代的課題」公法68号（2006）13頁以下。
138) 塩野・Ⅲ 92頁以下。

る程度で制限を受けることから生じる。しかし、こうした大学内部での制限[139]は、それが憲法の許容する程度にとどまる限りで、大学教員の適正な参加の機会を通して正当化されると解される[140]。したがって、国と大学とが対峙する場面において、大学は自らの決定を学問の自由及び大学自治の保障に依拠しつつ主張できるというべきであろう。逆に、大学が大学内部の構成員の学問の自由を憲法の許容する程度を超えて制限している場合には、大学はその決定の正当性を学問の自由及び大学自治の名の下で主張することはできないと解される[141]。国大法人法の仕組みの下では、大学の策定する中期計画に対して文部科学省が認可（国大法人法31条）をしない場面で、上記の問題が顕在化する可能性がある。国大法人法では、経営に関する事項は経営協議会（同27条）に、教育研究に関する事項は教育研究評議会（同28条）に審議させることとしている。それぞれの機関を内容にふさわしい人材で構成し、相互の領域への介入を制度的に防止することによって、大学内の学問の自由の自律性を尊重し、できるだけ他律性が緩和されるように配慮されている。これは、大学組織内部の一種の距離保障と解することができる[142]。当該距離保障は、究極的には組織内の学問の自由を保障するための工夫である。すなわち、上記二元的な機関構造の採用は、このような意味での学術適合的な組織を実現するための制度設計上の工夫としてとらえることができる。上記の事務の区分が以上のような性格をもつことに照らすと、教育研究評議会に配分された事務にかかる国の関与については、学問の自由領域への抵触が問題となりやすいように思われる[143]。一方、役員の

---

139) 大学等の研究機関における学問の自由は、きわめて重要な公共の利益を実現するために必要な場合、一定の規制を受ける可能性を内在させているとの指摘として、長谷部・憲法223頁以下参照。
140) 第1部第2章第3節参照。
141) この場合、大学内部で争訟が生じうることについては、第1部第2章を参照。
142) 学問法における距離保障について、山本・学問と法158頁以下参照。
143) 塩野・Ⅲ 112頁参照。大学自治の保障の法的性質について、通説は学問の自由を保障するための制度的保障と解しているが、大学自らが権利主体として大学の自主組織・運営権をもつという人権としての要素を承認する見解もある。戸波江二「学問の自由と大学の自治」大石眞=石川健治[編]『憲法の争点』（有斐閣・2008）143頁。

任命（国大法人法12条・17条）、長期借入金・債券発行の認可（同33条）などは、確かに、学問の中核領域に入るとはいえないかもしれないが、構成員が学問の自由を行使するための制度の構築にかかるものである。これらの事務についても、学問の自由または大学の自治を侵害する可能性がないとはいえないだろう。[144]

②については、行政主体の一体性と効率性という2つの論拠が問題となる。まず行政主体の一体性については、大学がその学問の自由及び大学自治に触れる事柄を主張する場合には問題とならない。[145]学問の自由及び大学自治が問題となる限りで行政組織内部の問題とはいえず、むしろ司法が判断すべき人権の問題としてとらえることができるからである。また効率性については、一般の行政で問題となる効率性と学問の研究・教育という事業の効率性とが内容を異にしないかどうかを検討する必要があろう。一般の行政では法律の執行の効率性が問題となるのに対して、学問そのものは法律の執行とはいえない。[146]効率性の強調が、憲法の目的としての学問の自由の実現を弱めることになるならば、それは憲法の本来意図するところではないというべきであろう。

③は、独立行政法人通則法に基づく独立行政法人を念頭に置いた主張である。国大法人法下の国立大学が学問の自由及び大学自治の侵害を主張する以上は、国と大学との紛争は司法権が裁断すべき問題であるというべきであろう。

以上のとおり大学の場合には、学問の自由及び大学自治をふまえた議論をすべきであって、上記①から③の論拠はそのまま当てはまらないという

---

144) 高柳信一のいう「市民的自由の回復」に関わる問題としてとらえることができるだろう。高柳・学問の自由43頁以下。中川義朗「国立大学法人と財政」日本財政法学会［編］『財政法叢書24 教育と財政』（敬文堂・2007）9頁以下、23頁も参照。
145) 小早川・下Ⅲ 277頁において、②の論拠は、あくまで「公的主体」が「その固有の資格」において行政庁の行為の相手方となる場合について述べられている。学問の自由及び大学自治を主張する場面では、②の論拠が妥当しないと思われる。
146) なお、大学の法人化による学問の研究・教育の効率性を説く藤田宙靖も、国と大学との関係が主観法関係としてとらえられる可能性を否定していない。藤田・組織法56頁。

べきである。大学の自治を否定すると、大学のすべての事務領域が一般的な行政組織と同様にもっぱら設置者の政策に委ねられ、基本的には当該政策のための立法や指揮命令については違憲・違法の問題が生じる余地がないとの判断もありうるところである。その場合、大学における学問の存立が全体としてまたは部分的に危ぶまれることになる。しかし、それでは憲法が定める学問の自由条項（憲法23条）の存在意義を損なうであろう。国の権限行使が司法審査の対象となる余地を残すためには、ともかく大学が自治権を対外的に主張することができなければならないはずである。自治権の射程を問題とする余地はあるとしても[147]、国立大学の法人化も憲法に定める学問の自由から導かれる大学の自治を前提としていると解すべきである[148]。法人たる大学が学問の自由及び大学の自治に依拠した主張を行う場合において、大学は国の関与を争えるというべきであろう。

◆第1章　文献

〔ドイツ語〕

Bachof, Otto, Überlegungen zu einer Verwaltungsreform der deutschen Hochschulen, Festschrift für Hermann Jahrreiss, 1964, 5〔**Bachof, FS Jahrreiss, 1964**〕

Dallinger, Peter/Bode, Christian/Dellian, Fritz, Hochschulrahmengesetz Kommentar, 1978（Dallinger, HRG）

Denninger, Erhard（Hrsg.）, Hochschulrahmengesetz Kommentar, 1984〔**Denninger, HRG**〕

Epping, Volker, Das Letztentscheidungsrecht der zuständigen staatlichen Stellen bei

---

147) 本来的な国の任務を大学が遂行していると解すべき事務領域があるとしても、当該事務領域に対する国の関与が大学構成員の学問の自由に影響を及ぼすと解される場合、やはり当該関与をめぐる紛争を法律上の争訟として把握すべきであろう。

148) 塩野・Ⅲ 96頁、大浜・学問の自由34頁以下、中村睦男「国立大学の法人化と大学の自治」北海学園大学法学研究43巻3＝4号（2008）523頁、吉田善明「大学法人（国立大学、私立大学）の展開と大学の自治」法律論叢81巻2＝3号（2009）431頁など参照。また、大学の自治に懐疑的な立場として、守谷健一「『学問の自由』に係る日本の憲法解釈論の性格をめぐって」大阪市立大学法学雑誌54巻1号（2007）376頁がある。

der Berufung von Hochschullehrern, WissR 1992, 166

Flämig, Christian u.a. (Hrsg.), Handbuch des Wissenschaftsrechts, Bd. Ⅰ・Ⅱ, 2. Aufl., 1996 〔**HdbWissR Ⅰ・Ⅱ**〕

Forsthoff, Ernst, Lehrbuch des Verwaltungsrechts, Bd. 1, 10. Aufl., 1973 〔**Forsthoff**〕

Hailbronner, Kay (Hrsg.), Hochschulrahmengesetz Kommentar 〔**Hailbronner, HRG**〕〔§ 16 = Stand 1999 ; § 58 = Stand 1996 ; § 59 = Stand 1996 ; § 60 = Stand 1996 ; § 62 = Stand 1988〕

Hailbronner, Kay, Rechtsfragen der staatlichen Aufsicht über die Hochschulen, JZ 1985, 864

Hettlage, Karl Maria, Die Erfolgskontrolle von Forschungsaufwendungen, Festschrift für Gerhard Wacke, 1972, 117 〔**Hettlage, FS Wacke, 1972**〕

Holstein, Günther, Hochschule und Staat, in : Das akademische Deutschland, Bd. 3, 1930, 127ff.

Kahl, Wolfgang, Hochschule und Staat, 2004.

Karpen, Ulrich, Rechnungskontrolle an Hochschulen, Recht der Jugend und des Bildungswesens 1992, 217

Karpen, Ulrich, Wissenschaftsfreiheit und Hochschulfinanzierung, 1983 〔**Karpen, Hochschulfinanzierung**〕

Lorenz, Dieter, Die Rechtsstellung der Universität gegenüber staatlicher Bestimmung, WissR 1978, 1

Lorenz, Dieter, Wissenschaft zwischen Hochschulautonomie und Staatsintervention, JZ 1981, 113

von Mangoldt, Hans, Universität und Staat, 1979 〔**von Mangoldt**〕

Musil, Andreas, Wettbewerb in der staatlichen Verwaltung, 2005 〔**Musil**〕

Oppermann, Thomas, Kulturverwaltungsrecht, 1969

Raiser, Ludwig, Die Universität im Staat, 1958

Redeker, Konrad, Wissenschaftsfreiheit und Rechnungsprüfung, DÖV 1986, 946

Reich, Andreas, Hochschulgesetz Sachsen-Anhalt Kommentar, 1996 (Reich, HGSA)

Reich, Andreas, Bayerisches Hochschulgesetz Kommentar, 3. Aufl., 1989 (Reich, BayHG)

Sauer, Herbert/Blasius, Hans, Universalität der Finanzkontrolle?, DÖV 1986, 554

Schmidt-Aßmann, Eberhard, Die Wissenshcaftsfreiheit nach Art. 5, Abs. 3 als Organisationsgrundrecht, in : Festschrift für Werner Thieme, 1993, 697 〔**Schmidt-Aßmann, FS Thieme, 1993**〕

Schröder, Meinhard, Verfassungsrechtliche Maßstäbe der Staatsaufsicht über die wissenschaftlichen Hochschulen, WissR 1985, 199

Schuster, Hermann Josef/Stenbock-Fermor, Graf Friedrich, Überlegungen zur Eigenart der Hochschulverwaltung, WissR 1968, 28

Siekmann, Helmut, Zusammenwirken von Staat und Hochschule bei der Besetzung von Lehrstühlen, DÖV 1979, 82

Sigg, Wolfgang, Die Stellung der Rechnungshöfe im politischen System der Bundesrepublik Deutschland, 1983

Thieme, Werner, Deutsches Hochschulrecht, 3. Aufl., 2004〔**Thieme**〕

Trute, Hans-Heinrich, Die Rechtsqualität von Zielvereinbarungen und Leistungsverträgen im Hochschulbereich, WissR 2000, 134

Vogel, Klaus, Verfassungsrechtliche Grenzen der öffentlichen Finanzkontrolle, DVBl 1970, 193

Wissenschaftsrat（Hrsg.), Empfehlungen des Wissenschaftsrats zur Forschung und zum Mitteleinsatz in der Hochschule, 1979

Wolff, Hans Julius/Bachof, Otto, Verwaltungsrecht II, 4. Aufl., 1976〔**Wolff/Bachof, Verwaltungsrecht II**〕

Wolff, Hans Julius/Bachof, Otto/Stober, Rolf, Verwaltungsrecht II, 5. Aufl., 1987〔**Wolff/Bachof/Stober, Verwaltungsrecht II**〕

Zeh, Wolfgang, Finanzverfassung und Autonomie der Hochschulen, 1973

〔日本語〕

赤坂正浩「二つの制度的保障論―C・シュミットとP・ヘーベルレー」法学49巻1号（1985）82頁（同『立憲国家と憲法変遷』（信山社・2008）183頁所収）

阿部照哉「ドイツにおける『大学改革』と学問の自由」法叢94巻2号（1973）1頁

荒木修「ドイツにおけるNSM改革と行政法」法時78巻9号（2006）63頁

石川健治『自由と特権の距離〔増補版〕』（日本評論社・2007）〔**石川・自由と特権**〕

石森久広『会計検査院の研究』（有信堂・1996）

磯村篤範「ドイツにおける行政改革・NPMと行政法学」山村恒年［編著］『新公共管理システムと行政法―新たな行政過程法の議論深化を目指して―』（信山社・2004）167頁

市橋克哉「国立大学の法人化」公法68号（2006）168頁

今村哲也「国の自治体への監督制度について」南博方［編］『行政紛争処理の法理と課題・市原昌三郎先生古希記念論集』（法学書院・1993）96頁

大西有二「NPMと法・行政法―『成果志向』による行政統制手法の豊富化？―」新山一範［編］『変容する世界と法律・政治・文化 上巻』（ぎょうせい・2007）223頁

大橋洋一『現代行政の行為形式論』（弘文堂・1993）〔**大橋・行為形式論**〕

大浜啓吉「学問の自由と大学の自治」同［編］『公共政策と法』（早稲田大学出版部・

2005）〔大浜・学問の自由〕

雄川一郎「機関訴訟の法理」『行政争訟の理論』（有斐閣・1986）431頁〔**雄川・機関訴訟**〕

小早川光郎『行政法講義 下Ⅲ』（弘文堂・2007）〔**小早川・下Ⅲ**〕

小山剛「人権と制度」長谷部恭男=土井真一=井上達夫=杉田敦=西原博史=坂口正二郎〔編〕『岩波講座 憲法2 人権論の新展開』（岩波書店・2007）49頁

斎藤誠「条例制定権の歴史的構造—『アウトノミー』と『自主法』(1)—」自研66巻4号（1990）110頁

櫻井敬子『財政の法学的研究』（有斐閣・2001）〔**櫻井・財政**〕

塩野宏『オットー・マイヤー行政法学の構造』（有斐閣・1962）

塩野宏「西ドイツ大学改革の一事例 バーデン-ヴュルテンベルク大学法について（Hochschulgesetz von 19. März 1968）」同『行政組織法の諸問題』（有斐閣・1991）97頁

塩野宏『行政法Ⅲ〔第3版〕』（有斐閣・2006）〔**塩野・Ⅲ**〕

高橋滋「行政の経済化に関する一考察（上・下）—法学と経済学との対話・ドイツ公法学の議論を素材として—」自研84巻1号（2008）46頁、同3号（2008）28頁

高柳信一『学問の自由』（岩波書店・1983）〔**高柳・学問の自由**〕

田中耕太郎『教育基本法の理論』（有斐閣・1961）

田中二郎『新版行政法 中〔全訂第2版〕』（弘文堂・1976）〔**田中・中**〕

常本照樹「大学自治と学問の自由の現代的課題」公法68号（2006）13頁

戸波江二「制度的保障の理論について」筑波7号（1984）66頁

戸波江二「学問の自由と大学の自治」大石眞=石川健治〔編〕『憲法の争点』（有斐閣・2008）143頁

中川義朗「国立大学法人と財政」日本財政法学会〔編〕『教育と財政』（敬文堂・2007）9頁

中村睦男「国立大学の法人化と大学の自治」北海学園大学法学研究43巻3=4号（2008）523頁

長谷部恭男『憲法〔第5版〕』（新世社・2011）〔**長谷部・憲法**〕

藤田宙靖「国立大学と独立行政法人制度」ジュリ1156号（1999）120頁

藤田宙靖『行政組織法』（有斐閣・2005）56頁〔**藤田・組織法**〕

藤田宙靖「行政主体相互間の法関係について—覚え書き—」同『行政法の基礎理論 下巻』（有斐閣・2005）58頁。

深見敏正「独立行政法人の法的性格と国との関係」藤山雅行〔編〕『新裁判実務大系25 行政争訟』（青林書院・2004）93頁

松元忠士『ドイツにおける学問の自由と大学自治』（敬文堂・1998）

南博方=高橋滋〔編〕『条解行政事件訴訟法〔第3版補正版〕』（弘文堂・2009）

宮崎良夫『法治国理念と官僚制』（東京大学出版会・1983）
村上淳一=守矢健一=マルチュケ-H. P.『ドイツ法入門〔第7版〕』（有斐閣・2007）〔**村上=守矢=マルチュケ・ドイツ法入門**〕
守矢健一「『学問の自由』に係る日本の憲法解釈論の性格をめぐって」大阪市立大学法学雑誌54巻1号（2007）376頁
山本隆司「独立行政法人」ジュリ1161号（1999）127頁
山本隆司「学問と法」城山英明=西川洋一［編］『法の再構築［Ⅲ］科学技術の発展と法』（東京大学出版会・2007）143頁〔**山本・学問と法**〕
山本隆司「民営化または法人化の功罪(下)」ジュリ1358号（2008）42頁
吉田善明「大学法人（国立大学、私立大学）の展開と大学の自治」法律論叢81巻2＝3号（2009）431頁
米丸恒治「大学の自由化・多様化と競争導入（海外の行財政）」行財政研究35号（1998）61頁

第 2 章

大学組織訴訟

第 1 節　はじめに

　ドイツの行政裁判所法は、国家対市民という外部法関係を念頭に置いており、機関間の権限をめぐる訴訟に関する規定は用意されていない。同一の行政主体内部の紛争において一方が訴訟を提起した場合、それは原則として自己訴訟（Insichprozess）として斥けられることになる[1]。行政機関の権限は、基本権に基づいて自由の原理に支配される市民の主観的権利とは性質を異にしているため、自己訴訟では行政訴訟に必要な権利保護の要素が認められないことになる。ただし以上は、主に直接国家行政にみられる階層的な行政機構には当てはまる理解である[2]。ドイツでは、自治行政主体の内部における機関間及び機関内の権限をめぐる紛争が、（広義の）主観的権利にかかる訴訟として扱われることがある[3]。公法上の社団、営造物法人及び財団等の自治行政主体は、その任務を遂行するための多様な機関を備えており、さらに機関は職を割り当てられた担当者を通して活動する。一般的には、組織法による権限の配分は機関に義務を課すにすぎず、その権限は本質的に行政の担い手のために行使されるのであって、機関固有の法的地位を創設するものではない[4]。しかし、ドイツでは、行政組織法は客観的な権限を創設すると同時に主観的な権利として防御可能な性質を付与

---

[1]　Schoch, §28 Rn. 10, in：Ehlers/Schoch；雄川・機関訴訟439頁以下参照。
[2]　Schmidt-Aßmann/Röhl, 1. Kap. Rn. 83, in：Schmidt-Aßmann/Schoch.
[3]　山本・法関係368頁以下。
[4]　Schoch, §28 Rn. 10, in：Ehlers/Schoch.

することができると考えられている。一定の条件の下で機関間の権限をめぐる紛争が、行政裁判所の審判の対象となりうることに争いはない。

ドイツの機関訴訟は、自治行政主体の名を冠して「組織訴訟（Verfassungsstreit）」と呼ばれている。たとえば、市町村（Gemeinde）や郡（Kreis）で生じる機関訴訟は「自治体組織訴訟（Kommunalverfassungsstreit）」と呼ばれ、大学における機関訴訟は「大学組織訴訟（Hochschulverfassungsstreit）」と呼ばれている。組織訴訟が最も多いフィールドは地方公共団体であるため、その判例及び理論の蓄積は他の組織訴訟に援用される関係にある。それぞれの領域における組織訴訟の理論形成が相互に援用可能な組織訴訟の理論の充実化を促しているが、一方で、それぞれの自治行政主体は異なる体系思考に基づくことにも留意する必要がある。本稿の主題は大学組織訴訟であり、学問の自由及び大学自治の理念に則った解釈論を展開する必要がある。

わが国では、大学を構成する機関間の紛争は法律上の争訟ではないと解される可能性が高いだろう。判例によれば、法律上の争訟の要素として、①当事者の具体的な権利義務または法律関係の存否に関する紛争であること、②法律の適用により終局的に解決しうべきものであることが挙げられている。このうち、本稿の課題である大学の機関間の紛争については、②の要素は肯定されると解される。大学は学問の自由及び大学自治の担い手

---

5) Schmidt-Aßmann/Röhl, Kommunalrecht Rn. 83, in：Schmidt-Aßmann/Schoch.
6) Schoch, §28 Rn. 6, in：Ehlers/Schoch.
7) ドイツでは、学部は社団的に構成されていると解されており、学長や評議会等の学部への介入により生じる紛争は必ずしも機関間の紛争とはいえないとして、組織争訟の呼称が適切であるとの指摘がある。Knemeyer, FS Schiedermair, 2001, 553.
8) Schoch, §28 Rn. 22, in：Ehlers/Schoch.
9) 斎藤誠「自治法理の史的展開(1)」国家106巻11=12号（1993）904頁以下。
10) 最判昭和28年11月17日行集4巻11号2760頁、最判昭和29年2月11日民集8巻2号419頁など。判例の展開について、佐藤幸治『日本国憲法論』（成文堂・2011）581頁以下参照。また、多くの憲法学説が《司法権＝具体的争訟＝法律上の争訟＝判例の定式》という等式を受け入れたことにかかる検討として、南野森「司法権の概念」現代的論点169頁以下。

であること、大学の任務が法令で定められていること、国立大学法人法（以下、「国大法人法」とする）や学校教育法では構成機関の権限について一定の規定が置かれていることから、大学における機関間の紛争は法の適用によって解決可能と考えられるからである。他方で当該紛争については、①の要素に欠けると解される可能性は高いだろう[11]。最高裁は、①の要素にいう権利・義務を、あくまで人の権利・義務に限定する解釈を採用しているようにみえるからである[12]。しかし、近年、最高裁の法律上の争訟のとらえ方に批判的な立場から、法律上の争訟を再定義する試みがなされている[13]。

こうした状況をふまえて大学内部の法律関係について検討する場合、まず、大学内部の機関間の紛争についても行政機関間の紛争一般について説かれる事柄が等しく妥当するのかは一考を要しよう。大学の機関または構成員は、研究、教授という法令上の任務を遂行するかのような外観を呈しつつも、学問の自由に基づく活動をしていると考えられるからである。また、国大法人法がもたらした大学の権限強化は、対国家的な自由の観点から「国」対「大学」を主な検討の対象としてきた学問の自由・大学自治論に加えて、「大学」対「組織成員」という構図をも意識することを強く求める[14]。新公共管理（NPM）によりもたらされる学長の権限強化とその教員への影響、経営協議会の判断による教員団への影響及び教員人事を審議す

---

[11] 機関間に「具体的な権利義務ないし法律関係」が成立しないといい切れるかどうかが問題である。成立しないという見解の根拠として、①法人の機関に権利能力ないし人格が欠ける、②仮に権利能力の主体たりうるとしても機関は法人のために行為するものであって固有の利益がない、という2つの論拠がありうる。以上の整理については、門脇雄貴「国家法人と機関人格(1)―機関訴訟論再構築のための覚書―」法学会雑誌48巻2号（2007）269頁以下参照。

[12] 最判平成14年7月9日民集56巻6号1134頁［宝塚パチンコ条例事件］参照。しかし、法律上の争訟と解する見解が多数説であると思われる。阿部・解釈学Ⅱ82頁以下、曽和俊文『行政法執行システムの法理論』（有斐閣・2011）157-187頁などを参照。

[13] 議論状況については、亘理格「法律上の争訟と司法権の範囲」新構想Ⅲ 20-24頁を参照。具体的な諸提言については、山岸敬子『客観訴訟の法理』（勁草書房・2004）38頁、144頁、中川丈久「行政事件訴訟法の改正」公法63号（2001）124頁以下、阿部・解釈学Ⅱ332頁以下など参照。

[14] 塩野・Ⅲ 96頁。

る権限をもつ教育研究評議会と教授会の調整等、学問の自由に適合的な権限の配分とその行使が問われている[15]。さらに国立大学の法人化以後の現状は、新しいトップダウン型と古いボトムアップ型の管理手法が混在しており、両者の調整と安定的な運営が課題となっている[16]。以上の諸課題を念頭に置きながら、本稿は、ドイツの大学組織訴訟の展開を検討することにより、日本の大学組織のあり方または大学内部の紛争処理のあり方について解釈論または立法論を展開する上での示唆を得ることを目的とする。

第2節 大学内部組織の法関係

第1項 大学の組織構造

(1) 基本的組織

まずは、ドイツの大学がどのような組織構造をもつのかを概観しよう。大学組織は、統括機関と合議機関のコンビネーションにより構成されている。A)学長(独人制または合議制)と評議会、B)学部長と教授会などである。A)は中央水準、B)は専門水準と呼ばれている。ドイツの大学においては中央水準と専門水準の区分が一般的であり、しばしば、大学は二水準原則（Zwei-Ebenen-Prinzip）が採用されているといわれる。両水準の接合の仕方は各州の大学法で様々であり、学部長が評議会の正式なメンバーになる場合またはそれらに助言的に参加が認められるにすぎない場合などがある。

専門水準で重要な組織単位は、いうまでもなく学部である。大学において学部は基本単位として認識されており、教育、学問の後継者育成、学生への助言、学修・試験のルール形成などに責任を負う[17]。ドイツでは学部は

---

[15] 国大法人法下の機関の権限関係は不明確だとの指摘について、澤昭裕「国立大学法人と国立大学改革」澤昭裕＝寺澤達也＝井上悟志［編著］『競争に勝つ大学―科学技術システムの再構築に向けて―』第5章（東洋経済新報社・2005）253-254頁参照。

[16] 市橋克哉「国立大学の法人化」公法68号（2006）170頁以下。

[17] Hartmer, Das Binnenrecht der Hochschule Rn. 109ff. in：Hartmer/Detmer, Hochschulrecht.

独立した法人とはみなされていないが、大学の部分社団（Teil- und Gliedkörperschaft）としてとらえられている[18]。とはいうものの、大学と同様に学部もまた一般的な権利能力をもつとは考えられていない。学部はその構成員たる研究者の代弁者として現れているにすぎないとの理解が一般的である[19]。

学部の部分的な権利能力については全く認めない説[20]もあるが、承認する説が有力である[21]。学部の学位授与に関する試験規定について政府が変更の代執行を行ったところ、当該学部が抗告訴訟を提起した事案について、連邦行政裁判所は、試験規程が学部の固有の権利に基づき定められるのであれば、学部が訴訟上の当事者適格を有することになるとしつつ、当該事案においてはそれが認められないとした[22]。国による大学への関与をめぐる争訟について、学部が争訟の当事者となることは、基本的には認められていない。しかし判旨によれば、大学との関係で学部に試験規程の発令にかかる固有の権利が認められ、その限りで部分権利能力が認められるのか、それとも大学の機関として社団内部の権限を行使するにすぎないのかについては、各州の大学法に則り判断される。後者であれば、大学が当該監督の訴訟当事者として適格性を備えることになる[23]。

(2) 大学組織改革

伝統的な正教授大学は、1970年代の大学改革により、いわゆるグループ代表制大学（Gruppenunivertsität）へと転換し[24]、正教授だけでなく大学職員、助手、学生及び大学行政職員も大学の意思決定過程に参加することと

---

18) Kimminich, Hochschule im Grundrechtssystem, HdbWissR I, 135.
19) Scholz, Art. 5. Abs. 3, Rn. 124（Stand 05/2008), in：Maunz/Dürig, GG.
20) Dallinger, §64 Rn. 2, in：Dallinger, HRG.
21) Kluth, §87 Rn. 23, in：Wolff/Bachof/Stober, Verwaltungsrecht Ⅲ；Maurer, WissR 1977, 215ff.：ders., Verwaltungsrecht, §21 Rn. 10.
22) BVerwG, B. v. 13. 05. 1985, NVwZ 1985, 654 ff.
23) 当該監督の合法性について大学の中央水準と学部との間で見解の相違がある場合、学部は必要に応じて機関訴訟を提起することとなる。
24) Leuze, Mitwirkungsrechte der Mitglieder, in：HdbWissR I, 861ff.

なった。しかし、1973年の大学判決は、あらゆるグループの大学決定過程への同等参加を定めたニーダーザクセン大学法につき違憲判決を下した。[25]

「各グループ代表者で構成された合議機関が研究及び教育に直接関わる事務について決定する限りで、次の原則が尊重されなければならない。(a)大学教師グループは同質でなければならない、すなわち他のグループと明白な区別を可能にするメルクマールに従って構成されていなければならない。(b)教育に直接関わる決定に際して、大学教師グループはその特別な地位に対応して重要な影響力（maßgebender Einfluß）を保たなければならない。このグループが投票の半数を有する場合に、この要求は満たされる。(c)研究の問題または大学教師の招聘に直接関わる決定に際して、大学教師グループにはさらに決定的な影響力が留保されなければならない。(d)研究及び教育に関するすべての決定に際して、学問に関わらない職員グループの画一的参加は排除されなければならない。」

このように大学判決は、学問の自由の実現のために大学教師に卓越した地位を認めた。合議制モデルは大学のあらゆる水準で形成され、各段階で合議機関が設けられ、それぞれに各グループの代表者が配置されることとなった。しかし、各水準で権限が網状に形成された状態は非効率で活動が阻害されると批判されるに至る。グループの代表はそれぞれの利害の代表という立場を離れて大学全体の利益を必ずしも十分に考慮できず、迅速性に欠ける合議機関での審議は大学統括機関による効率的かつ的確な職務遂行を防げる、というのである。[26]

そこで、大学統括機関の権限の拡張と合議機関の権限の縮小とともに、専門水準における権限の縮小も進められていった。本来、専門水準における学問との直接的な関連性の度合いは、中央水準より高いはずである。しかし、学問の自由から、統括機関（学長、学部長等）と合議機関（評議会、

---

25) BVerfGE 35, 79.
26) Müller-Böling, 22f.；さらに組織改革の背景として、ドイツの大学の学問的な低迷、競争力の低下が嘆かれる状況にあったことも指摘されている。

学部教授会等）の管轄配分のための具体的基準は導かれないと解されている[27]。さらに、合議機関の権限の統括機関の権限に対する優先の原則や、専門水準の権限の中央水準の権限に対する優先の原則は、憲法から生じないと解されている[28]。

1995年5月31日連邦憲法裁判所決定は、学部教授会の権限縮小と学部長の権限強化を図ったノルトライン-ヴェストファーレン大学法27条（1993年8月）について、学問の自由は個々の大学教師に対して学術施設の管理に関する無制限な参加を保障しておらず、合議制原理は個々の大学教師の学問の自由の保護にもかかわらず憲法上完全に予定されているわけではない、と判示した[29]。さらに、2004年10月26日連邦憲法裁判所決定は、NSMに基づき学長権限の強化を図ったブランデンブルク大学法（2004年7月）について、当該権限が客観的に限定されており、同時にその権限の行使によって学問の自由を構造的に危険にさらすことのないように組織的に十分に配慮されている限りで基本法5条3項1文に一致すると判示している[30]。本決定は、学問の自由の効果的権利保護を実現する組織形式について広範な立法裁量を認めた大学判決を引用しつつ、同法の規定を詳細に分析した上で合憲の判断を下した。そこでは、大学統括機関の決定が自由な学術活動に及ぼす影響を考慮すべきであると指摘され、その際、単なる仮説上の危険では十分ではないとも判示している[31]。本決定については、構造的な危険の禁止、学術適合性の要請といったところで、それらがコントロール基準として機能することはなく、いわば実験法律の制定権を立法者に白紙委任しているようなものであると批判されている[32]。しかし、2004年決定は、立法者の監視・改善義務について言及するとともに、合議制機関の監視・情報収

---

27) Fehling, Art. 5 Rn. 205 (Stand 09/2007), in : Bonner Kom. GG.
28) Mager, VVDStRL 65, 298.
29) BVerfGE 93, 85, 96.
30) BVerfGE 111, 333, 355ff.
31) BVerfGE 111, 333, 355.
32) Kahl, AöR 2005, 259；実験法律については、大橋洋一『行政法学の構造的変革』（有斐閣・1996）300頁以下参照。

集権を通して管理機関の独裁を防ぐという学術適合性の原理の強化をも強調している[33]。大学統括機関の強化それ自体の中に学問の自由の構造的な危険をみてとることはできないであろうが、基本権主体の最低限の関与を確保するために適切な予防措置をとることが必要である[34]。たとえば、合議機関の権限縮小と統括機関の権限強化は、各グループに配慮した合議制機関の効果的なコントロール権及び情報収集権の強化という代償措置を要するとの見解もある[35]。NSM を採用した各州の大学法では、中央水準と専門水準のそれぞれの機関に独自の権限配分がなされており[36]、2004年決定は、いわば事例判決的な側面が強い[37]。

事実、2010年 7 月20日連邦憲法裁判所決定は、NSM に依拠したハンブルク大学法について違憲判決を下した[38]。本決定では、学問の自由を保障するためには、学問の自由の担い手が大学の合議機関に代表を送ることにより、学問の自由が危険にさらされることを防御し、大学において専門的な知識を主張することが可能となるように組織的な規制をする必要があり、立法者は基本権主体の十分な参加を保障しなければならない、と判示されている。その上で、大学統括機関に対して学問に関連する事項の実質的な

---

33) BVerfGE 111, 333, 355ff.；本判決は立論の前提として、組織編成による学問の自由の保障には本来限界があるとも述べている。この点の指摘につき、玉井克哉「産学連携と学問の自由」玉井克哉＝宮田由紀夫［編著］『日本の産学連携』（玉川大学出版部・2007）119頁、146頁以下参照。
34) Hendler, VVDStRL 65, 250；Mager, VVDStRL 65, 297.
35) Fehling, Die Verwaltung 2002, 418f.
36) NSM については第 1 部第 1 章第 6 節第 1 項参照。詳細な分析として、山本隆司「民営化または法人化の功罪(下)」ジュリ1358号（2008）45頁以下参照。
37) 2004年決定は、ブランデンブルク大学法で評議会に選挙による大学統括機関の解任権が認められている点を強調し、これを評議会が失った権限の代償ととらえている。こうした選挙による解任は、たとえば、バーデン-ヴュルテンベルク州、バイエルン州及びノルトライン-ヴェストファーレン州では法定されていない。上記 3 州では大学統括機関の選挙による解任の管轄は大学協議会（Hochschulrat）にあるとされており、また、バーデン-ヴュルテンベルク州、ノルトライン-ヴェストファーレン州では評議会に聴聞権が与えられているにすぎない。
38) B. v. 20.7.2010, BVerfG, JZ 2011, 308ff.

決定権を付与する一方、大学教師で占められる代表機関に決定的な関与権及びコントロール権が与えられていないことをとらえて、当該組織構造の学術適合性（Wissenschaftsadäquanz）を否定し、違憲であると断じている。

第2項　内部法と外部法

　行政裁判所法の訴訟制度では、特定の訴訟類型が外部法領域と内部法領域のそれぞれに対応するために、原則として両領域を区分する必要がある。[39]

　組織訴訟には2つの態様がある。1つは同一法主体内部の機関間の紛争で、機関間訴訟（Interorganstreit）という。他の1つは合議機関の内部において、当該機関とその一部（機関の成員）との間で生じる紛争または機関の一部同士で生じる紛争で、機関内訴訟（Intraorganstreit）という。[40] 前者には学長や評議会等の中央水準の機関相互の紛争、学部長や教授会等の専門水準の機関相互の紛争があり、後者の例として評議会の決定の合法性を評議会成員が争う場合がある。

　国家とその機関の関係が法的関係とはならないという国家不浸透性理論（Impermeabilitätstheorie）によれば、国家と市民との関係においてのみ法的関係の存在が認められる。[41] この理解によれば、機関間の紛争は裁判手続の対象とはならない。しかし、国家権力が人民に由来すると謳う基本法20条2項・3項は、国の内部領域においても規範的な規律を要請すると考えられており、19世紀の立憲君主と議会の権限配分に焦点を合わせた国家不

---

39) 外部効果を伴う行政行為を争う場合、取消訴訟及び義務付け訴訟が用いられるが、大学組織訴訟の場合、確認訴訟や一般給付訴訟などの提起が可能である。ドイツにおける行政行為の訴訟形式確定機能については、人見剛「西ドイツ行政法学における行政行為概念の位置づけ」兼子仁［編著］『西ドイツの行政行為論』（成文堂・1987）22頁以下参照。内部法と外部法の相対性に関するドイツの議論については、稲葉馨『行政組織の法理論』（弘文堂・1994）77-90頁、高橋明男「ドイツにおける行政法関係論の一側面—法関係論との関連からみた行政『内部法』関係—」阪法43巻23号（1993）751頁以下など参照。

40) Schoch, §28 Rn. 23, in：Ehlers/Schoch.

41) Roth, 165ff.

浸透性理論は、明らかに現行憲法とは一致しないと解されている[42]。したがって今日の内部法は、法から自由な領域を意味するわけではない。ただし内部法と外部法の区別が、訴訟類型の区別に際して一定の役割を果たしていることは、先に述べたとおりである。以下では、一定のケースに即して、大学に関する法関係を整理しよう。

① 国の監督または内部監督をめぐる紛争

社団としての大学に対する国の監督をめぐる紛争は外部法関係であると解される。純粋な国家事務にかかる監督をめぐる紛争は内部法の問題として把握する余地はあるが、大学の場合、協力領域として両者の関与が予定されている事務が多い。協力領域は一定程度で研究・教育と関わりのある事務であるため、当該事務にかかる紛争は外部法関係として把握されることになる[43]。また、国の監督措置の合法性に関して学部と大学統括機関との間で見解の相違が生じる場合には、大学統括機関による構成機関に対する監督措置をめぐる紛争が起こりうる。学部に対する大学統括機関の監督権限の行使は、大学の中央水準の機関による部分社団の機関に対する監督として形成されている[44]。そのため、当該監督措置をめぐる紛争は内部法の問題として大学組織訴訟の対象となる。

② 勤務法上の紛争

一般的に、官吏に対する上司の配置換え等の措置については権限が問題となっており、個人の法領域にかかる問題ではないとして裁判で争うことができないと解されている[45]。しかし、大学教授の場合はそうではない。教授は、その代表する専門分野において教育、研究を独立して遂行することが基本法5条3項の基本権を通して保障されていると解されるため、教授

---

42) Ehlers, §40 Rn. 104, in：Schoch/Schmidt-Aßmann/Pietzner, VwGO.
43) 第1部第1章第2節第5項、同第3節第2項参照。
44) たとえば、バーデン-ヴュルテンベルク大学法（2005年）16条5項2文、バイエルン大学法（2006年）20条3項、ノルトライン-ヴェストファーレン大学法（2007年）16条4項を参照。
45) U. v. 28. 11. 1991, BVerwGE 89, 199ff.〔公立学校の副校長への留任を求めた一般給付訴訟が提起された事案〕

の任務にかかる変更措置は行政行為となり、抗告訴訟の対象となる[46]。

③ 大学教師の基本装備請求権と招聘合意に基づく請求権をめぐる紛争

基本法5条3項1文に基づき、大学教師の基本装備請求権が認められるかどうかの問題がある。この点について、研究資金やポストの分配に関する合議機関の決定によって学術活動のための手段が奪われないことを含めて、機能（権限）にかかる基本装備を求める主観的権利を承認する学説が唱えられている[47]。しかし、連邦行政裁判所によれば、大学教師は資金配分に際して平等原則に則ることを求めることができるが（派生的な配分参加）、基本装備請求権までは認められないと判示されている[48]。また、招聘合意は公法上の契約と解されており、当該合意の履行にかかる紛争もある。これらは外部法にかかる紛争である[49]。

以上のように、大学の場合、機関が学問の自由を主張することがある。この場合、機関は基本権の主体としての権利の侵害を争うのであって、当該紛争は外部法関係としてとらえられる。一方、学問の自由は国に対してのみ効果を発揮するのではなく、大学内部の領域においても効果を発揮し、大学の機関がその機能を遂行する上で学問の自由という基本権保障が必要となる場面もありうる[50]。

第3項 権限の主観化

(1) 権限に関する紛争の「主観争訟」性

基本法19条4項は、主観的公権の裁判所による保護を保障していると解されている。すなわち、法的に保護された利益を損なわれた者に救済を求めることが許される。しかし、行政訴訟は個人の権利保護を目的としつつ

---

46) OVG Nds., B. v. 14. 02. 2000, NVwZ 2000, 954.
47) Hailbronner, Die Freiheit von Forschung und Lehre als Funktionsgrundrecht, 1979, 127；Denninger, Art. 5 Abs. 3 Rn. 50, in：Denninger, AK-GG.
48) U. v. 22. 04. 1977, BVerwGE 52, 339, 348ff.
49) Thieme, Rn. 720；外部法関係として一般給付訴訟により争われている。
50) Fink, WissR 1994, 137；Roth, 109.

も、他の機能を排除するとは解されていない。主観的権利保護と客観的法コントロールは相互排他的ではなく、主観的な権利が客観的法秩序を必要とする以上は、主観的な権利保護が同時に客観的法コントロールに資すると考えられる。そこで、権限の保護を目的とする機関訴訟が主観法上の権利保護手続なのか、それとも客観的な異議手続なのかという問いが立てられることになる。

フスは、機関訴訟を主観訴訟としてではなく客観訴訟としてとらえた。フスによれば、機関の権限は市民の利益ではなく、秩序適合的な組織の機能というもっぱら公益のために設定されているのであって、主観的権利と同一視できないという。フスは、行政裁判所法42条2項が取消訴訟等の権利毀損要件の要請について、「法律で異なる定めがない限り」として例外を許容していることや、同47条2項が規範統制訴訟について官庁に出訴資格を認めていることから、より一般的に内部領域の紛争において公的な機能主体が主観的な権利の毀損を主張する必要はないとの帰結を導き、当事者能力、原告適格及び確認の利益を根拠づけるために公的機能の毀損を主張するだけで十分であるとした。しかし、フスの理論は、主観的な権利保護の大系としての行政訴訟という基本的な理解と矛盾することになる。

これに対してパピアーは、機関の権利・義務が主観的公権たりえないとして、機関訴訟が認められるためには、立法者による法定が必要となるとする。しかし、現在のドイツの判例理論がそうであるように、解釈論として、諸機関が主観的な権利たる機関権を主張できるのであれば、あえて立法者による法定は必要ではない。確かに、外部法関係においては法人が権利・義務の担い手であって、機関は法人の主観的権利を媒介的に行使するにすぎない。しかし、国家不浸透性理論が克服された今日において、内部領域に法関係を見出すことに障害はないと考えられており、問題は、どの

---

51) Schmidt-Aßmann, Einleitung, Rn. 170, in：Schoch/Schmidt-Aßmann/Pietzner, VwGO.
52) Fuss, WissR 1972, 116.
53) Papier, DÖV 1980, 294.

ような場合に権限をめぐる紛争が組織訴訟の対象となるかである。

(2) 権限の主観化の基準

内部領域においても法関係は存在し、法人の機関が内部法の規範を通して権利能力を有するという認識に立ったとしても、出訴可能な主観的機関権が存在するかどうか、どのような要件でそれが認められるのかが問題となる。内部法に関する訴訟を一般的・包括的に許容することは、行政訴訟法が主観的権利保護に焦点を合わせているとの基本的認識と適合しないため、許されないとする理解が一般的である。そこでドイツでは、主観的権利をめぐる紛争に類似する機関相互の紛争を見出す作業が行われることになっている。

基本法93条1項1号及び連邦憲法裁判所法13条5号・63条以下では、連邦機関訴訟（Bundesorganstreit）について定められている。上記規定によれば、連邦大統領、連邦議会、連邦参議院及び連邦政府等の連邦最高機関やその一部は、基本法によって与えられた「固有の権利・義務」を被申立人（連邦最高機関）の作為・不作為のために侵害され、直接に脅かされていると主張することで連邦機関訴訟を提起することができるとされている（連邦憲法裁判所法64条1項）。行政法上の機関訴訟の場合には明文の規定はないが、以上の枠組みが当てはまると解されている。つまり、行政訴訟としての機関訴訟の場合、行政組織法による権限の配分が当該権限を行使する機関に「固有の法的地位」を付与する趣旨かどうかが問題となる。

学説では、組織内部の利害・権力の対立を適切に調整することを意図した「対照機関（Kontrastorgan）」としての役割が委ねられている機関や権

---

54) Erichsen, §11 Rn. 14, in：Erichsen/Ehlers 2002.
55) 当該機関の権限を主観的にとらえることができなければ、やはり権限をめぐる紛争は自己訴訟となる。
56) 詳しくは、工藤達朗［編］『ドイツの憲法裁判 連邦憲法裁判所の組織・手続・権限』（中央大学出版部・2002）362-375頁参照。
57) 対照機関とは、同一団体の他の機関から特定の機関が配慮すべき全体利益の側面及び固有の部分利益を防御することにより、その役割を果たすことになる機関のことである。

限行使が階層構造に組み込まれておらず、当該権限行使の独立が予定されている機関に防御可能な内部法上の地位が認められるとされている。上記一定の役割を配分されることにより、権限の「主観化」(Versubjektivierung) が行われることになる。行政組織内部で主観化された法的地位は、基本法19条4項1文のいう主観的権利ではなく、人の権利ではないことは明らかである。しかし、基本権によって保障される権利保護の保障は憲法上の最低基準を定めているにすぎず、行政訴訟に関する法律は当該最低基準を超えることができると解されている。

第4項　大学組織訴訟における学問の自由の意義

以上は、権限の主観化の基準をめぐる一般的な理論であるが、大学の機関の場合には学問の自由の観点から異なる立論もありうる。まず、個々の機関に配分された任務及びそれに基づく権限は、学問の自由と関連性を有するのかどうかが問題となる。確かに、大学の内部組織は基本法5条3項とは無関係であるとの立場もありうる。大学判決における少数意見では、合議機関は常に学術行政による他律的決定に服する事務のみを管轄するとの理解が示されていた。これに対して法廷意見では、基本権実現の可能性は組織形式に直接依存するとの認識をふまえ、大学の組織は研究及び教育

この理論によれば、社団内部の利益の多元性をふまえて機関が合議的に構築され、利害対立の発生が法的に仕組まれている場合に固有の機関権は認められる。Kisker, JuS 1975, 708f.；山本・主観法368頁参照。

58) Erichsen, FS Menger, 1985, 228ff.
59) Schoch, §28 Rn. 14, in : Ehlers/Schoch.
60) そもそも、機関に備わる管轄及び法的地位を「主観的権利」ととらえるのか、それとも「防御可能な内部法上の地位（wehrfähige Innenrechtsposition）」という特別なカテゴリーを設けるべきかについては、争いがある。この点につきベートゲは、義務を課す結果として獲得される機関の法的地位を基本権にまで引き上げることを不適切と断じる。行政裁判上の機関訴訟を通して、基本権が権限の保護のために機能することに矛盾を見出しているからである。Bethge, DVBl 1980, 314.
61) Schoch, §28 Rn. 15, in : Ehlers/Schoch.
62) H. Simon und W. Rupp-von Brünneck, BVerfGE 35, 79, 151.

活動のための自由を個々の研究者に実現させるという目的にとって有益であると判示した。大学判決は、研究に直接関連する事務について決定する機関では、大学教師のグループが決定的な影響力をもたなければならないと述べる一方、教育に関する事務については、大学教師のほかに教育に参加する学術協力者（wissenschaftlicher Mitarbeiter）及び学習の自由の担い手としての学生もまた、決定的ではないにせよ大きな影響力を保持しうると判示する。すなわち、専門分野に関連する決定については当該専門を代表する者が関わるべきであり、大学全体の利益に関わる事項については多様な分野の代表者からなる合議機関によって当該任務が遂行されなければならないとする。連邦憲法裁判所は、必ずしも伝統的な大学の形態を保持する必要はないとしているが、組織形成に際して上記の基準の充足を求めることにより、成員の学問の自由を保護することを意図しているといえるだろう。フィンクは、以上の認識をふまえて、大学の機関の権限が他の機関によって侵害される場合、基本法5条3項によって保護されるべき機関の法的地位を想定することが可能となるという。

　たとえば、大学教師の招聘について、一般的に最終的な決定権限は州にあるが、当該手続は学問の自由との密接な関係が認められるとされてきた。大学が州に対して招聘の提案をする場合、まず学部において招聘のための委員会が設置され、次に当該委員会で作成された招聘案を学部が承認し、さらに評議会の同意を経て州に提案するという運びとなる。評議会は各学部の代表により構成され、研究及び教授にかかる大学全体に関わる重要な事項を審議する機関として設置されているので、招聘提案についても一定の権限が付与されている。しかし、学問的な能力については招聘委員会や学部のみが評価しうるというべきであろう。評議会の関与は、招聘提案の

---

63) BVerfGE 35, 79, 120f.
64) BVerfGE 35, 79, 122.
65) BVerfGE 35, 79, 132f.
66) BVerfGE 35, 79, 131.
67) BVerfGE 35, 79, 116.
68) Fink, WissR 27, 1994, 139.

手続が法令または規則に適合しているかどうか、学部の偏りの是正などのコントロールに限定されるというべきである[69]。評議会が学部の招聘提案を候補者の能力を理由に拒否することは、基本法5条3項により保障された学部の権限を侵害することになる[70]。ただしフィンクは、大学における事務には研究及び教授と密接な権限（大学自治の一部をなす権限）を想定した上で当該権限をめぐる組織訴訟の提起を認めているのであり、大学のすべての権限について組織訴訟の提起を認めるわけではない[71]。

第3節　訴訟要件

第1項　公法上の争訟、非憲法上の争訟

行政裁判所による権利保護は、まず行政裁判所法40条1項1文の定める要件を満たさなければならない。同条によれば、行政争訟は、連邦法及び州法によって他の裁判管轄に服さない、公法上の争訟としての性質を有する、非憲法的な法的紛争である。

公法上の争訟とは、法律上の争訟（Rechtsstreitigkeit）であることと、当該争訟が公法上のものであるという2つの要素を含んでいる。前述のとおり、国家不浸透性理論の克服により、公法上の組織の内部領域も法的に把握され、権限規範のような内部的に効果を発揮する法規が法的争訟を根拠づけうると解されている[72]。決定内容の正しさをめぐる紛争などの政策的な見解の相違を本質とする紛争は、法律上の争訟ではないとされるが、組織訴訟では機関の権限の有無などをめぐる紛争や権限行使に関する手続の遵守が問題となるので、法律上の争訟となる[73]。また、大学組織は、大学法

---

69) BT-Drcks. 7/1328, 76；Schrimpf, §63, Rn. 42, in：Denninger, HRG.
70) Fink, WissR 1994, 141.
71) Fink, WissR 1994, 142.
72) Ehlers, §40 Rn. 131, in：Schoch/Schmidt-Aßmann/Pietzner, VwGO.
73) 行政裁判所法40条1項は外部法及び内部法の区別を問わない。Ehlers, §40 Rn. 131, in：Schoch/Schmidt-Aßmann/Pietzner, VwGO.

という公法上の規範やそれに基づく（法規としての）学則によって規律されている。当該規範は、誰をも当事者とする関係に適用できる規範ではなく、もっぱら大学の機関を当事者とする関係に適用できる規範であるから、通説としての修正主体説[74]により、公法上の争訟としての性質が認められる。さらに大学組織訴訟は、大学法等によって構成された大学機関相互の紛争であって、憲法上の組織の問題ではないから憲法上の争訟ではない[75]。

第2項　訴訟類型

組織訴訟の場合、あくまで内部法にかかる紛争が問題であるから、一般的には、取消訴訟及び義務付け訴訟を適法に提起することはできないと解されている[76]。組織訴訟に関しては、一般給付訴訟が適切な訴訟形式の1つであると説かれている[77]。一般給付訴訟は、事実行為に当たる公法上の職務活動について作為または不作為を求める場合に提起され、大学の場合、合議機関の決定の実施を他の機関に求める場合や、正当な権限を有する機関の活動に対する他の機関の妨害をやめさせる場合に提起することが考えられる[78]。ただし、給付訴訟という形式については、社団内部の領域への介入の度合いが強すぎるのではないかとの見方もある[79]。

そこで、組織訴訟では確認訴訟が最も適しているとの見解が有力である。

---

74) Hufen, §11 Rn. 17；Maurer, Verwaltungsrecht, §3 Rn. 13.
75) Fuss, WissR 1972, 105f.；Schoch, §28 Rn. 42f., in：Ehlers/Schoch.
76) ただし、準外部法とみなす見解もある。Hufen, §21 Rn. 10；Schenke, Rn. 228；この見解に対しては、行政行為概念の違法な操作であるとの批判がある。Lerche, FS Knöpfle, 1996, 178f.
77) ただし、学部を部分社団としてとらえる場合、大学統括機関の学部に対する措置を行政行為とみることも不可能ではない。たとえば、博士号・教授資格の付与に関して大学統括機関が学部に介入する場合について、当該関与を行政行為ととらえる論者もいる。Janßen, §35 Rn. 115, in：Obermayer, VwVfG.
78) Schoch, §28 Rn. 76, in：Ehlers/Schoch.
79) Pietzcker, §43 Rn. 45, in：Schoch/Schmidt-Aßmann/Pietzner, VwGO；Fuss, WissR 1972, 120f.

実際、組織訴訟では法関係の存在または不存在の確認を求める訴えとして提起されることが多い。法関係は公法規範の具体的事実への適用により複数の法主体のために生じると説明され、当該法関係には機関の権利・義務にかかる内部法関係も含まれると解されている[80]。なお、権利・義務の存在・不存在の確認ではなく、行為の違法の確認ができるかどうかについては争いがあるが[81]、合議機関の議決が特定の機関の権利を侵害するような法的効果を生じさせる場合には、当該議決の違法の確認を認める見解が有力である[82]。判例の中には、合議体の議決の違法確認を認めた事案もある[83]。

さらに仮命令の制度も、大学組織訴訟では一定の役割を果たしている。機関の違法な権限行使による侵害については現状の保全を求める保全命令（Sicherungsanordnung）の申立てが可能であり（行政裁判所法123条1項1文）、現状を暫定的かつ授益的に変更することを求める規制命令（Regelungsanordnung）の申立ても可能である（同123条1項2文）[84]。

第3項　関係人能力

関係人能力（Beteiligungsfähigkeit）とは、訴訟法関係の主体となる能力のことである。行政裁判所法61条によれば、自然人または法人（1号）のほかに権利の担い手たりうる限りで団体（2号）にも認められ、さらに州法で関係人能力が付与されている限りで官庁（3号）も関係人となりうる。同条は外部法関係を念頭に置いているため、内部法関係に関する規律をしていないが、大学の機関やその部分社団もまた関係人となることができる

---

80) Kopp/Schenke, §43 Rn. 11；Sodan, §43 Rn. 7, 12, in：Sodan/Ziekow, VwGO.
81) エーラーズは行政裁判所法の文言を厳密に解し、確認の対象として法関係に照準を合わせる立場から、会議体の議決自体は法関係ではなく、それを根拠づけ、変更または終了させるものであるという。Ehlers, NVwZ 1990, 107.
82) Würtenberger, Rn. 677.
83) 地方自治体の議決の違法確認を認めた事案がある。Vgl. OVG NRW, U. v. 8. 10. 2002, NVwZ-RR 2003, 376.
84) Schoch, §28 Rn. 93, in：Ehlers/Schoch.

と解されている。独人制の機関たる学部長や学長などの関係人能力は、1号の類推適用により根拠づける見解が有力である。また、合議制機関の関係人能力は2号の類推適用によって根拠づける見解もあるが、多数説は評議会や学部について2号の直接適用を認めている。

2号を適用する場合、「権利の担い手たりうる（ein Recht zustehen kann）」との要件を満たす必要がある。すなわち、機関の関係人能力が認められるには、内部法によって何らかの権限が付与されているだけでは足りず、いわば「固有の機関権の担い手たりうる」ことが必要となる。外部法関係にかかる争訟では、権利毀損の主張を要求する行政裁判所法42条2項が、防御可能な法的地位を抽出する役割を果たしているが、組織訴訟では、同法61条2号がその役割を担うことになる。たとえば、合議機関の成員が議決を争う場合、個々の成員は議決に関する客観的な違法性の確認を求める内部法上の地位を有しないと解されている。ドイツ法でいう機関訴訟は、原告たる機関に内部法により配分された法的地位の保護のために提起されるのであって、議決の客観的な違法性を裁判で確認することを目的としていないからである。前出1985年連邦行政裁判所決定は、学部には当該試験規定を発令する最終的な決定権が大学法により配分されておらず、また、学問の自由からそうした権限も根拠づけられないとして、本件のように外部法関係にかかる紛争について学部の関係人能力を否定した。

---

85) Schoch, §28 Rn. 45, in：Ehlers/Schoch.
86) 組織訴訟において3号（官庁）の適用は排除される。官庁は外部法関係で登場し、内部法関係では考慮する余地がないからである。自治体組織訴訟については独人制機関か合議制機関かを問わず、類推適用説が支配的であるという。Schoch, §28 Rn. 48f., in：Ehlers/Schoch.
87) Fink, WissR 1994, 129.
88) Kopp/Schenke, VwGO, 61 Rn. 9；Hufen, §21 Rn. 6；Knemeyer, FS Schiedermair, 2001, 554.
89) Schoch, §28 Rn. 51, in：Ehlers/Schoch.
90) Schoch, §28 Rn. 51, in：Ehlers/Schoch.
91) Schoch, §28 Rn. 55, in：Ehlers/Schoch；市町村の首長が議会の権限を違法に侵害する決定を行ったとしても、当該決定を争うことを可能にする機関権を有するのは議会の構成員ではなく、議会であると説明されている。

第4項　原告適格

(1) 行政裁判所法42条2項の類推適用

　取消訴訟及び義務付け訴訟につき権利毀損の主張を求める行政裁判所法42条2項は、一般給付訴訟及び確認訴訟にも類推適用され、この場合にも適法な訴えを提起するためには、同条に則り原告適格が認められる必要がある[93]。したがって、法関係の存在・不存在の確認の訴えの提起に際して、原告は権利の毀損を主張しなければならない[94]。そして、組織訴訟に関しても判例及び支配的見解は権利毀損の要件を求めているので、原告は他の機関によって固有の機関権が損なわれうる旨を主張しなければならない[95]。権利既存の要件は法関係の直接の当事者とならない機関が訴える場面（三面関係）で特に問題となる。

　大学総長が学部教授会の副学部長選挙について異議申立てを行ったところ、これに対して、学部教授会の成員が権利毀損を主張して訴訟を提起した事案がある。1984年10月9日連邦行政裁判所決定は[96]、自治体組織訴訟で展開された諸原則が大学組織訴訟に援用されうると述べた上で、「原告適格を根拠づけるために行政裁判所法42条2項が求める権利の毀損は、……学部教授会の選挙にかかる異議が学部成員としての固有の権利に触れることになる場合にのみ生じうる」と判示した。なお同法137条1項によれば、連邦行政裁判所は連邦法違反のみを審査することができるので、原審が州

---

92) 本章第2節第1項(1)参照。ただし、外部法関係をめぐる紛争について学長が大学を代表して訴訟を遂行する場合、学長が関係学部の利益を十分にふまえた主張をするとは限らないとの指摘もある。Maurer, WissR 1977, 213.
93) Schoch, §28 Rn. 99, in：Ehlers/Schoch.
94) ただし、確認の利益の要件もまた民衆訴訟を排除することになるから、類推適用の必要性はないとの指摘のほか、確認訴訟は法的利益ではなく正当な利益を求めるのであって、このことと権利毀損の要求は適合しないとの指摘もある。Laubinger, VerwArch 1991, 493ff.；Sodan, §43 Rn. 72, §42 Rn. 374, in：Sodan/Ziekow, VwGO.
95) Ehlers, NVwZ 1990, 111；Hufen, Rn. 15；Würtenberger, Rn. 681.
96) NVwZ 1985, 112.

大学法の解釈を通して権利毀損を否定した以上、それに拘束されるとしている。そこで、原審の判示をみてみよう。1984年 6 月15日ヘッセン高等行政裁判所は、次のとおり判示した。

> 「……原告は、学部教授会の選挙決定に対する総長の異議申立てによってその権利が毀損されたと主張することはできないので、訴訟は許されない。……機関成員は、成員権を問題とする場合にのみ原告適格を根拠づけられる。……このことは、たとえば、委員会への会議参加権、審議及び投票・参加権または議論参加の許可にかかる権利に妥当する。……これに対して、通常、他の機関との関係で、合議機関の個々の成員の毀損されうる権利は存在しない。このことは、本件にみられる学部教授会の成員としての原告と被告総長との関係にも妥当する。原告は、……総長の異議申立てによって生じる副学部長選挙の暫定的無効の排除及びその要求の趣旨〔異議申立ての趣旨—筆者注〕に即した再選挙の不実施を求めることを可能とする、大学法、学則及び職務規則上の請求権をもたない。」

本判決では、本件事案が機関間の紛争でも機関内紛争でもなく、合議機関の成員が社団の異なる機関と争う事案であることをとらえて、通常、この手の訴訟では機関の成員に毀損される固有の機関権は認められないと判示されている。

(2) 固有の機関権の機能

固有の機関権は、法秩序によって付与された防御可能な法的地位のことである。前述のとおり、固有の機関権の有無は関係人能力の有無の判断を通して審査されることになるが、行政裁判所法42条 2 項の適用を通して固有の機関権の毀損が具体的事案において生じうるかどうかが審査されることになる。原告は権利毀損の主張をするにあたって、違法な措置が自己の

---

97) WissR 1985, 96.
98) WissR 1985, 97.
99) Schoch, §28 Rn. 105, in：Ehlers/Schoch.

権利利益に関わる旨を主張することになる。[100]

　たとえば、大学の機関の合法性を確保するために大学の成員が大学統括機関に監督措置を求める訴訟を提起することや、議決の合法性を争うために否決された側の成員が訴えを提起することは認められない。原告には訴訟で保護されるべき法的地位が認められなければならず、上記法的地位が認められない場合には、当該訴えは行政裁判所法が認めていない民衆訴訟となってしまう。

　1975年1月23日ベルリン高等行政裁判所判決[101]は、原告がベルリン工科大学の理事会（Kuratorium）の成員として、Bを大学事務長に任じた1972年12月14日の議決に対して抗議した事案である（機関内訴訟）。原告は、Bが適切なキャリアを有する志願者に優先されており、規定に則って公募されていないとの理由から、議決を違法と考えた。本件は、原告が第1審却下判決に対して控訴した事案である。本判決は、次のとおり原告の固有の機関権を認めなかった。

　　「被告たる理事会の成員としての原告によって、この大学組織法上の合議機関の議決に対して提起された訴訟では、社団内部の機関訴訟が問題となる。判例及び文献において長きにわたり、社団内部の機関訴訟もまた行政訴訟で決着をつけることは認められている。しかし、機関訴訟または内部領域における合議機関の成員の訴訟の許容要件は、攻撃されている機関行為によって社団制度から生じる固有の権利（遂行管轄、協力権）が毀損されているという筋の通った主張である。現行訴訟法は原則として個人の権利保護のみを認め、したがって、社団内部の機関訴訟のためであっても民衆訴訟を禁じている。それぞれの社団制度によって根拠づけられる法関係の内部で社団内部の機関訴訟は行われ、したがって、原告は社団制度によって与えられた法的地位から原告適格を導き出すので、原告がこの法的地位を侵害されていると主

---

100) 当該措置の違法の可能性とそれによる自己の権利利益の関連性が全く排除されない程度で具体的に主張しなければならない。Sodan, §42 Rn. 381, in : Sodan/Ziekow, VwGO.
101) NJW 1975, 2038.

張することができる場合及びその限りでのみ原告に訴訟が開かれる。このことは、大学内部の機関訴訟及び地方自治体組織法上の機関訴訟に妥当する。……大学法は、法律による異なる規律の余地を認めつつ、被告の合議組織のために議決が有効投票の多数によって行われることを規定している。このことは、議決が大学組織によって保障されている固有の権利を違法に侵害しもしくは危険にさらすことがない限りで、部外者だけでなく大学機関の否決投票を行った成員もまた、規定に適合した手続の中で行われた多数決を甘受・尊重しなければならないという結論を導く。一般的な少数派訴訟の許容は、合議機関の活動及び社団の機能性という利益にとって必要な、多数決による合議機関の決定の実効性を大幅に麻痺させる。大学法は、立法者がこのことを甘受したことを示す根拠を提供していない。むしろ大学法によれば、合議決定の客観的な法審査は大学総長による内部の監督またはベルリン政府の機関による国家監督の枠内でのみ実施される。」[102]

これに対して、一般学生委員会（der Allgemeine Studierendenausschuss：AStA）[103]が講義ボイコットの是非に関する直接投票の実施を企画したのに対して、学長がその活動を禁じる監督措置を行うとともに、仮命令によって直接投票の実施の禁止などを義務づける申立てを行った事案（機関間訴訟）については、1977年10月27日バーデン-ヴュルテンベルク高等行政裁判所決定[104]が大学組織訴訟として成立する旨を次のように判示している。

「大学と学生団との間の公法的に秩序づけられた社団内部の基本関係では、次の要件で主観的法的地位が認められる。すなわち法秩序が、利益衝突をあえて想定した緊張関係に関係人を置く場合、組織内部の法規が権限の帰属主体に秩序適合的な機能過程及び組織内部の重要な法的限界の遵守の利益または特定の客観領域の遂行及び保護の利益を認める場合である。学生団の設置によってすでに根拠づけられている利益多元主義は、学生団自身の主観的法

---

102) NJW 1975, 2039.
103) 大学の部分社団として大学法で法定されている学生団（Studentenschaft）の執行機関である。Kluth, 54-58.
104) DVBl 1978, 274.

的地位の承認につながるだけでなく、紛争において学生の利益と対立する大学の固有の任務及び機能領域、とりわけ大学の研究及び教授の円滑な遂行という利益の維持に向けられた、学生団に対する大学の主観的な法的地位の承認にもつながる。学生団の行動による上記の大学の利益の侵害に際して、大学には侵害の排除及び将来的な侵害の不作為に向けた、……原則として仮命令によって確保されうる保守権（Reaktionsrecht）が認められる。」[105]

もっとも本件では、学長の固有の機関権の存在は認められたものの、学長の申立ての利益は否定されている。本件では、AStA が学長の禁止処分を履行し、大学の敷地の外でのみ直接投票を実施することとしたため、直接投票自体によって大学の教授・研究事業が妨害される事情がないと判断されたからである。

このほか、合議制機関の成員に主観的法的地位が認められる典型例として、瑕疵を帯びた組織構成や党派性のある成員の投票により、会議への出席権及び投票等を通した決定への関与権（Mitwirkungsrecht）が損なわれたとして提起する議決の違法確認の訴えなどがある。

(3) 組織編成と学部

財政的な理由から競争及び効率性の追求にさらされる大学は、大学組織の再編により学部の統合・再編及び学修課程の閉鎖などの措置を迫られる可能性が高まっている。伝統的には大学に関する組織の編成権は協力領域に含まれてきたが、決定的な影響力をもつのは設置者たる州であった。NSM によれば、組織編成に関しても大学の関与が強化され、当該事項が国と大学との目標合意（Zielvereinbarungen）という形で進められることになる。もっとも、組織編成に関して大学内部の権限配分は州ごとで異なる。州の大学法では、評議会、大学統括機関及び大学協議会等のそれぞれに、意見表明権、提案権、同意見、議決・決定権及び州との目標合意締結権などが配分されている。組織編成については、大学内部の諸機関及び州と大

---

[105] DVBl 1978, 275.

学との合意・交渉を通して実施されることになるが、この場合、研究教育の基本単位としての学部はどのような立場に置かれるのかが問題となる。

設置と廃止とを区別し、施設の設置は自由な形成余地に委ねられるとする一方で、廃止は個々の単位の法的地位が考慮されなければならないので憲法上の拘束に服するとする見解もある[106]。しかし、支配的見解は、学問の施設の存続保護（Bestandsschutz）を学問の自由から導くことを否定している[107]。この議論については、学修課程の廃止を扱った1996年10月22日ベルリン憲法裁判所判決が参考になる。判決では、立法者の広い立法裁量を前提として、学修課程の廃止のように学問との関連性の高い決定に際しては、学問、研究及び教育といった利益を緻密に探求した上で、それらの利益と国の措置との衡量が必要である旨を判示し、さらに学問的な自己決定を旨とする学問の自由は、学問の自由の担い手に対してその利益を適切な方法で主張する機会を与えることを求めると判示された[108]。本判決の立場は、公益上の理由から廃止等の措置が正当化されざるをえないとしても、聴聞等の手続的な保障を及ぼすべきであると説く学説に沿うものである[109]。

以上は、国と大学との関係にかかる議論であるが、学説では、大学内部の中央水準と専門水準の機関相互の関係でも、上記要請は妥当すると説かれている。たとえば、クネマイヤーは、研究及び教育という主要な任務が専門水準で実施されているという事情をふまえて、部分的な権利能力を有する学部が学問の自由の保護を請求することができると解し、この権利は大学内部でも防御可能な法的地位として認められなければならないとする[110]。ゲイスもまた、学部の決定への関与権や恣意的ではない考量を求める権利の承認を通して、学部の自己決定権を保障すべきであると説いている[111]。

---

106) Hufeld, DÖV 1997, 1027.
107) Thieme, Rn. 217；Trute, 294f.
108) NVwZ 1997, 790.
109) Thieme, Rn. 218；Starck, Art. 5 Abs. 3 Rn. 381, in：v. Mangoldt/Klein/Starck, GG；Tettinger, FS Leuse, 2003, 545.
110) Knemeyer, FS Schiedermair, 2001, 552.
111) Geis, WissR 2004, 21ff.

第4節 結　語

　わが国では、国大法人法の下においてトップダウン型の組織構造が取り入れられたことに伴い、大学内部での学問の自由の保護が課題となりつつあることは、冒頭でみたとおりである。もっとも、大学の運営は、中央水準と専門水準の協力関係なくして成立しないのは明らかである。機関相互の協働及び尊重を成り立たせる組織構造及び中央水準と専門水準相互間の対流的な循環の手続が不可欠であり[112]、学問法上の「協働原則（Kooperationsprinzip）」が語られる所以でもある[113]。

　ところで、今日の行政組織における行政機関相互の関係は、縦割り行政と上意下達の関係としてとらえるだけでは十分でなく、行政機関の横の関係を形成する制度または上級機関の意思形成における下級機関の意思の反映の制度もある。芝池義一は、当該現象について「確固たる法原則の形成には至っていない」としつつ、「行政組織のあり方に関する新たな契機」ととらえている[114]。確かに、一般の行政組織については法原則の形成に至っていないものの、大学については協働原則及び対流手続が原則として確立しているといえるのではないだろうか。そして、協働原則に基づく大学運営においても、時には法令で認められた機関の権限が損なわれることがありえよう[115]。その場合、どのような法律関係が生じうるのかが問題となる[116]。

---

112)　Trute, WissR 2000, 153f.
113)　シュミット-アスマン・行政法理論135頁以下。国大法人法3条は「国立大学の教育研究の特性」への配慮を定めているが、当該規定は、国と大学及び大学内部の関係において、協働原則に基づく大学運営を要請しているとみることもできよう。
114)　芝池・総論講義109頁参照。
115)　国大法人法が大学の階層化をもたらしたとしても、通常の行政組織と同様の意味で階層的ではありえないと思われる。なお、本稿は、大学の階層化が学問の自由にとって有効に機能するかどうかの問題について直接論じることをせず、内部組織の非日常的な運営に際して生じうる法律関係に関心を寄せている。
116)　山本隆司は、基本的には機関が他の法主体に対して主張する法的地位は人権的利益としては保護されないとするが、例外として、学問に携わる個人（に近い機関）はかか

以下では、いくつかの紛争例を想定して検討してみよう。

まず、「学部の成員」対「学部」の紛争を取り上げる。学校教育法92条6項は、「教授は、専攻分野について、教育上、研究上又は実務上の特に優れた知識、能力及び実績を有する者であって、学生を教授し、その研究を指導し、又は研究に従事する」と定める。これは教授の任務に関する規定であるが、その活動は学問の自由に基づくといえるだろう[117]。そうであっても、憲法が許容する範囲内で上記権利は制限されることになるが、問題は、憲法の許容する限界を超えた制限かどうかである（第1部第1章7節）。その限界をめぐる紛争は、法律上の争訟に当たるというべきである。さらに、権限としての外形を強く備えた合議機関への参加権をめぐる紛争についても、同様に考えることができるだろう[118]。大学構成員としての大学教員等が大学内部で適正な参加の機会を有することは学問の自由の内容となると解される。大浜啓吉は、「大学の自治」の概念を「大学における研究者の『学問の自由』の一つの要素」として位置づけ、「大学の自治は、学問研究・教授の自由と結びつく事項を研究教育に責任を負う構成員が自治的に決定することが保障されていることを内容とする」と説く[119]。また、山本隆司は、大学自治の根拠を、個人の選好と自主性を基礎にした学術学科目研究の特性にみてとり、当該特性を損なうことなく資源の配分や学問行為の組織的調節を行うには、「学問の自由の主体全体が参加する組織により、学問行為としてのコミュニケーション（議論）の手続を模写した手続をとることが適切である」と説いている[120]。教員の適正な代表制度を通して大学

る個人から遠い機関に対して、人権としての学問の自由を主張しうるという。山本・主観法364頁、南博方=高橋滋［編］『逐条行政事件訴訟法』190頁［山本隆司］参照。

117) 公立の初等・中等教育機関の教師が機関であることから、その学問の自由の享受に懐疑的な論者も、大学教師の学問の自由を疑わないであろう。たとえば、横田光平『子ども法の基本構造』（信山社・2010）588頁及び注96参照。

118) わが国では、教授会の出席の権利は雇用契約に基づく就労請求権の内容か否かという問題として議論される傾向にある。最判平成19年7月13日判時1982号152頁のコメント及び同判決の判例批評として、矢嶋基美「私立大学における学問の自由」ジュリ1354号（2008）20頁を参照。

119) 大浜・学問の自由36-37頁。

の決定に正統性を付与する仕組みが学問の自由及び大学自治の前提であると解するならば、法令または学則等で認められている評議会や教授会などの合議機関への出席の権利は、学問の自由の保護範囲に入ることになろう[121]。したがって、大学の他の機関が教員の権限（もしくは権限の外形を備えた権利）を毀損する場合、やはり司法上の救済の対象となるというべきである。

では、中央水準における諸機関の法的関係、たとえば、学長と中央水準の合議機関の法的関係や中央水準と専門水準の諸機関相互の法的関係はどうであろうか。国大法人法が想定する大学自治の内容には、管理者による運営の自主性・自律性と教員団による学術的な研究教育の自主性・自律性の領域が想定されている[122]。第1部第1章第7節で述べたように、学術適合的な組織の実現のための中央水準での事務の区分はその現れであり、当該区分の意図は研究教育に関する事項に関する教員団の自律性確保にあるというべきである[123]。そうだとすると、国大法人法で教育研究評議会（以下「評議会」）に配分された審議事項について、当該審議を経ずになされた大学の意思決定の効果が問われよう。評議会の「審議」権（国大法人法28条1項）が大学の意思決定を拘束するとは考え難いが、少なくとも審議という手続を経なかった場合、評議会の権限は毀損されることが明らかである（協働原則違反と表現することもできるだろう）。この場合、学長の意思決定等は無効であり、評議会がそれを主張することができるというべきである。もっとも、評議会が単なる権限の毀損を主張しているのであれば、わが国の法制の下では法定外の機関訴訟として、行政訴訟の提起は認められない

---

120) 山本・学問と法158頁。
121) ただし、組織編成や成員の合議体への関与権の配分については、大学の学則制定権の行使を通して、大学の裁量が認められることになろう。
122) 蟻川恒正「国立大学法人論」ジュリ1222号（2002）60頁以下参照。
123) ただし、学問の財政依存状況に照らして、経営の問題に教員団の意見が反映されるルートの構築に配慮する必要がある。この視点が制度的に不足しているとの指摘について、中川義朗「国立大学法人に関する若干の考察―独立行政法人としての『特性』と教育研究の『自由』との狭間のなかで―」日本財政法学会［編］『財政の適正管理と政策実現』（勁草書房・2005）261-284頁、275頁参照。その意味で、中央水準の機関間においても協働原則は重要である。

ことになろう。そこで評議会が単なる機関ではなく、権利主体性が認められることをどのように根拠づけるかが問題となる。

では、評議会を社団として把握する余地はないだろうか。確かに、日本の大学は営造物法人であって、ドイツのように教員、一般の職員及び学生を構成員とする社団として設置されているわけではない。しかし、教員の代表機関としての評議会が置かれていることから、大学の意思形成に関して大学構成員の観念を全く排除することにはならない。すなわち、「社団的実質」を国大法人法下の国立大学に見出す可能性は否定されていない。とりわけ、評議会は、研究教育事項を司る学問共同体としての性格を備えており、大学の部分社団としてとらえることができるように思われる。このように解すると、大学の機関であると同時に部分社団でもある評議会が、学問の自由・大学の自治に裏づけられた法定の固有の権限（権利）を訴訟で争うことができるといえるだろう。

中央水準と専門水準の法的関係を考える場合にも、上記と同様の議論が可能である。専門水準として学部の設置が常例である。学部以外にも専門水準の機関は想定されているが、いずれにせよ、専門水準は教育研究上の基本組織である（学校教育法85条）。さらに、大学には、重要な事項を審議するため教授会を置かなければならない（学校教育法93条）。現在、教授会

---

124) 塩野宏は、国大法人法について、国立大学法人はその根を歴史的にたどることができないこと、それゆえ外国法制をモデルに解釈論を展開しやすいこと、教授団の自治的要素が維持されていることを指摘している。塩野宏「国立大学法人について」同『行政法概念の諸相』（有斐閣・2011）431頁、435頁。
125) 塩野・Ⅲ 96頁。
126) ところで、大学が学則等によって部分社団を設置することはありうる。最判平成16年4月20日民集58巻4号841頁は、全学生と教官等により組織された学生の課外活動を推進する事業を行う権利能力のない社団の解散を、大学が決定できるとした。拙稿「判批」自研81巻12号（2005）132頁以下。
127) 評議会が訴訟を提起することは現実には想定し難いとしても、評議会の権限を毀損した上でなされた大学の意思決定が、成員に対する関係で法的効果を及ぼす事態は十分ありえよう。その際に生じうる争訟では、大学内部における評議会の意義の重要性をふまえた判断が求められる。同様のことは、他の機関の権限が毀損された場合にも問題となる。

の審議事項は法定されていないが、学則や慣行により、学部・研究科の教育課程の編成に関する事項、学生の入学、卒業・修了その他その在籍に関する事項、学位の授与に関する事項、教員選考の審議・議決及びその他教育・研究に関する重要事項等が扱われている。これらの事項はいずれも研究及び教育と密接な関係にあって、学問の自由の中核をなす事項またはそれに近い事項であり、評議会の審議事項とも重なると考えられる。そこで、関係学部の審議を経ずになされた大学の意思決定を想定してみよう。この場合、大学の決定は無効であり、学部等は当該決定の違法性を争うことができるというべきである。学部等は、評議会と同様に大学の機関であると同時に部分社団であって、学問の自由・大学自治の担い手としてとらえることができるからである。

　以上のように、教育研究事項を審議する合議機関が実質的に部分社団であるとすると、当該機関の権利主体性を承認することが容易となろう。上記想定の事案では、大学内部の権限をめぐる紛争としての外装が備わっているが、当該権限をめぐる紛争の本質は、学問の自由の保護領域に入る権利・利益にかかる紛争とみることができる。最高裁は、紛争の本質の洞察を通して法律上の争訟性を否定することがあるが、逆に、紛争の本質が法律上の争訟に当たるにもかかわらず、外形にとらわれて訴えを認めないとなると、それは裁判所法3条に違反することになり、日本国憲法32条が定める裁判を受ける権利を損なうことになろう。いずれの紛争も、学問の自由への侵害があれば、当該紛争は外部法の問題である。ただし、権限の外装を備えた参加権が問題となる場合には、ドイツ流に内部法における確認

---

128) 平成11年5月28日の学校教育法及び国立学校設置法等の改正により、大学内部の役割分担の明確化が行われた際に、教授会の審議事項とされたものである。合田哲雄「学校教育法の一部を改正する法律について」ジュリ1165号（1999）49頁以下。なお、教授会の審議事項は、明治の帝国大学令下においても広範囲に及んでいたことについては、寺崎昌男『日本における大学自治制度の成立〔増補版〕』（評論社・2000）333-335頁以下参照。もっとも、教授の任免につき教授会の同意を必要とする自治の慣行の確立は、大正初期の京大沢柳事件以降である。
129) 最判平成5年9月7日民集47巻7号4667頁〔宗教法人の代表役員等地位不存在確認訴訟〕など。石川健治〔判批〕ジュリ1046号（1994）11頁以下参照。

訴訟の提起を認める解釈もありうるだろう。[130]

　教授会の議決が中央水準の意思決定を法的に拘束する場合がないかどうかも問題である。この問題を考えるにあたり、管理運営の自主性・自律性の領域と研究教育の自主性・自律性の区分を意識する必要がある。確かに、①予算を伴う事項、②他学部その他の機関との関連があるため調整を必要とする事項、③人事管理上大学全体として統一的になされる必要がある事項等について、学部教授会は①から③の制約に服すると考えられる[131]。しかし、上記の制約が及ばない限りで、学問の自由と密接に関わる事務であって、特に教授会の学問的・専門的判断に基づく決定については、中央水準は専門水準の決定を可能な限りで尊重する義務を負うというべきであろう[132]。あらゆる事務領域について単なる審議機関として学部教授会をとらえ、協働原則下での対流手続が予定されるにとどまり、教授会の決定領域を一切認めないと解することは、結局、研究及び教育に関するすべての事務——とりわけ学部の学問的・専門的な判断に基づく決定など——について、中央水準の機関が、常に学部等の専門水準の決定を覆して優先的に決定できることになる[133]。これは、大学の過度の階層化であって、学問の自由に適合しないといえるだろう。

---

130)　確認訴訟が未発達な日本の現状をふまえると、ドイツの例を参照することが有益であろう。大貫裕之「行政訴訟類型の多様化と今後の課題」ジュリ1310号（2006）25頁以下、33頁。ドイツの確認訴訟については、山本隆司「新たな訴訟類型の活用のために—ドイツ法の視点から—」法律のひろば57巻10号（2004）40頁参照。日本の確認の利益に関する判例理論は発展途上にあることにつき、野口貴公美「『確認の利益』に関する一分析」法学新報116巻9=10号（2010）1頁以下参照。

131)　清野惇『私立大学の管理・運営についての法学的研究(上)』（広島修道大学総合研究所・1990）59頁以下。私立大学に関する叙述であるが、本文の限界は国立大学法人等にも妥当するといえよう。国大法人法下の教授会自治について財政的な制約は不可避であるとの指摘は、君塚正臣「国立大学法人と『大学の自治』」横浜国際経済法学17巻3号（2009）193頁以下を参照。

132)　戸波江二「学問の自由と大学の自治」大石眞=石川健治[編]『憲法の争点』（有斐閣・2008）143頁。

133)　中央水準の機関は、専門水準が行った学問的評価を覆して当該事務を代替的に執行することはできないというべきである。

組織内部の紛争を司法による裁断に委ねることの是非については、大学の自治の観点から懐疑的な立場もありうるところである。しかし、紛争の主体が純粋に私的で任意的な団体であるのか、政府からの援助を受けている団体であるのか、紛争の目的が経済的利益のみに関わるものなのか、重要な人権をめぐるものなのかによって、司法権の介入を阻止しうる団体の自律性の及ぶ範囲に差が生じうると考えられる[134]。また、学問の担い手たる組織の場合、当該自律性の及ぶ範囲を検討するにあたり、学術適合的な組織の構築について立法者が枠組責任を果たしているかどうかをも考慮に入れるべきであろう。国立大学法人の規律密度の薄さ[135]と学長選考手続における教授団の関与の希薄さ[136]をふまえると、大学内部の紛争に対する司法の関与により学術適合的な組織の水準を維持する契機を認める解釈もありえよう。

◆第2章　文献

〔ドイツ語〕

Bethge, Herbert, Grundfragen innerorganisationsrechtlicher Rechtsschutz – Einige Bemerkungen zu aktuellen Kontroversen über den dogmatischen Standort des verwaltungsrechtlichen Organstreits, DVBl 1980, 309

Dallinger, Peter/Bode, Christian/Dellian, Fritz, Hochschulrahmengesetz Kommentar, 1978〔**Dallinger, HRG**〕

Denninger, Erhard (Hrsg.), Hochschulrahmengesetz Kommentar, 1984〔**Denninger,**

---

134)　高橋和之『現代立憲主義の制度構想』（有斐閣・2006）163頁。
135)　塩野・前掲注(123)440頁。また、学長選考手続についても規律密度の低さが指摘されている。塩野宏「国立大学法人の学長選考制度」同『行政法概念の諸相』（有斐閣・2011）441頁以下。
136)　たとえば、中富公一「国立大学法人による学長選考と文部科学大臣の学長任命権——高知大学学長任命処分取消訴訟を素材として——」岡山大学法学会雑誌60巻1号（2010）35頁以下参照。ドイツでは、学長の権限強化と合議機関の権限弱化とを調整するために、ある程度の学長のコントロール権を合議機関に認める必要性が指摘されている（本章第2節第1項(2)）。強力な統括機関による権利主体の規制の正統性を、当該権利主体が付与すべきであるという、民主主義に基礎を置いた提言である。

HRG〕

Denninger, Erhard u.a. (Hrsg.), Kommentar zum Grundgesetz für die Bundesrepublik Deutschland, Reihe Alternativkommentare, AK-Kom. GG Band 1-3, 3. Aufl. 〔**Denninger, AK-GG**〕

Dolzer, Rudolf/Vogel, Kraus/Grashof, Karin (Hrsg.), Bonner Kommentar zum Grundgesetz 〔**Bonner Komm. GG**〕

Ehlers, Dirk, Die Klagearten und besonderen Sachentscheidungsvoraussetzungen, im Kommunalverfassungsstreitverfahren, NVwZ 1990, 105

Ehlers, Dirk/Schoch, Friedrich, Rechtsschutz im Öffentlichen Recht, 2009 〔**Ehlers/Schoch**〕

Erichsen, Hans-Uwe, Der Innenrechtsstreit, Festschrift für Christian-Friedrich Menger, 1985, 211 〔**Erichsen, FS Menger, 1985**〕

Erichsen, Hans-Uwe/Ehlers, Dirk, Allgemeines Verwaltungsrecht, 12. Aufl., 2002 〔**Erichsen/Ehlers**〕

Fehling, Michael, Neue Herausforderungen an die Selbstverwaltung in Hochschule und Wissenschaft, Die Verwaltung 2002, 399

Fink, Udo, Der Hochschulverfassungsstreit, WissR 1994, 137

Fuss, Hans-Werner, Verwaltungsrechtliche Streitigkeiten im Universitäts-Innenbereich, WissR 1972, 97

Geis, Max-Emanuel, Das Selbstbestimmungsrecht der Universitäten, WissR 2004, 2

Hailbronner, Die Freiheit von Forschung und Lehre als Funktionsgrundrecht, 1979

Hartmer, Michael/Detmer, Hubert, Hochschulrecht Ein Handbuch für Praxis, 2004

Hendler, Reinhard, Die Universität im Zeichen von Ökonomisierung und Internationalisierung, VVDStRL 65, 250

Hufeld, Ulrich, Rechtsfragen zur Schließung von Studiengängen und Fakultäten, DÖV 1997, 1025

Hufen, Friedhelm, Verwaltungsprozessrecht, 7. Aufl., 2008 〔**Hufen**〕

Kahl, Wolfgang, Hochschulräte – Demokratie – Selbstverwaltung, AöR 2005, 225

Kisker, Gunter, Organ als Inhaber subjektiver Rechte, JuS 1975, 704

Kluth, Winfried, Funktionale Selbstverwaltung, 1997 〔**Kluth**〕

Knemeyer, Franz-Ludwig, Die Fachbereich/Fakultäten im Hochschulinnenbereich, Festschrift für Hartmut Schiedermair, 2001, 539 〔**Knemeyer, FS Schiedermair, 2001**〕

Kopp, Ferdinand/Schenke, Wolf-Rüdiger, Verwaltungsgerichtordnung Kommentar, 15. Aufl., 2007 〔**Kopp/Schenke, VwGO**〕

Laubinger, Hans Werner, Feststellungsklage und Klagebefugnis (§ 42 Abs. 2 VwGO),

VerwArch 1991, 459

Lerche, Peter, Strukturfragen des verwaltungsgerichtlichen Organstreits, Festschrift für Franz Knöpfle, 1996, 171 〔**Lerche, FS Knöpfle, 1996**〕

Mager, Ute, Die Universität im Zeichen von Ökonomisierung und Internationalisierung, VVDStRL 65, 274

von Mangoldt, Hermann/Klein, Friedrich/Starck, Christian (Hrsg.), Kommentar zum Grundgesetz, Bd. 1, 6. Aufl., 2010 〔**v. Mangoldt/Klein/Starck, GG**〕

Maunz, Theodor/Dürig, Günter u. a. (Hrsg.), Grundgesetz Loseblatt Kommentar 〔**Maunz/Dürig, GG**〕

Maurer, Hartmut, Rechtsstellung der Fachbereich, WissR 1977, 193

Maurer, Hartmut, Allgemeines Verwaltungsrecht, 17. Aufl., 2009 〔**Maurer, Verwaltungsrecht**〕

Müller-Böling, Detlef, Die entfesselte Hochschule, 2000

Obermayer, Klaus u.a. (Hrsg.), Kommentar zum Verwaltungsverfahrensgesetz, 3. Aufl., 1999 〔**Obermayer, VwVfG**〕

Papier, Hans Jürgen, Die verwaltungsgerichtliche Organklage, DÖV 1980, 292

Roth, Wolfgang, Verwaltungsrechtliche Organstreit, 2001 〔**Roth**〕

Schenke, Wolf-Rüdiger, Verwaltungsprozessrecht, 11. Aufl., 2007 〔**Schenke**〕

Schmidt-Aßmann, Eberhard/Schoch, Friedrich, Besonderes Verwaltungsrecht, 14. Aufl., 2008 〔**Schmidt-Aßmann/Schoch**〕

Schoch, Friedhelm/Schmidt-Aßmann, Eberhard/Pietzner, Rainer (Hrsg.), Verwaltungsgerichtsordnung Kommentar 〔**Schoch/Schmidt-Aßmann/Pietzner, VwGO**〕

Sodan, Helge/Ziekow, Jan (Hrsg.), VwGO Großkommentar, 2.Aufl., 2006 〔**Sodan/Ziekow, VwGO**〕

Tettinger, Peter J., Verfassungsrechtliche Vorgaben für die universitäre Selbstverwaltung, Festschrift für Dieter Leuse, 2003, 539 〔**Tettinger, FS Leuze, 2003**〕

Trute, Hans-Heinrich, Die Forschung zwischen grundrechtlicher Freiheit und staatlicher Institutionalisierung, 1994 〔**Trute**〕

Wolff, Hans Jurius/Bachof, Otto/Stober, Rolf (Hrsg.), Verwaltungsrecht, Bd. 3, 5. Aufl., 2004 〔**Wolff/Bachof/Stober, Verwaltungsrecht Ⅲ**〕

Würtenberger, Thomas, Verwaltungsprozessrecht, 2. Aufl., 2006 〔**Würtenberger**〕

〔**日本語**〕

阿部泰隆『行政法解釈学Ⅰ』（有斐閣・2008）〔**阿部・解釈学Ⅰ**〕
阿部泰隆『行政法解釈学Ⅱ』（有斐閣・2009）〔**阿部・解釈学Ⅱ**〕
蟻川恒正「国立大学法人論」ジュリ1222号（2002）60頁

石川健治［判批］ジュリ1046号（1994）11頁
市橋克哉「国立大学の法人化」公法68号（2006）168頁
稲葉馨『行政組織の法理論』（弘文堂・1994）
大貫裕之「行政訴訟類型の多様化と今後の課題」ジュリ1310号（2006）25頁
大橋洋一『行政法学の構造的変革』（有斐閣・1996）
大浜啓吉「学問の自由と大学の自治」同［編］『公共政策と法』（早稲田大学出版部・2005）〔**大浜・学問の自由**〕
雄川一郎「機関訴訟の法理」『行政争訟の理論』（有斐閣・1986）431頁〔**雄川・機関訴訟**〕
門脇雄貴「国家法人と機関人格(1)―機関訴訟論再構築のための覚書―」法学会雑誌48巻2号（2007）269頁
君塚正臣「国立大学法人と『大学の自治』」横浜国際経済法学17巻3号（2009）193頁
工藤達朗［編］『ドイツの憲法裁判 連邦憲法裁判所の組織・手続・権限』（中央大学出版部・2002）362-375頁
合田哲雄「学校教育法の一部を改正する法律について」ジュリ1165号（1999）49頁
斎藤誠「自治法理の史的展開(1)」国家106巻11=12号（1993）904頁
佐藤幸治『日本国憲法論』（成文堂・2011）
澤昭裕「国立大学法人と国立大学改革」澤昭裕＝寺澤達也＝井上悟志［編著］『競争に勝つ大学―科学技術システムの再構築に向けて―』第5章（東洋経済新報社・2005）239頁
塩野宏「国立大学法人について」同『行政法概念の諸相』（有斐閣・2011）420頁
塩野宏「国立大学法人の学長選考制度」同『行政法概念の諸相』（有斐閣・2011）441頁
塩野宏『行政法Ⅲ〔第3版〕』（有斐閣・2006）〔**塩野・Ⅲ**〕
芝池義一『行政法総論講義〔第4版補訂版〕』（有斐閣・2006）〔**芝池・総論議義**〕
シュミット-アスマン、E（太田匡彦＝大橋洋一＝山本隆司［訳］）『行政法理論の基礎と課題 秩序づけ理念としての行政法総論』（東京大学出版会・2006）〔**シュミット-アスマン・行政法理論**〕
清野惇『私立大学の管理・運営についての法学的研究(上)』（広島修道大学総合研究所・1990）59頁
曽和俊文『行政法執行システムの法理論』（有斐閣・2011）157-187頁
高橋明男「ドイツにおける行政法関係論の一側面―法関係論との関連からみた行政『内部法』関係―」阪法43巻23号（1993）751頁
高橋和之『現代立憲主義の制度構想』（有斐閣・2006）163頁
玉井克哉「産学連携と学問の自由」玉井克哉＝宮田由紀夫［編著］『日本の産学連携』（玉川大学出版部・2007）119頁
寺崎昌男『日本における大学自治制度の成立〔増補版〕』（評論社・2000）333-335頁

徳本広孝「判批」自研81巻12号（2005）132頁
中川丈久「行政事件訴訟法の改正」公法63号（2001）124頁
中川義朗「国立大学法人に関する若干の考察―独立行政法人としての『特性』と教育研究の『自由』との狭間のなかで―」日本財政法学会編『財政の適正管理と政策実現』（勁草書房・2005）261頁
中富公一「国立大学法人による学長選考と文部科学大臣の学長任命権―高知大学学長任命処分取消訴訟を素材として―」岡山大学法学会雑誌60巻1号（2010）35頁
野口貴公美「『確認の利益』に関する一分析」法学新報116巻9 =10号（2010）1頁
人見剛「西ドイツ行政法学における行政行為概念の位置づけ」兼子仁［編著］『西ドイツの行政行為論』（成文堂・1987）22頁
南野森「司法権の概念」安西文雄=青井未帆=淺野博宣=岩切紀史=木村草太=小島慎司=齊藤愛=佐々木弘通=宍戸常寿=林知更=巻美矢紀=南野森『憲法学の現代的論点〔第2版〕』（有斐閣・2009）169頁〔**現代的論点**〕
矢嶋基美「私立大学における学問の自由」ジュリ1354号（2008）20頁
山岸敬子『客観訴訟の法理』（勁草書房・2004）
山本隆司『行政上の主観法と法関係』（有斐閣・2000）〔**山本・主観法**〕
山本隆司「新たな訴訟類型の活用のために―ドイツ法の視点から―」法律のひろば57巻10号（2004）40頁
山本隆司「学問と法」城山英明=西川洋一［編］『法の再構築［Ⅲ］科学技術の発展と法』（東京大学出版会・2007）143頁〔**山本・学問と法**〕
山本隆司「民営化または法人化の功罪㊦」ジュリ1358号（2008）42頁
横田光平『子ども法の基本構造』（信山社・2010）
亘理格「法律上の争訟と司法権の範囲」磯部力=小早川光郎=芝池義一『行政法の新構想Ⅲ』（有斐閣・2008）1頁〔**新構想Ⅲ**〕

第3章

学問法と大学外の研究機関

第1節　学問法の意義

　ドイツでは、大学のほかにも多様な法形式で設置される大学外の研究機関や研究支援機関が存在しており、これらを法的検討の対象とする学問法という参照領域が発展しつつある。これまで行政法総論が憲法の価値をふまえて体系的に形成されてきたように、学問法の研究は、学問の自由を指導的な規範とする諸組織・制度を分析することにより行政法総論を充実化させる試みである。[1] シュミット-アスマンは学問法の体系化の意義について、次の3点を説く。

① 　一般的には、特定の任務及びその遂行の形式を関連する憲法の決定要素と関連づけることによりまたは隣接領域の任務・行動手法との比較を通して指導理念が形成される。学問法の場合、この領域に関わる原理として研究の自立性を挙げることができる。学問法は、研究の自立性をふまえた国からの距離保障と国による支援という両要請を調整しうる法形式の開発及び国の支援がもたらす影響につき、均衡のとれた法的保障を提供することを課題とする。

② 　学問法は、大学に加えて大学外の公的・私的研究をも対象とする。自由な研究の確保という視点から組織ごとの法的規制のあり方を比較・検討し、当該比較をふまえた体系的考察を通して規制の欠如及び価値矛盾を浮き彫りにする。行政法の任務は、体系的思考を通して「機能的対応物」を形

---

1)　Schmidt-Aßmann, JZ 1989, 205f.；シュミット-アスマン・行政法理論134-138頁も参照。

成することにある。学問法の領域は特に組織に規定される要素が大きく、組織に関する「機能的対応物」の形成が重要となる。
③　行政法各論の個々の領域は、行政法総論のドグマーティクによって形成されるが、逆に、行政法総論も各論から発した領域横断的な知見により充塡される。規制的（命令的）行政に比べて十分な検討がなされていない給付行政や計画行政等の多様な行政活動についても、学問法は理論的に貢献するところが大きい。組織による自由保護や利益代表といった課題について豊富な素材を有しており、公的・私的な大学外の研究機関にみられるように豊富な自治のバリエーションがある。また、多様な主体間の協働を予定した制度的な枠組みの下で、私人の発意を前提とした交渉行政に関する素材を提供している。

　大学制度をめぐる学問の自由論議は行政組織法や行政訴訟法の領域で多くの理論を提供してきた（第1部第1章及び第2章参照）。しかし、学問法は大学法を中心とした体系ではない。教育を前提としない公的・私的な研究機関及び研究支援機関を視野に入れると、学問の自由が問題となる領域として、大学のほかにも公的・私的な大学外の研究機関及び研究支援機関が検討対象として挙げられることになる[2]。学問の自由は個人的・防御権的な要素と客観的・制度的な要素を含み、両者は大学外の研究機関についても意味をもつ[3]。その個人的・防御権的な側面は、データ保護、動物保護、環境保護及び労働法の領域等で国の介入が行われる場合に機能し、他方で制度的・客観的な側面は大学や大学外の研究機関または研究支援機関に対する国の責任を導く。前者はもちろん伝統的な憲法の役割として重要な位置づけが与えられ、後者については、学問の性質をふまえた国の責任のあり方が問われることになる。

　学問の特殊性は、学問の自立性に基づく手続、行為様式及び決定が要請される点に見いだされている。学問は原理的に非完結的であって可変性を帯びているが、学問が産出する新たな知識は学問領域が従来から発展さ

2）　Schmidt-Aßmann, JZ 1989, 208.
3）　山本・学問と法143頁以下。

た既存の枠の中で特定・伝達される。したがって、学問を営むための条件の継続性及び安定性も学問の要請するところとなる。畢竟、立法者が学問法の領域で果たすべき役割は、学問の自立性を確保する枠組みの形成、手続の規律にあると説かれることになる[4]。学問は、学者間、国内・国外の研究組織間、学界と社会または学界と国とのコミュニケーションからなる。上記コミュニケーションは、それぞれの組織及びその構成員の協働を要請し（協働原則の妥当）、その際に協働の媒体となるのは組織である[5]。

大学外の研究機関の領域においては、一般的な法律規定もなければ法的争訟もないため、伝統的な法学的研究の方法では十分に検討することができない。そこで、ドイツの公法学では大学外の研究機関について、組織構造、資金調達及び予算配分のあり方等のコンビネーションを分析するアプローチが試みられている[6]。というのは、組織の構造、資金調達及び当該研究機関の予算のあり方は研究内容にまで決定的な影響を与えると考えられるため[7]、学問の自立性をふまえた研究組織のあり方を考える上で重要な検討事項となるからである。

シュミット-アスマンによれば、マックス-プランク協会（Max-Planck-Gesellschaft：MPG）は、ドイツ研究協会（Deutsche Forschungsgemeinschaft：DFG、第1部第4章参照）とともに仲介型組織として位置づけられる。仲介型組織とは、「国の関与にもかかわらず社会の領域に帰属させられる組織」のことであり、当該組織に対しては国の波及的正統化責任が問題と

4） Schmidt-Aßmann, FS Meusel, 1997, 217f.
5） シュミット-アスマン・行政法理論134頁以下。
6） Groß/Natalie, 17ff.；ガバナンスの視点の必要性が説かれている。ガバナンスは、国家による私的セクターの制御（Steuerung）とは異なり、国及び社会の協働及び非階層構造による統治をモデルとしているという。わが国の公法学においてもガバナンスの視角が取り入れられている状況の概観については、木村琢麿『ガバナンスの法理論』（勁草書房・2008）i-viii、31-37頁参照。
7） Schmidt-Aßmannm, FS Meusel, 1997, 225；Trute, Innovationssteuerung, im Wissenschaftsrecht, in：W. Hoffmann-Riem/J.-P. Schneider（Hrsg.）, Rechtswissenschaftliche Innovationsforschung-Grundlagen, Forschungsansätze, Gegenstandsbereiche, 1998, 226ff.

なる。日本でも、政府により直接設置されている研究所、独立行政法人として設置されている研究所、民法上の公益法人として設置された研究所、企業が設置する研究所等が少なからず存在するが、これらを法学的な観点から検討する作業はほとんどみられない。こうした事情に照らせば、ドイツの一研究機関たるMPGをケーススタディとしてとりあげることにも意味があろう。

第2節　MPGと国の枠組責任

第1項　組織構造

まずは、MPGの組織構造をMPGの定款に即して説明しよう。
(a)　任　務

MPGは、研究所の維持を通して学術の振興を目的とする団体であり（定款1条1項）、主に基礎研究を担っている。特定の研究内容への限定はなく、あらゆる学問分野が支援対象として考慮されるが、MPGは、学術的に特に重要な将来性のある領域に人的物的手段を適切に投入すること、従来の研究領域の枠を越えるために大学では十分に実施されていない研究領域を迅速に必要最小限度の費用で着手すること、大規模な研究施設・莫大な費用がかかるため大学では十分に着手されていない研究を実施することを任務とする。活動方針、研究所の設立及び従来の研究の継続に関する問題はMPGの機関によって決定され、外部からの指示を受けない。MPGは、他の大学外の研究機関と比較して研究テーマの設定に関する自由度が

---

8)　シュミット-アスマン・行政法理論273頁、山本隆司「公私協働の法構造」金子古稀(下)554頁参照。
9)　大学に付置されない研究所については、人事の自治の必要性を説いた杉村敏正の論考がある。杉村敏正「国立大学に付置されない『国立大学の共同利用の研究所』の研究職員の身分保障」同『憲法と行政法―問われる行政の姿勢―』（勁草書房・1972）60-86頁。
10)　Meusel, Rn.100, 102ff.
11)　Meusel, Rn.100.

高い。たとえば、フラウンホーファー協会 (Fraunhofer-Gesellschaft：FhG) は応用研究を目的としていることから主に経済界からの委託研究を行っており、個々の研究者の個人的な関心は必ずしも重視されない。また、MPG は研究所長単位で分権的な組織構造を備えているということができるのに対して、他の大学外研究機関は総じて階層的であるといわれる[12]。

(b) 法形式と成員

MPG の前身たるカイザー-ウィルヘルム協会 (Kaiser-Wilhelm-Gesellschaft：KGW) は、1911年に国からの距離を組織形式で示すために登記社団 (eingetragener Verein) として設立された。第二次世界大戦後、連合国により組織された共同管理委員会 (der Alliierte Kontrollrat) は KWG の解散を命じたが、協会及びすべての付属研究所が産業界及び政府から独立すること、協会はその研究所内で無制限の研究の自由を保障すること、学術研究に関する管理委員会のみがこの自由を制限できること等の条件で、1948年、MPG としての再生を承認した。同委員会の目的は、国家及び経済界への一方的な依存を回避することにあったので、MPG においてもこの方式が受け継がれることとなった[13]。MPG の成員には、支援成員 (自然人、公法人、私法人、法人格なき社団など)、学術成員 (研究所の学術成員、研究所の退職学術成員及び外部学術成員)、職務上の成員 (評議会の成員と研究所の学術成員として招聘されていない研究所長) 及び名誉成員 (研究に関して特別な功績を認められた研究者及び支援者) の区別がある[14] (定款3条-7条)。

---

12) Groß/Natalie, 161.
13) アドルフ-フォン-ハルナックは、研究者を教育の義務から解放して研究活動に専念させることにより、とりわけ化学や物理学の研究領域で頂点を占めてきたドイツの危機に対処しようと考え、建議書の中で、新たな研究機関の設立を実現するために民間勢力の利用を主張した。これを受けて設立されたのが KGW である。プロイセン政府は KGW に対して必要な土地、研究所長の報酬及び運営資金を提供しており、このことが、研究所及びその管理者の私的影響力に対する尊厳及び独立を保障したと評されている。Meusel, Max-Planck-Gesellschaft, in：HdbWissR Ⅱ, 1293ff.
14) 1992年の時点では、支援成員1047名、学術成員408名、職務上の成員71名、名誉成員2名であった。Meusel, Max-Planck-Gesellschaft, in：HdbWissR Ⅱ, 1297.

(c) MPG の機関

MPG の機関は、総会、評議会、運営会議、総長、学術審議会及びその各部門である。

① 総　会

総会（Hauptversammlung）は MPG の成員からなる。その任務は、評議員及び名誉評議員の選挙、名誉成員の任命、年度報告書の受領及び審議、決算の審査及び承認、評議会が提案した事務に関する議決、各機関に対する承認、定款の変更に関する議決（3分の2の賛成多数が必要）等である。総会は1年に1度、総長によって招集される。臨時総会は、必要に応じてまたは MPG の成員の4分の1の提案もしくは評議会の提案によって招集される（定款21条・22条）。

② 評議会

評議会（Senat）には、総長及び12名ないし32名の被選成員（任期6年）が所属する。このうち研究者は適切な数で議席を占めなければならない。評議員及び名誉評議員は、総会で秘密投票によって選挙される。評議会には、事務長、学術審議会の議長及び各部門の長が職務上所属し、また、各部門によって選ばれた協力者や組織内の労働組合（Gesamtbetriebsrat）の議長が所属する。連邦政府は2名の連邦大臣または次官を評議会の成員として派遣することができ、諸州の文部大臣及び財務大臣も3名の州大臣を評議会成員として派遣できる。こうして評議会は、最高で47名の評議員によって構成される。評議会は、総会の事務とされていないすべての事務について決定することができる。評議会の事務として列挙されているものは、総長及び運営会議成員の選挙、研究所の設立・廃止等、研究所の規則の議決、研究所長及び研究所の学術成員の招聘・任命・解任、MPG 以外の企業への参加あるいは研究所ではない MPG の施設の取扱いに関する議決、予算の確定、資金の受取り及び利用に関する議決、年度報告の確定及びその総会への提出、総会に提出されるべき決算の議決及び MPG による顕彰の議決等である。評議会は、研究政策及び研究計画の問題を審議するための常設委員会を設置し、同委員会は、研究政策決定の準備及び特定の研究

領域の状況及び発展傾向の評価を行う。同委員会ではMPGの研究者が多数を占めており、国の代表はMPGの3部門の長と同様常任ゲストとして参加する（定款23条-25条）。

③ 運営会議

運営会議（Verwaltungsrat）は、総長、（少なくとも）2名の副総長、会計主任及び2名～4名の評議会成員からなり、事務長とともに社団法上の理事会（Vorstand）を構成する。総長は、運営会議を必要に応じて、または3名の成員の申立てにより招集する。

運営会議の主な業務は、MPGの重要案件に関する評議会の議事の準備、予算案の作成等である。なお、予算案の作成に際して特定の研究所の予算を削減する場合、事前に当該研究所の長に対して意見表明の機会を与えなければならない。業務年度終了後、運営会議は年度報告書及び決算書の作成する。また運営会議は、研究所の重要な事務について、研究所長及び学術審議会の部門長と協議しなければならない。

運営会議の事務局として、総合管理部（Generalverwaltung）が置かれる。総合管理部は、評議会の議決に基づいて総長が任命する事務長によって統括され、その統括の下でMPGの日常業務を遂行し、会計主任との協議を通して財産を管理する。また、MPGの機関及び研究所の運営任務の遂行を支援し、研究所の予算遵守につき審査する（定款15条-20条）。

④ 総　長

総長（Präsident）は、評議会で3分の2の多数によって選出される。任期は7年で、継続再選は1回に限り許される。総長はMPGを代表し、MPGの学術政策の基本を起案するとともに、評議会、運営会議及び総会の議長を務める。また、学術審議会及びその部門の会議に助言的に参加する権利を有するほか、緊急の場合に管轄機関への即時の報告を条件として、予定された権限を超えて決定を行う権限を有する（定款11条）。

⑤ 学術審議会及びその部門

学術審議会（Wissenschaftlicher Rat）は、研究所の学術成員、部門内で選ばれた学術協力者及び研究所の学術成員ではない研究所長から構成され

る。生物・医学部門、化学・物理・技術部門及び精神科学部門に区分され、各部門には任務領域に応じた研究所が所属する。学術審議会は、特にMPGの学術的発展にとって重要な各部門に共通の事務を審議し、評議会への提案及び各部門への勧告を行い、また、総長が毎年学術審議会に提出する報告書に対しては意見表明を行うことができる。1年に一度必ず招集されるほか、議長が必要に応じて招集することもあり、さらに成員の3分の1の提案によっても招集される。

　学術審議会の各部門は、研究所の共通事務を審議し、評議会及び学術審議会に提案を行い、研究所の設立・廃止及び学術成員の受入れ・除名などに関する議決に際して、評議会に助言を与えることができる。部門の会議は、部門長が必要に応じてまたは成員の3分の1の提案に基づいて招集する（定款12条-14条）。

　(d)　研究所

　MPGの研究所は通常権利能力をもたず、多くの場合、期限付きで採用される研究所長を中心に運営される。研究所長は、研究所の学術活動の選択、順序及び実施に関して自由であり、学術協力者及びその他の協力者を採用することができる。また、予算案の作成を担うほか、学術成員の自由な研究活動に対して配慮する義務及び学術成員の利害に関わる決定に際して当該成員と協議する義務を負う。

　研究所の学術成員は、研究所で自由に学術活動を営む。すべての関係者は、研究所から研究事業の目的設定、方法及び実施について十分な情報提供を受け、自己の利益に関わる重要事項に関する研究所長の決定に対して異議を述べることができる（定款28条）。

　(e)　資金調達

　連邦と州は、1964年の協定以降、MPGに対して50：50の割合で資金提供を行っており、研究所の所在州は、州の負担分のうち25％を負担し、残り75％は諸州の負担となる。[15]

---

15) Meusel, Rn. 101；プラズマ物理学研究所は、連邦の大規模研究施設として、例外的に連邦と所在州たるバイエルン州の割合が9：1で支援されている。また、法的に独立し

第2項　内部組織の形成に関する基準

　私的研究機関の内部組織のあり方は、本来的には基本権で認められる自由の行使であるが、国の資金を配分する MPG の場合はそうとはいえない。トゥルーテによれば、MPG は他の国家活動と同様に正統化される必要があり、国はその資金が基本権適合的に使用されるように配慮しなければならないという[16]。また、これと同方向の結論は、国の基本権保護義務からも導かれると説く。すなわち、学問の領域では恒常的に他者の資源に依存する状況にあり、それゆえに MPG では私的な所有の下に自由条件のあり方が委ねられてしまう。そして関係者の力の均衡が欠けているところでは、私的自治の中で様々な利害の公正な調整を実現することは困難である。そこで、国の基本権保護義務から、基本権の行使を可能とする組織構造、自由条件への公正な参加、基本権適合的な内部構造を実現するために、対外的な場で国に対する意見を表明する仕組みが要請されるという[17]。トゥルーテは、これを、基本権的に保護された「コミュニケーション及び行為過程」を可能にする国の「枠組責任」と呼び、その実現は本質性理論の基準に従って法律の留保に服すると説いている[18]。

　以上を前提にトゥルーテは、MPG の構成と機能、決定への研究者の参加及び研究所組織の構造に関する国の枠組責任について、より具体的に検討を行っている。

① MPG の構造

　評議会の構成は不均質であるが、これは研究所で活動する研究者の利益

　　ている鉄・石炭研究所は伝統的に応用研究を実施しており、自ら資金を調達しているという。
16）　Trute, 526.
17）　Trute, 527.
18）　Trute, 528；組織内部の意思形成が施設の代表されるべき利益と結びつく場合に初めて、施設の代表は、政治の場で、施設のための正当な利益代表として活動することができる。

第 2 節　MPG と国の枠組責任　*85*

代表にではなく、社会勢力の協力を得ながら学術政策を決定する担い手としての MPG の自治構想に即したものである。問題は、この構想が国の枠組責任に照らして学術適合的決定を十分に規範的に確保するかどうか、また、公的手段の公益に適った配分を実現するかどうかという点にある。この問いに対してトゥルーテは、とりわけ MPG の学術的、政策的利益の仲介機能を考慮すべきであるという。すなわち、MPG が国と社会を仲介し、フィルターとして機能することによって公益性及び学術適合性を実現することができるとし、当該機能のために MPG は国と社会の両方向に向けたアウトノミーを備える必要があるとしている[19]。

　トゥルーテは、この仲介機能の観点から、MPG の組織について次の 3 点を指摘している。まず 1 つ目は、純粋な学者による自治のみが学術適合的ではないということである。個々の研究組織及び当該組織で活動する研究者の代表に基づくだけではなく、距離を保った研究政策的な決定構造が必要なのであって、代表志向にのみ向けられた組合的な組織は要請されていないばかりか、有意義でもないという[20]。2 つ目は、研究所の設置者としての MPG の機能は、個別具体的な事案に関して学術的な決定を行うことではないということである。設置者水準の任務は、研究政策的決定、すなわち重点の設定、研究所の設置・閉鎖及び社会的及び政治的空間における学問の利害主張にあるとし、こうとらえることで、各研究所の独立性が確保されると説く。3 つ目として、国及び社会団体の代表が研究所の設置者水準での学術政策的な決定に参加することによって、学界・国の政策・社会の需要間の調整が可能になるということである。最後の点について、トゥルーテは、代表の選択に関する基準が法定されていないと批判している。そして、MPG は、上述のように単なる私的組織ではなく、公的研究手段の配分にかかる決定を行うのであるから、決定機関の構成を社会団体の任

---

19)　Trute, 529f.
20)　Trute, 530f.：大学の資金調達についても、距離を保った研究政策的な決定構造の必要性が説かれる。

意に委ねてはならないと説く[21]。

② MPG の決定への研究者の参加

研究組織の設置者水準と研究水準の間を仲介する合議機関が、学術審議会である。学術審議会の各部門は、研究所の設置・廃止等の評議会の議決に際して聴聞権が認められるにとどまる。また、研究所長及び学術成員の招聘・任命・解任にかかる評議会の議決に際しても、拒否権及び聴聞権にとどめられている。この点をとらえてトゥルーテは、MPG が規範的に学者の自治組織としての性格をもたないと指摘する。MPG は基礎研究の担い手であるにもかかわらず、最も適切な専門知識を有する部門の関与権が弱いとの理由からである。トゥルーテは、上記の研究者参加の抑制を、国の責任の下にある同種の研究タイプの機関——大学が想起される——に持ち込むことを違憲と断じている。また、MPG の設置者水準と研究水準との過度な分離は、代表機能を損ねることになるとも指摘する。すなわち、代表の基礎は設置者水準の利益ではなく研究所の研究にあるとみてとり、研究水準と設置者水準との十分なフィードバック・メカニズムが、規範によって形成されることを求めている[22]。

③ 研究所の決定構造

MPG では、伝統的に研究所長または合議機関に決定権限が集中している。とりわけ、学術的、組織的、人的及び財政的な決定権限は、研究所長にのみ与えられている。もっとも研究所長は、決定に際して関係成員と協議をしなければならず、また、学術協力者に対して情報提供・助言を通して協力する義務を負う。決定権限を研究所長に集中させることは、その責任が確保されることにつながるが、これは、学術的な進歩がグループ研究であっても、たいていは個人の業績であるという経験に即した構造であるという。

しかし、研究所長の決定に基づく財政的リソースの投入に関して紛争が生じることがある。MPG では、上記紛争を解消するための手続が用意さ

---

21) Trute, 531.
22) Trute, 533.

れている。研究所内での異議申立てが功を奏しない場合、研究協力者は当該研究所を管轄する部門の調停人（Schlichtungsberater）に相談することができる。調停人は、部門の意見聴取をふまえて評議会によって提案され、総長によって任命される。調停人は、当事者及び研究所長に対して情報提供請求権を有し、守秘義務を負う。調停がまとまらない場合、総長は当事者の申立てによって調停委員会を設置し、調停委員会は当該事案について関係機関に勧告することができる。関係機関は、基本的にこの勧告に従わなければならない。詳細は、評議会によって議決される調停規程で定められている（定款30条）。トゥルーテは、紛争の行政的または司法的裁断は、結局、MPGのアウトノミーの毀損につながるとして、上記の自律的な紛争解決手続を学術適合的であると評している[23]。

第3項　国による影響力の行使

(1) 大学外の研究機関に対するコントロール手法

　私法上の研究機関については、公法上の研究施設に対して法定されている監督手法[24]が予定されていない[25]。しかし、国には資金提供者として、古典的な国家監督とは異なるコントロールの可能性が開かれている。そのコントロールは、たとえば、(ア)法人が策定する収入及び支出に関する経済計画（Wirtschaftsplan）に関する交渉、(イ)補助金交付に附される附款及び(ウ)合議機関への国の代表派遣という方法で行われる。これらのコントロールは決して一方的な監督ではなく、両者がお互いの利益を尊重する協働ととらえられている。この場合、国のコントロールを受ける者が自ら国の決定を法適合的及び憲法適合的なものとして受け入れることから、当該措置は学問の自由の制限として把握し難くなることに注意する必要があろう[26]。大学

---

23) Trute, 534.
24) 第1部第1章3節参照。
25) 州立大学に対する国の監督手法については第1部第1章参照。
26) Meusel, Rn. 307.

外の研究機関に対する上記3つのコントロール手法は、一般的に次のように説明されている。

(2) 経済計画に関する交渉

　大学外の研究機関に対して国が最初に影響力を行使するのは、経済計画やプロジェクト支援に関する交渉の場面である。連邦及び州の予算法規によれば、国が私法的に組織された研究機関に対して補助金を提供することができるのは、当該研究に国が重大な利益を有する場合のみである[27]。したがって、国は、資金に関する交渉に際して、常に特定の研究を国の利益に関係がないものとして資金調達から除外する可能性を有する。このような研究制御は、原則として基本法5条3項に抵触しないと解されている[28]。国は自由な学問の施設を支援する義務を負うけれども、多様な研究機関あるいは研究事業の中からの選択は必要かつ正当であって、この限りで、国は学問を嚮導し、評価することができる[29]。しかし、従来、国が有用と考える研究を重視することによって基礎研究の担い手の予算が安易に削減される場合や[30]、国が資金の削減を通して希少な研究分野あるいは研究機関を廃止する場合には、違憲の問題が生じうると説かれてきた[31]。大学判決は基本法5条3項から組織による基本権保護の必要性を導いており、その要請を「公的資金によって設置・維持された学術事業」に及ぼしていることに着目するならば[32]、MPGを当該保護の対象に含める解釈が可能であろう[33]。

---

27) 予算原則法（Haushaltsgrundsätzegesetz）14条、連邦予算規則（Bundeshaushaltsordnung）23条及び州予算規則の規定を参照。
28) Meusel, Rn. 308.
29) Schmitt-Glaeser, WissR 1974, 132f.
30) Hailbronner, WissR 1980, 234.
31) Meusel, Rn. 309.
32) BVerfGE 35, 79, 115.
33) Groß/Natalie, 154.

(3) 補助金交付に付される附款

　補助金交付の承認手続は、行政手続法に基づいて行われ、通常は、行政行為により交付決定がなされる。[34]交付の手続について詳細な行政規則が定められており、当該規則には、概念の定義、承認要件、補助金の額及び手続に関する規定が含まれている。「制度的支援に関する補助金のための一般附款規定（Allgemeinen Nebenbestimmungen für Zuwendungen zur institutionellen Förderung：ANBest-Ⅰ）」もまた行政規則として定められており、補助金交付に付される附款は、大学外の研究施設のコントロールのための重要な手段となっている。ANBest-Ⅰでは、(ｱ)届け出られている目的にのみ補助金を使用すること、(ｲ)事前に設定された資金調達計画などを特定の限度で遵守すること、(ｳ)計画からの大幅な逸脱、他の公的機関への補助金の申請及び策定されたプロジェクトの中止・変更を事前に承認機関に報告すること、(ｴ)特定の期間内での利用証明の提出、(ｵ)承認官庁に資料の閲覧及びその審査を認めること、などが挙げられている。[35]これらの一般的な附款は、補助金交付に際して設定される目的の枠内にとどまり、また、基本権的な観点からみれば憲法適合的に許容される枠内にあると解されている。[36]

　特別な附款の例として、特定の国との研究協力に許可制を敷く附款や、研究資金の提供の条件として他の研究プロジェクトの実施を義務づける附款などがある。[37]前者は、国があらゆる利益の衡量に際して他の基本法で保護された利益（治安または対外的な安全など）を学問の自由に優先させなければならない場合に許されると解されている。[38]後者は、追加的に要求されたプロジェクトの短所がその実現の長所によって埋め合わされる場合には

---

34)　Groß/Natalie, 20f.
35)　Meusel, Rn. 310.
36)　Meusel, Rn. 310；行政が本来の計画から逸脱することを許容する場合には、新たな（修正された）学術政策的な選択決定が行われたと解することができる。附款が本体たる行政行為の目的に反してはならない旨を定めた行政手続法36条3項をめぐる議論については、人見剛「西ドイツにおける行政行為の附款論」兼子仁［編著］『西ドイツの行政行為論』（成文堂・1987）119頁以下参照。
37)　Meusel, Rn. 310.
38)　Hailbronner WissR 1980, 223.

許されない介入とはいえないと解されている。[39]

(4) 国の代表派遣

国は、国が適切な影響力を相応の監督機関において保持する場合にのみ、私法人に参加することができる。[40] 私法人への国の参加は、社団または財団の内部で監督を担当する合議機関において国の代表が議席を保持し、投票権を行使する形式で行われる。[41] 国は参加を通して、継続して、施設の1年間の支援が予算規則にいう重大な利益に適っているか否かについて監督することができるとともに、予算規則上の審査義務を組織内部において遂行することができる。[42] もっとも、国の代表は微妙な地位に置かれることになる。一般的な社団法の理解によれば、国の代表は第1に所属する大学外の研究機関の利益を追求することになるが、それは、それと同時に国によって義務を負わされていることになる。このことは、国と大学外研究機関の利益が同一方向を向いている場合には問題はないけれども、限りある国の研究資金の配分をめぐって国の代表が紛争に巻き込まれる事態が生じることは想像に難くない。その場合、国の代表は、大学外の研究機関の利益と国への忠誠との衝突をいかにして解消するかを自ら決定しなければならない。[43]

また、国の代表はどの程度学術的問題に関与できるかが問題となる。国の代表が純粋な運営・財政問題及び一般的政策（計画、重点設定）に携わる限りで、憲法上の問題は生じない。国の学術政策の枠内で特定のプロジェクトあるいは研究所を支援対象とする決定が、原則として国に許されて

---

39) Meusel, Rn. 310. 結果として、より多くの研究及び研究の自由が可能となりうるが、研究機関が追加的に要求されたプロジェクトによって他の学術的任務を放棄せざるをえない場合は問題である。
40) Meusel, Rn. 311.
41) Meusel, Rn. 311；国の代表者に特定の事務（資金調達問題、定款変更、特に重要な法律行為及び解散）について拒否権が与えられる場合や国が投票の多数を有する場合がある。
42) Meusel, Rn. 311.
43) Meusel, Rn. 311.

いるように、これらの研究所の事業に深く影響を及ぼすこともまた、いわば選抜の決定の継続として国には許される[44]。これに対して、監督機関が国の代表の参加の下で具体的な学術的問題を決定する場合には、基本権が毀損される危険が生じるので、基本法5条3項は、国の代表に介入の抑制を義務づけると説かれている[45]。

組織外部の人員が理事会等の構成員となり、当該外部成員が研究計画等に影響力を行使しうる組織形態は、大学外の研究機関一般にいえることである。理事会で国の代表者が絶対的な多数を占めている場合や、一定の重要な事項について国の代表者に拒否権が与えられている場合がある[46]。組織運営に関して重要な決定を行う理事会等の機関が個々の研究活動の内容について指示を出すことは考えにくいとしても、当該機関が研究の重点設定及び予算の配分等について基本方針を決定することは通常なされており、組織内の合議制機関の構成は個々の研究者にとって重要な意味をもつ。MPGの場合、評議会構成員47名中、連邦は2名、諸州は共同で3名を派遣するにすぎず（本章第2節第1項(c)②）、国の影響力は決して強くはない[47]。

第3節 結　語

MPGが私法上の組織であるとしても、その実質は行政の機能の担い手であるから、それにふさわしい組織のあり方を検討する必要がある。その際、基礎研究の担い手としてのMPGの組織の指針となるのは学問の自由である。一定程度で学問の自由の要請が私的な研究組織に及ぶとすると、

---

44) Meusel, Rn. 312.
45) Meusel, Rn. 312.
46) Groß/Natalie, 152.
47) Groß/Natalie, 152；応用研究を目的としたFhGも、理事会等で国の代表は多数を占めておらず、組織内部での国の影響力は弱い。ただし応用研究を目的としていることから、それ自体が国の目的に沿ったものであるとの見方ができる。組織内の監督機構に国の代表者が強い影響力を及ぼすことに批判的な見解として、Classen, Wissenschaftsfreiheit außerhalb der Hochschule, 1994, 321を参照。

当該規範に照らして現状の妥当性が問われることになる[48]。MPGは、私的な組織として私的自治がある程度で認められる。しかし、現状のコントロールのみで学問の性質及び組織の公共性に適った運営がなされているかどうかが問われる。学術適合的な組織（wissenschaftsadäquate Organisation）——学問に関わる事項に研究者の関与が十分に保障された組織——という問題意識から、一定の法的枠組を国が提供すべきであろう。

大学外の研究機関には、大規模研究施設や国の設置する政策基盤研究に関わる研究機関などがある[49]。確かに、前者は利用者を予め確定できないため自治行政を組織できず、後者は研究課題が予め設定されうることから、いずれも大学と同等の学問の自由を観念することはできない。しかし、前者では、利用者の調整のために学問的な判断が求められることもあろう。また、後者の場合であっても、研究の内容や方法に関しては、研究者の学問の自由が保障されなければならないというべきである。そうでなければ、成果を学問の名において扱うべきではない[50]。組織の性格に応じた学術的適合的な組織のあり方を模索する必要があるが、いずれにせよ、学問の自立性を確保するための視点を取り入れた制度設計が求められよう。

以上の議論は、日本の私立大学を考える上でも参考になる。日本の私立大学は、私立学校法により一種の公益法人として設置されるが、教育基本法及び学校教育法等の法的な枠組みが国により提供されているほか、私立学校振興助成法（昭和50年法律61号）等によって公的な資金が投入されていることから、私的自治と公共性の確保との調和が要請される組織といえるだろう[51]。第1部第1章第7節で述べたように、研究教育事項の自立性を確保する距離保障として、中央水準での二元的な機関構造が学術適合的な組織の原則としてとらえうるとすると、その私学への適用も検討に値する

---

48) 本章第2節第2項①参照。
49) 山本・学問と法159頁。
50) Trute, §88 Wissenschaft und Technik, Rn. 25, 44 in：HdStR Ⅳ；Ruffert, VVDStRL 65, 2006, 178f.
51) 私立学校の公共性については、永井憲一『基本法コンメンタール 教育関係法』（日本評論社・1992）348-353頁［野上修一］。

ように思われる。MPG の評議会と運営会議の区分の存在（本章第2節第1項(c)）や合議機関に国の代表が参加することによるジレンマ等（同3項(4)参照）も、上記原則の必要性を示唆しているように思われる。もっとも、組織内で学問の自由を行使する主体にとっての自由条件の創出＝学術適合的組織の形成は、上記原則の採用によって即実現するわけではない。上記原則の下で、実際に自由条件の創出が実現されているかどうかが問われることになる。そのためには、組織内での協働原則の妥当が重要である（第1部第2章第3節）。

　上述の議論は、私的自治に対する過度の介入であるとみる向きもあるかもしれない。確かに、国公立大学と建学の精神に基づき設置される私立大学とでは、大学内部で保護されるべき学問の自由の範囲に若干相違が生じうるとの指摘もある[52]。しかし、私立大学の建学の精神の追求と学問にふさわしい大学組織の形成は二律背反ではないと考える。公の支配に服することで国の補助を受け（憲法89条）、かつ、教育基本法・学校教育法の構想に則り運営される大学として、研究教育が適正に成立する枠組み・環境を整える責任は、本来、国とともに学校法人が分有しているはずである。ただし、私立大学が当該責任をうまく担えない場合があるとすると、私立大学の私的自治を強調することは、公の支配に服することで国の補助を受けながら、大学内部の基本権主体のための自由条件を私有する、という問題性を強めてしまうことになる[53]（本章第2節第2項参照）。国公立大学と同様に、私立大学は、「真理の探究」と「新たな知見の創造」によって得られた「成果を広く社会に提供することにより、社会の発展に寄与する」存在であり（教育基本法7条1項）、また、「学術の中心として、広く知識を授ける」（学校教育法83条1項）ことを目的とした教育の担い手である。私立大学もま

---

52) 清野惇『私立大学の管理・運営についての法学的研究(下)』（広島修道大学総合研究所・1993）36-40頁、松田浩「『大学の自律』と『教授会の自治』」憲法理論研究会編『憲法と自治』（敬文堂・2003）113頁以下参照。
53) 強すぎる理事会など私立大学の内部問題を扱う近年の論考として、君塚正臣『憲法の私人間効力論』（悠々社・2008）510-532頁を参照。

た、重要な公共的な任務を遂行する組織であることを基本的な立脚点とする限り、国の枠組責任の観点から制度を理解する視点が必要であろう。なお、国が上記枠組責任を果たす限り、設置形態は問わないともいえよう。[54]

◆第3章 文献

〔ドイツ語〕

Classen, Klaus Dieter, Wissenschaftsfreiheit außerhalb der Hochschule, 1994

Groß, Thomas/Natalie, Arnold, Regelungsstrukturen der außeruniversitären Forschung, 2007〔**Groß/Natalie**〕

Hailbronner, Kay, Forschungsreglementierung und Grundgesetz, WissR 1980, 212

Meusel, Ernst-Joachim, Max-Planck-Gesellschaft, in : Flämig, Christian u.a. (Hrsg.), Handbuch des Wissenschaftsrechts, Bd. II, 2. Aufl., 1996〔**HdbWissR II**〕

Meusel, Ernst-Joachim, Außeruniversitäre Forschung im Wissenschaftsrecht, 2. Aufl., 1999〔**Meusel**〕

Ruffert, Matthias, Grund und Grenzen der Wissenschaftsfreiheit, VVDStRL 65, 2006, 146

Schmitt-Glaeser, Walter, Die Freiheit der Forschung, WissR 1974, 107ff., 120ff.

Schmidt-Aßmann, Eberhard, Wissenschaftsrecht im Ordnungsrahmen des öffentlichen Rechts, JZ 1989, 205

Schmidt-Aßmann, Eberhard, Wissenschaftsrecht als systematische Disziplin, Festschrift Ernst-Joachim Meusel, 1997, 217〔**Schmidt-Aßmann, FS Meusel, 1997**〕

Trute, Hans-Heinrich, Die Forschung zwischen grundrechtlicher Freiheit und staatlicher Institutionalisierung, 1994〔**Trute**〕

Trute, Hans-Heinrich, Innovationssteuerung im Wissenschaftsrecht, in : Hoffmann-Riem, Wolfgang/ Schneider, Jens-Peter (Hrsg.), Rechtswissenschaftliche Innovationsforschung–Grundlagen, Forschungsansätze, Gegenstandsbereiche, 1998, 226ff.

Trute, Hans-Heinrich, §88 Wissenschaft und Technik, in : Isensee, Josef/Kirchhof, Paul (Hrsg.), Handbuch des Staatsrechts Bd. 4, 3. Aufl., 2006〔**HdStR IV**〕

---

54) 株式会社形式の大学に補助金を交付することが可能なことについては、福井秀夫「憲法89条の意味と学校経営への株式会社参入に関する法的論点」自研78巻10号（2002）26頁以下［同『官の詭弁学—誰が規制を変えたくないのか—』（日本経済新聞社・2004）241頁以下所収］。

〔日本語〕

君塚正臣『憲法の私人間効力論』(悠々社・2008)
木村琢麿『ガバナンスの法理論』(勁草書房・2008)
シュミット-アスマン、E.(太田匡彦=大橋洋一=山本隆司[訳])『行政法理論の基礎と課題 秩序づけ理念としての行政法総論』(東京大学出版会・2006)〔**シュミット-アスマン・行政法理論**〕
清野惇『私立大学の管理・運営についての法学的研究(下)』(広島修道大学総合研究所・1993)
杉村敏正「国立大学に付置されない『国立大学の共同利用の研究所』の研究職員の身分保障」同『憲法と行政法―問われる行政の姿勢―』(勁草書房・1972) 60頁
永井憲一『基本法コンメンタール 教育関係法』(日本評論社・1992)
人見剛「西ドイツにおける行政行為の附款論」兼子仁[編著]『西ドイツの行政行為論』(成文堂・1987) 119頁
福井秀夫「憲法89条の意味と学校経営への株式会社参入に関する法的論点」自研78巻10号 (2002) 26頁[同『官の詭弁学―誰が規制を変えたくないのか―』(日本経済新聞社・2004) 241頁]
松田浩「『大学の自律』と『教授会の自治』」憲法理論研究会[編]『憲法と自治』(敬文堂・2003) 113頁
山本隆司「公私協働の法構造」碓井光明=水野忠恒=小早川光郎=中里実[編]『金子宏先生古稀祝賀 公法学の法と政策 下巻』(有斐閣・2000) 531頁〔**金子古稀(下)**〕
山本隆司「学問と法」城山英明=西川洋一[編]『法の再構築[Ⅲ] 科学技術の発展と法』(東京大学出版会・2007) 143頁〔**山本・学問と法**〕

第4章

研究者の不正行為とオンブズマン制度

第1節　研究者の不正行為とオンブズマン制度

第1項　研究者の不正行為に対処する制度の必要性

　アメリカ合衆国の科学技術政策局の指針（Policy）によれば、「研究に関する不正行為」とは、研究の計画・実行・成果公表などの諸側面における「ねつ造、偽造、盗用」であると定義されている。ねつ造は存在しないデータや結果を記録し報告すること、偽造はデータや結果を意図的に変更・除外すること、盗用は他人のアイディア・プロセス・結果及び表現について了承を得ずに使用することである。上記3類型は、頭文字をとってFFP（ねつ造：fabrication、偽造：falsification、盗用：plagiarism）と呼ばれている。ただし、FFPは最低限の基準であり、これ以外のすべての研究行動が許容されるわけではない。

　研究者の不正行為は、様々な個人や団体の利益に関わりをもつ。たとえば、不正行為を行った研究者が所属する研究機関、研究者の欺罔行為によって作成された申請に基づいて研究資金を提供した研究支援機関、不正行為を行った研究者が所属する学会などの専門団体、不正行為に基づいて公表された論文を掲載した出版社、不正行為の嫌疑を受けた研究者、不正行為の通報者、不正行為に荷担した研究者、不正行為によって作成されたデータに基づいて治療などを受ける患者・被験者、学界全体及び一般の人々

1）　Steneck（山崎［訳］）『ORI 研究倫理入門』（丸善・2005）19頁以下。
2）　Steneck・前掲注（1）21頁。

などが挙げられよう[3]。結果として、学問自体の信頼が損なわれることになる。

　もちろん研究者の不正行為に対しては、公務員法や労働法上の懲戒、刑事法上の刑罰及び民事法上の不法行為責任などが問われる可能性はある。しかし、研究者の不正行為で問題となる行為態様は必ずしも既存の法律が想定しておらず、また十分な証拠を得ることができない場合も多いといわれる[4]。学問に対する社会の信頼に応えるためには、法的な責任を問えないとしても、好ましくない研究活動について基準を設け、これを抑止していくことが必要であろう。この問題にもっとも早く対処したのが、アメリカ合衆国である。アメリカ合衆国では、1980年代初期に深刻なデータねつ造事件が続き、研究者の不正行為について社会的な関心が高まった[5]。現在、同国では、研究公正局（Office of Research Integrity：ORI）が研究者の不正行為について啓発・調査を担っている[6]。日本では日本学術会議の「研究と社会常置委員会」が、「科学における不正行為とその防止について」（2003年6月24日）と題する報告書の中で、調査のための独立性の高い第三者機関（学会、研究機関、国などに設置する倫理委員会）の設置とともに、その審査過程と結果の公開の制度化を提言している[7]。その実現に際しては、同種の問題に取り組んでいる国々の諸制度及び当該制度に関する法的議論を検討する必要があろう[8]。本稿では、主にドイツの制度を取り上げて検討することとした。

---

3) Schmidt-Aßmann, NVwZ 1998, 1226f.
4) Schmidt-Aßmann, NVwZ 1998, 1226；Stegemann-Boehl, WissR 1996, 139.
5) 山崎・科学者の不正行為35頁以下。
6) ORIが行う不正行為調査は、ORIからの要請に基づき該当する研究機関が中心になって行う「照会調査」（inquiry）と、ORIが全面的に協力して行う「本調査」（investigation）の2つのステップからなる。本調査は各研究機関が実行し、ORIは本調査の報告書を審査する。山崎・科学者の不正行為15頁以下。
7) 山崎・科学者の不正行為138頁以下では、学術機関における不正行為調査の手順や方法の定式化、オンブズオフィスの設置などが提言されている。
8) ドイツを含む他の国々の対応については、山崎・科学者の不正行為79頁以下参照。

第2項　不正行為の定義

ドイツでは、連邦政府が研究者の不正行為に関して統制することはなく、大学については大学学長会議（Hochschulrektorenkonferenz：HRK）が研究者の不正行為に関するマスター規定を設けている。HRKのマスター規定（1998年7月）によれば、重大な不正行為のカテゴリーとして、a)論文や研究資金の申請書での虚偽記載、b)無体財産権の侵害、c)根拠のない著者または共著者の記載、d)研究活動の妨害、e)主要データの除外が挙げられている。また、不正行為の共同責任が発生する場合として、不正行為への積極的な参加・共謀、偽造された公表物への共著者としての参加、監督義務の重大な不履行が挙げられている。ただし、以上に該当しないが、専門領域ごとの科学者共同体において不正行為と評価されるべき態様はありうる。

第2節　オンブズマン制度設置の経緯

ドイツの科学界では、長い間、研究者の不正行為はアメリカ合衆国に固有の現象であると信じられていたという[9]。しかし、1997年に公となったヘルマン・ブラッハ事件（医学研究者によるデータ偽造）[10]や、次に紹介する1996年12月11日連邦行政裁判所判決[11]は、学界や市民に研究者の不正行為を強く認識させるきっかけとなった。

【1996年12月11日連邦行政裁判所判決】
〔事実〕
　原告X（大学の物理学教授）は、主に悪性皮膚腫瘍の判定のための研究に取り組んでいた。Xの指導の下で、皮膚の変化を帯びている患者について、

---

9) 山崎・科学者の不正行為98頁。
10) 山崎・科学者の不正行為88頁以下。
11) BVerwGE 102, 304.

蛍光分光分析の方法で、シミの内部、周辺部及び健康な皮膚の部分が調査された。1988年以来、Xは他の著者とともに研究の結果を公表し、黒色腫をもった患者に関して特定の皮膚の部分において蛍光の著しい上昇がみられたと報告した。共同研究者Aは、教授の所属する学部の学部長に対して、Aの実験の測定結果と教授の公表物にみられるデータとが一致していないことを報告した。Xは公表物を訂正するつもりがないことをすでに表明していたため、学部長はXを除いた6名の学部教授により構成される臨時委員会を設置した。委員会は7回に及び、最初の3回にはXも参加した。Xによって提出されたデータ資料に関して合意が得られなかったため、委員会は第5回目の会議において、X不在の下、全員一致でXの診断方法に対する非難を含む声明を議決した。多数の教授に送付された文書にはXに対する様々な要求が記され、それは機密扱いとされた。さらに、臨時委員会の議決は当事者に対する法的請求権を含まないこと、委員会の要請が「当事者の学問的良心へのアピール」である旨が確認された。これに対してXは、①委員会の議決が違法であることの確認、②委員会が行った確認及び要請の維持・配布を被告大学に禁じること、③判決主文の外部への周知措置を被告に義務づけることを求めて訴訟を提起したところ、行政裁判所はその訴えを認容した。高等行政裁判所及び連邦行政裁判所も、Xを勝訴させた。

〔判旨〕
「委員会は、確認及び議決によって研究の自由の基本権を侵害した。……国は、自由な学術事業が機能しうる制度に配慮しなければならず、適切な組織の整備によって、自由な学問活動の個人的基本権が学術施設の正当な任務及び様々な当事者の基本権の考慮の下で可能な限り侵害されないようにしなければならない。しかし、国による外的コントロールの放棄及び学問に認められるアウトノミーは、大学教師による研究の自由の濫用の可能性または憲法上保護された他者の法益を危険にさらし、もしくは毀損している可能性について具体的な根拠がある場合、大学の管轄機関に必要な権限を付与すること、当該案件を調査すること、場合によっては当該事案がもたらす結果の審査のための委員会を設置することを要請する。そうでなくては、研究を営む者のために制限なき法的自由領域が創設されるだろう。それは法治国の原理と一致しないであろうし、さらに、決して無制限な学問の自由を保障するわけで

はない基本法5条3項の本質に適合しないであろう。また、憲法上保障される他者の権利も保護されないことになろう。……研究者に対して具体的な根拠に基づいて重大な非難がなされる場合、たとえば、研究者が無責任に学問の基本原理に抵触し、研究の自由を濫用する限りで、またはその作業に学問の性質が否定される限りでのみ、学部または学部によって設置された委員会は対象を限定して活動してよいだろう。しかし、研究成果の学問的性質ないし当該成果に及ぶ学問の自由の保護は、その成果が一面的であり欠陥があるなどの理由や、……対立する見解を不十分にしか考慮していないという理由から否定されてはならない。研究成果は、……特定の学派の定義に従って学問の要請を満たしていないというだけでは学問性を否定できないのであって、……真理の探求のための真摯な試みとしての内容及び形式が伴わない場合に初めて学問の領域から離れることになる。これは、特に関係大学教師の活動が真理の認知に向けられておらず、偏見にとらわれた見解または結果に単に学問的な獲得・証明の概観を与えるにすぎない場合に当てはまる。……研究者が学問の自由の限界を明白に超え、その営みが審理の探求のための真摯な試みとして判断されえず、したがって、基本法5条3項1文の保護を享受しないことが明らかとなった場合に、この委員会は事実の確認を行い、関係研究者の活動に対する批判を行うことができる。大学の学問的な名声の保護という利益もまた、委員会のこの行動を正当化しない。確かに、大学の名声は研究者の活動によって決定的に影響を受ける。しかしながら、大学またはその施設の学問的名声は決して基本法5条3項1文の基本権への介入を正当化し、不確かな証明に基づいて当該措置を正当化できる憲法上の保護利益ではない。」[12]

連邦行政裁判所の見解によれば、不正行為の存在は研究者がその研究の自由を濫用しまたは研究の自由の限界を超えた場合に認められる。たとえば、研究者が他者の権利を侵害しまたはその他の憲法上のレベルを備えた法的価値を損なった場合などである。[13] しかし、連邦行政裁判所の不正行為

---

[12] さらに傍論ではあるが、学問の自己コントロール手続における活動は関係者保護を考慮して機密性が確保しうるように規律されるべきであり、これに際し、正式の懲戒手続が参照されるべきであると説示する。BVerwGE 102, 304, 315.

の定義によれば、学問の自由の保護領域に含まれない行為のみが研究者の不正行為としてみなされることになり、学問の自由の保護領域に含まれるが真摯な研究とはいえない活動が、研究者の不正行為から除かれてしまうことになる[14]。また、連邦行政裁判所の判断は、嫌疑を受けた研究者の法的地位と大学の法的地位の関係を極端に不均衡にしてしまうとの懸念もある[15]。シュミット-アスマンは、基本法5条3項を、個人的な防御権の規定としてのみならず「組織基本権」ととらえた上で、確かに研究者の業績は個人の創造性に由来するので、組織的要素と個人的要素を完全に等価値とみなすことはできないとしても、しかし、「緩和された不均衡モデル」によって大学により強い地位が認められるべきであると主張する[16]。

　研究者の不正行為の存否の判断については、グレーゾーンが広く存在する。たとえば、実験に際して生じうる非典型的な条件の影響であるとの理由から唯一の不規則データを公表しないことや、本質的な貢献をした共同研究者が自己の将来を考えてその著者としての権利を放棄し、教授の名で論文を公表することなどは、明らかな不正行為と不作法な行為との中間にある[17]。このようなグレーゾーンをカバーするシステムとして、オンブズマン制度が効果を発揮するといわれている。

　研究者の不正行為に関するオンブズマン制度の設置に指導的役割を果たしたのは、ドイツ研究協会（Deutsche Forschungsgemeinschaft：DFG）である。DFGは、大学やその他の研究機関に対して選抜手続を通して研究資金を配分することを主要な任務とする登記社団であり、私法上の社団ではあるが、その任務は公的任務としてとらえられ、国家と社会の中介的な団

---

13) 危険な研究の報告義務を定めたヘッセン大学法について、1978年3月1日連邦憲法裁判所決定は、当該制度が人間の生命、健康及び平和的共同生活の保護といった高次の法益を保護するものであるとして正当化している。BVerfGE 47, 367；保木本一郎『遺伝子操作と法』（日本評論社・1994）276-281頁参照。
14) Muckel, FS Krüger, 2001, 285.
15) Schmidt-Aßmann, NVwZ 1998, 1233.
16) Schmidt-Aßmann, NVwZ 1998, 1233.
17) Schmidt-Aßmann, NVwZ 1998, 1226.

体として把握されている(仲介型組織)。DFG は1997年に「学問における自主コントロール委員会」を設置し、同委員会は1998年に「良き科学研究の実践の確保」と題する勧告を公表した。その内容は、次のとおりである。

　良き科学研究の実践のルールは、とりわけ、学問的作業の一般原則（たとえば、規則どおりの作業、結果の記録、すべての結果を自ら徹底的に疑うこと、パートナー・競争者・先任の貢献を考慮して厳格な誠実さを維持すること）、作業グループにおける共同・管理、学術後継者の世話、第1次データの安全確保及び保管、学術的公表に関する原則を含むべきである（勧告1）。大学及び大学外の研究機関は、学術的な成員の参加の下で良き科学研究の実践のルールを定式化すべきであり、大学及び大学外の研究機関は、すべての成員に周知し、その遵守を義務づけるべきである（同2）。すべての大学及び研究機関の管理機関は、個々の学術作業単位の規模に応じて管理、監督、紛争規制及び質の確保の任務が明確に割り当てられ、それらが実施されることを保障する適切な組織について責任を担う（同3）。学術後継者の教育及び支援は、特に注目しなければならない。大学及び研究施設は、その指導のための原則を発展させるべきであり、個々の学術作業単位の管理機関にその原則の遵守を義務づけるべきである（同4）。大学及び研究施設は、研究者の不正行為が推定される問題に関して、成員が信頼できる独立した人物・相談者を配備すべきである（同5）。大学及び研究施設は、試験、学術的学位の付与、採用及び招聘に際して、独自性及び質を量に対して常に優先させるべきであり、これは研究における資金配分にも妥当する（勧告6）。公表のための基礎としての第1次的データは、データが作成された機関において、維持可能で安全な担い手により10年間保管されるべきである（同7）。大学及び研究施設は、研究者の不正行為の申立てに対処するための手続を定めるべきである。これは、正当な機関によって決定されなければならず、懲戒権を含む関係法規定を考慮して、次の事柄を含むべきである。すなわち、良き科学研究の実践とは区別される学問の不正行為として妥当する要件の定義、たとえば、デ

---

18) 第1部第3章第1節参照。
19) Deutsche Forschungsgemeinschaft, Sicherung guter wissenschaftlicher Praxis Denkschrift, 1998, 5ff.；要約は、NJW 1998, 1764を参照。

ータのねつ造、偽造、盗用、鑑定者または上司が信頼を裏切る行為、事実を確定するための管轄、手続（立証規律を含む）及び調査の期間、当事者もしくは関係者の聴聞、機密保持及び非党派性に関するルール、証明された不正行為の重大性の程度に応じた制裁、制裁の確定のための管轄である（同8）。設立主体から独立した大学外の研究機関については、特に学術的不正行為の非難への対処のための手続のために共同の取り組みが推奨される（同9）。学術的専門団体は、それぞれの領域における良き科学研究の実践のための基準を作成すべきであり、成員にそれを義務づけ、公に周知すべきである（同10）。学術的公表物の著者は、その内容について常に共同で責任を担うのであって、いわゆる「名誉著者」はあってはならない（同11）。学術雑誌は、その著者指針において提出された原稿の独自性及び著者であるための基準を考慮して、学術雑誌が最も良き国際的慣例に則っていること周知すべきである（同12）。研究支援機関は、申請の正確さのための明確な基準を定式化すべきであり、かつ不正な申請の結果に注意を促すべきである（同13）。DFGの支援資金は、大学または研究施設が1から8の勧告の意義及び目的に重大な程度で抵触している場合、拒否されなければならない（同14）。支援機関は、その名誉職的専門鑑定者に対して、委託資料の秘密保持及び党派性に関する申告を義務づけるべきである。支援機関は、専門鑑定者に対して適用を期待する判断基準を詳述すべきである。十分考慮せずに適用された学術的業績の量的指標は、支援決定の基礎とすべきでない（同15）。DFGは、たとえばオンブズマンまたは少人数の委員会の形態で、独立した機関を設置し、良き科学研究の実践の問題及び学術的不誠実によるその毀損に関する助言及び支援のために、それをすべての研究者に利用させ、そして、毎年その内容を公開して、すべての研究者に報告するために必要な作業手段を整えるべきである（同16）。

第3節　不正行為に対処するための組織と手続

第1項　DFGオンブズマン

上記勧告をふまえて、DFGは、自らオンブズマンを設置し、1999年か

ら活動している。これは、研究者の不正行為を扱う特殊（部門）オンブズマンの一種ということができる。オンブズマンの機能として、苦情処理及び行政救済が挙げられるが[20]、裁判外紛争処理（ADR）の一形態としてとらえることもできる。

　DFGO の組織・手続は、概ね次のとおりである。

　DFG の評議会は、3 名の研究者を、3 年間の任期で DFG オンブズマン（以下「DFGO」という）として任命する[21]。DFGO は、不正行為が DFG に関連するか否かにかかわらず、すべての研究者に利用され、中立的な相談相手となる。その任務を遂行するために申立てを審査・評価するが、不正行為の事実確認を行う調査機関として活動するわけではなく、不正行為の嫌疑に理由がある場合、DFG と関連する事項であれば DFG の不正行為に関する委員会に移送する。また、DFGO 自らが支援する研究と関連がない不正行為についても、嫌疑に理由があれば、他の研究機関に対して正式調査の実施を提案することができる。手続の原則は、当事者のための秘密保持、公正及び透明性である。学問に関する不正行為が根拠づけられまたは推定される事実に関する情報は、すべての DFGO が原則として共有することになるが、通報者は DFGO 間での情報の共有を拒否することもできる。

　DFGO の審理は非公開である。文書閲覧は、信頼保護を理由に原則として認められないが、すべての当事者が文書閲覧に同意する場合は別である。DFGO は、通常、通報された事項を審査・判断するために、嫌疑の対象となった者（被申立人）に対して通報内容を伝え、その意見を聴取する。また、自らの意見形成に必要と思われる限りで、他者に意見を求めることもある。

　DFGO は、通報者が同意した場合に限り、被申立人に連絡し、意見の

---

20) 園部逸夫＝枝根茂『オンブズマン法〔新版〕』（弘文堂・1997）13-26頁、大橋・Ⅰ 183頁。
21) 以下の説明は、DFG オンブズマン手続原則に依拠している。DFG オンブズマン手続原則（2001年10月）については、http://www.rrz.uni-hamburg.de/dfg-ombud/を参照。

聴取手続を行う（これまで通報者が同意しなかった例はないという）。その後、DFGOは、中立的な場所での当事者との面談において、不正行為の除去、良き科学研究の実践の将来的な保障に関する合意形成を試み、重大な不正行為の疑いがある場合には管轄施設に対して調査委員会による調査を依頼する。

DFGOは、当事者に対して解決方法を提案することができ、事案をDFGの調査委員会に移送する場合、または他の研究機関の調査委員会に手続の開始を提案する場合には、その旨を当事者に伝える。また、すべての当事者の利益を考慮した上で、特に当事者の保護あるいは復権のために意見を公にすることができる。

3名のDFGOの活動及び議論を支えるのは、職員（1名）及び助手（複数）である。DFGOは、透明性を確保するために、マスコミを積極的に利用することが望ましいと考えている。もっとも、マスコミはスキャンダリズムにとらわれているとして反対する意見もあるという。

DFGOは、毎年、DFGの評議会及び公衆に対して活動内容を報告する。報告書では、匿名で報告期間中に取り組んだ事案が説明され、年度報告書は、学問の実践に関する見解及び勧告とともにインターネットサイトにおいて公表される。

すべての当事者は守秘義務を負う。特に事案に関する当事者の意見・提案、DFGO・協力者の意見・提案、DFGOの提案を受け入れることに同意したという事実または同意しなかったという事実を、後の手続で証拠として採用しないことが義務づけられる。

第2項　結果報告書

(1)　事案の類型及び具体例

DFGOの2期6年間の活動を総括した結果報告書によれば、取り扱っ[22]

22）　以下の説明はすべて „Ombudsmann der DFG, Zum Umgang mit wissenschaftlichem Fehlverhalten Abschlussbericht Ergebnisse der ersten sechs Jahre Ombudsarbeit Mai

た事案は、㋐著作者資格（Autorschaft）の存否・優先順位をめぐる争い、㋑盗用、㋒データ操作・歪曲、㋓研究の妨害、㋔鑑定・研究支援手続に関する苦情、㋕正当な理由のない非難からの保護に分類されている。研究分野ごとに申立て件数の多い順に挙げると、3分の1弱を医学分野（162件のうち52件）が占め、次が自然科学（37件。具体的には、生物学、化学、物理学、数学分野）である。経済学、社会学、工学の分野からの申立てもあり、研究者の不正行為の現れない学問領域はないようである。最も多い類型は、研究対象及びデータの取扱いに関する申立て（162件のうち35件）であり、これに著作者資格（30件。盗用に関わる事案18件を含む）、研究の妨害（27件）が続く。

　各年度報告書に掲載されている具体例をいくつか紹介しよう。まず、研究対象及びデータの取扱いに関する具体例として、データ偽造に関する事案のほかに、研究グループの分裂後に生じた研究結果の利用のあり方をめぐって争われた事案、大学医学部の研究グループが医学部の管理者によってデータの使用、公表及び結果の使用について不利益な合意を結ばされた事案、研究グループ間で協力関係があるにもかかわらず、一方が他方に不当に資料を渡さなかった事案、医学研究者が職務期間中に分析し、公表したデータが退職の後に後継者に引き渡されるべきか否か、その使用に前任者の同意を必要とするかが争われた事案[23]などがある。著作者資格の存否・順位及び盗用に関するものとしては、動物実験の実施に関わったが、分析を行わなかったポストドクター（博士研究員）の著作者としての資格が争われた事案、博士号候補者がその論文出版前にデータの収集及び公表物の作成に参加しない者から共著者の資格を要求された事案、ある研究機関でポストドクターによって作成されたデータが、その者が当該研究機関での

1999-Mai 2005"、及び第1回年度報告書（1999/2000）から第5回年度報告書（2004）に依拠している。いずれの資料も、http://www.rrz.uni-hamburg.de/dfg_ombud/で公開されている。

23）　なおオンブズマンの見解によれば、医学研究において得られたデータ・知見は、退職によって後継者に引き渡されるべきであるという。

活動をやめた後にその名前を挙げずに公表された事案、共同研究者が本質的な貢献があったにもかかわらず著作者に加えられなかった事案、共著者の名前を挙げる順番が問題とされた事案、私講師（Privatdozent）が教授の盗作を訴えた事案、あるプロジェクト研究員の研究構想に基づいて作成された研究申請に、当該研究員の名前が挙げられずに申請された事案などがある。研究の妨害に関するものとしては、教授資格取得手続または博士号取得手続の指導教授による妨害（出版の禁止、博士論文への助言に対する対価としての共著論文の執筆強制など）、博士号候補者が自ら収集したデータの使用を指導教授に拒否したところ博士論文の評価手続の実施が拒否された事案などがある。

また、研究者の不正行為が問題とならないため、DFGOの活動の対象とされなかった事例は29件である。たとえば特定の人物の重用など、コミュニケーション不足に伴う紛争などである。報告書は、こうした事案がDFGOの活動対象ではないとしつつも、良き科学研究の実践の確保にとって過小評価することはできないとしている。

(2) 通報者の保護の欠如

通報者を孤独な状況から救い出すこともオンブズマン制度導入の理由であったとされるが、制度の導入後も、通報者が重大な学術的かつ職業的な不利益が生じるケースがある。たとえば、嫌疑を受けた者が組織の保護を受ける一方で、通報者についてはその不当な個人的動機が推定されてしまう傾向があるという。また、非難が正しい場合であっても、組織からの圧力によってキャリアが無に帰してしまうという事態もあるといわれている。DFGOは、オンブズマン制度を研究の質の確保手段として理解すべきであり、通報者の個人的な動機を推定すべきではない、との意見を公にしている。そして、通報者制度へのより積極的な取り組み（契約の終了する共同研究者への援助）や、通報者保護のより確かな方法の確立（匿名での通報など）[24]を提言するとともに、通報者に対する圧力は許されないという了解を組織内部で形成することが肝要であると述べている。

(3) 研究者の不正行為の解明に関する組織の抵抗

研究機関の統括機関が組織の利害を考慮して不正行為の解明を怠ることは、あってはならないであろう。手続を長引かせたり、もみ消したりすることは、むしろ、不正行為について明確に対処し公衆に知らしめる場合より、当該機関にとってマイナスとなるはずである。しかし、実際には、研究機関を統括する機関が調査結果の終了前にその結論を示唆し、通報者の氏名を開示するよう圧力をかけ、あるいは学位剥奪の手続に介入する場合があるという。

(4) 不十分な制裁

DFGプロジェクトに関連しない不正行為についても、DFGOに申し立てることはできるが、この場合、DFGOは、重大な嫌疑があっても当該機関に対して調査を提案することしかできない。結果として、重大な不正行為に関して制裁が行われなければ、良き科学研究の実践の回復はままならないことになる。過去に、明確な不正行為事例に関して制裁が行われない場合や、不当に軽い制裁しか課されない場合があったという。制裁が加えられない原因として、既存の制裁を用意した法秩序と不正行為の解明手続との関係が不明確であることが指摘されている。DFGOは、研究者の不正行為に関する制裁制度の形成を提言している。

(5) オンブズマン手続の透明性の欠如

DFGOはインターネットの活用で透明性を確保しているが、大学などの研究機関のオンブズマン手続及び調査手続については、必ずしも報告書が作成されておらず、十分な透明性が確保されていない状況にあるという。

---

24) 通報者の著作者資格や博士号取得論文の指導の問題について、匿名性は維持できない。しかし、データ偽造などの場合、少なくとも正式調査に移行するまでは匿名性を保持できる。

第3項　HRKマスター規定におけるオンブズマン及び調査委員会

(1) HRKマスター規定

　HRKマスター規定でも、オンブズマンと調査委員会という2段階の手続が予定されている[25]。以下では、その組織・手続を紹介しよう。

　同規定によれば、オンブズマンは職務上の監督者（学部長など）以外の者が務めるのがふさわしいとされ、DFGOにその役割を委託することも選択肢として挙げられている。また、オンブズマンに党派性が認められる場合を想定して、複数の代理を設けることとされている。オンブズマンとは別に、不正行為の非難の調査のために常設の調査委員会が設置される。調査委員会は、オンブズマンまたは委員会の構成員の要請によって活動を開始する。調査委員会の手続は、大学の秩序維持手続、官吏法・労働法上の懲戒手続及び刑事手続に代わるものではなく、これら手続はそれぞれの管轄機関によって遂行される。調査委員会は3名または5名の自己の大学に所属する適格な教授で構成される場合、3名の教授及び裁判官の資格や裁判外の仲裁の経験を有する2名の外部成員から構成される場合がある。任期は3年で、1回に限り再任が可能である。調査委員会は成員から1名の議長を選び、議事については成員の過半数投票で決する。オンブズマン及びその代理は、投票権を有するゲストとして調査委員会に所属する。

　手続には予備審査と正式調査がある。予備審査は、不正行為にかかる具体的な嫌疑について、遅滞なくオンブズマンや上記委員会の成員に通報されることにより開始される。情報提供は、書面または口頭で行うことができる。口頭での情報提供に際しては、嫌疑内容及び証拠について書面での覚書が作成される。オンブズマンは、申立てがあった場合、通報者及び被通報者の保護のため秘密を保持して調査委員会に移送する。不正行為の嫌疑を受けた被通報者に対しては、調査委員会により、被通報者にとって不

---

[25]　いわゆる「施設型オンブズマン」に該当する。大橋・Ⅰ 182頁以下。

利な事実及び証拠物件について告知された上で、遅滞なく意見聴取の機会が与えられる。意見聴取のための期間は2週間である。この段階で、通報者の氏名が本人の同意なく開示されることはない。被通報者の意見聴取の開始後または意見聴取期間（2週間）を経過してから2週間以内に、調査委員会は予備審査手続の終了の可否を決定する。通報者が予備審査手続の終了に同意しない場合、通報者は調査委員会の決定を再考するよう要請することができる。

正式調査の手続開始は、調査委員会の議長から大学統括機関に伝えられる。調査委員会は自己の裁量によって、問題とされる学問領域に関わる専門家に、助言投票権を有する成員として参加を求めることができる。調査委員会は非公開で審議される。被通報者には、適切な方法で意見聴取の機会が提供され、希望に応じて、口頭での聴聞の機会が提供されなければならない。その際、被通報者は信頼する人物を補佐人とすることができる。なお、正式調査の段階になると、通報者の信頼性及び動機に関する審査なくして関係者が適切に防御できない場合、被通報者は通報者の氏名の開示を求めることができる。

委員会が不正行為の証明を断念する場合、手続は停止される。不正行為が証明されると考える場合、調査委員会は決定の提案を付して調査結果を大学統括機関に提出する。いずれにせよ決定内容は、理由とともに関係者及び通報者に遅滞なく書面で伝達されることになっている。調査委員会の決定に対する不服申立ては認められていない。オンブズマンは、正式調査手続の終了に際して、いわれなく学問に関する不正行為に巻き込まれた者、特に学術的後継者や学生に対して助言を行うこととされている。

学問に関する不正行為が確認された場合、大学統括機関は大学の学問に関する基準の維持及び間接・直接に関係するすべての者の権利の擁護のために継続措置の必要性を審査する。不正行為の処罰は、個別事案の事情に応じて行われる。学部水準では、たとえば学位の取消し、または教授権限の取消しが検討される。学部は、大学統括機関と共同で、他の研究者（共同研究者）、学術施設、学術雑誌及び出版社、支援施設及び学術組織、職

能代表組合、政府及び公衆に報告されるべきかどうか、あるいはどの程度報告されるべきかについて検討する。それぞれの管轄機関は、事案に応じて、各種法令上の制裁措置をとるための手続を開始する。[26]

(2) フライブルク大学の場合

HRK が策定したマスター規定を受けて、フライブルク大学は、次のような制度を形成している[27]。

フライブルク大学のオンブズマン（Vertrauensperson）は、学部長の提案に基づいて評議会によって任命される。任期は 3 年で、1 回に限り再任が可能である。オンブズマンは、不正行為に関する嫌疑の存否または嫌疑の強さを審査し、嫌疑が肯定される場合、予備審査を管轄する関係学部の学部長に報告する。もちろん、秘密は保持されなければならないとされている。

具体的な嫌疑がある場合、学部長は、オンブズマンに連絡せずとも予備審査の手続を開始することができる。予備審査を開始した場合には、担当副学長に報告しなければならない（学部長自らが関係者の場合には、当該副学長が予備審査を実施する）。嫌疑を受けた者には聴聞の機会が与えられる。この段階では、通報者の氏名は同意なくして開示されない。被通報者ら関係者の意見聴取の後、2 週間以内に、嫌疑不十分などの理由によって終了するか、または正式調査に移行するかが決定される。

正式調査は調査委員会によって遂行される。委員は、学長の提案に基づき評議会によって、3 年の任期で任命される。委員会は、裁判官職の資格を有する議長を含む 5 名からなり、そのうち少なくとも 2 名はフライブルク大学以外から任命される。成員は 1 回に限り再任が可能である。また、

---

[26] 労働法・官吏法上の懲戒・解雇等、民事法上の立入禁止、著作権、人格権、特許権及び競争法に基づく不作為請求、研究資金の返還請求、損害賠償請求等、刑事法上の著作権侵害、文書偽造（技術記録文書の偽造を含む）、器物損壊（データの変更を含む）、財産罪（詐欺及び背任を含む）、生命及び身体に対する罪等が考慮される。

[27] Löwer, WissR 2000, 236ff.

2名まで助言的な成員として加えることができる。委員会の手続は非公開の口頭審理で行われる。関係研究機関には意見表明の機会が付与され、関係者は申立てによって口頭で聴聞の機会を得ることができ、その信頼する人物を保佐人として招くこともできる。関係者が適切に防御するために必要な場合（たとえば、通報者の信頼性及び動機が不正行為の解明の観点から重要な意義をもつという理由から）、この段階で通報者の氏名が開示されうる。調査委員会は、多数決により嫌疑の証明が可能と決する場合、その手続を停止し、調査結果を学長に報告する。決定の重要な理由は、関係者及び通報者に書面で通知される。調査委員会の決定に対する内部の異議申立手続は用意されていない。

フライブルク大学の場合、HRKマスター規定とは異なり、オンブズマンが調査委員会において助言を行うことになっていない。HRKマスター規定によれば、調査委員会はオンブズマンから直接に重要な情報を入手できることなるが、この場合、オンブズマンの見解に大きな影響を受けるとの指摘もある。[28]

第4節　ドイツの制度に対する評価

第1項　制度形成の法的基準と課題

(1) オンブズマン手続及び調査手続の目的

オンブズマン制度は、不正行為を予防するための自主コントロールを目的としている。それは、関係者に対する助言、不正行為に関する意見表明・勧告などを行う機関であって、決して事実を確定する機関でも、制裁機関でもない。事実の確定及び制裁の役割は、正式調査を担う委員会の任務となる。オンブズマンは、明らかに不正行為の通報に理由がない場合を除外するフィルター機能を果たしており、問題の迅速な解決に役立ってい

---

28) Laubinger, FS Krause, 2006, 388.

る。また、オンブズマン手続の終了後には、刑法、民法及び官吏・労働法上の手続がとられる場合があることから、オンブズマン手続は、実際には刑事法上、民事法上及び官吏・労働法上の責任を問うための手続の前段階として位置づけることもできる[29]。

(2) 判断基準

オンブズマン手続は、法的規範と非法的規範の両者を基準としている。不正行為は、研究者が第三者の権利や他の憲法上の利益を損なうなど、憲法上の学問の自由を濫用する場合やその限界を超える場合に限られず、これを逸脱した場合には非難の対象となる社会的な規範が適用される[30]。オンブズマン手続及び正式調査手続は法的・社会的基準からの逸脱を調査し、それによって基準を明確化する役割を果たしているのであり、DFGやHRKが明示した不正行為の例示だけでは基準として十分ではない[31]。

上述のとおり、研究者の不正行為の典型例とされる行為であっても、たとえば、制裁の法定要件に適合するか否かの判断に際してグレーゾーンが生じ、立証することも困難であるといわれている[32]。このため、ハードな制裁を目的とした既存の手続は、研究者の不正行為に対処する手続として必ずしもふさわしくない[33]。一方、オンブズマン手続は、各研究共同体が研究者の不正行為に関する具体的基準を形成することを支援するシステムとして有用性が認められている[34]。しかし、法的な責任を問うほどではないが不正行為の嫌疑があるとして、オンブズマン手続及び調査手続が開始されると、それによって公衆の目にさらされ、それ自体が制裁として機能することにも留意する必要があろう[35]。

---

29) Schulze-Fielitz, WissR 2004, 101.
30) 社会的な規範を逸脱した研究活動であっても、基本法5条3項の学問の自由の保護領域に入ると解されている。トゥルーテ・113-115頁。
31) Schulze-Fielitz, WissR 2004, 110 ; Grunwald, FS Krüger, 2001, 133f.
32) Schmidt-Aßmann, NVwZ 1998, 1228f.
33) Schmidt-Aßmann, NVwZ 1998, 1226.
34) Schmidt-Aßmann, NVwZ 1998, 1226.

(3) 手 続

　オンブズマン手続及び調査手続には、公正の原則が妥当する[36]。この手続原則は法治国の要請であり、公法上の団体か私法上の団体かといった法制度の種類、不正の程度、非難可能性の程度及び手続の法的目的にかかわらず妥当する[37]。法治国的観点からは、主に職権探知、聴聞、独立性、機密性確保、関係者への通知、手続結果の公表及び調査機関相互間の管轄区分が重要な問題となる[38]。

① 職権探知

　オンブズマンは、通報者の情報提供を受けて活動を開始する。しかし、通報者の立場に配慮するならば、その協力にのみ依存することはできないし、また、厳しい研究競争下で通報者の非難が必ずしも信頼できるとは限らないといわれている。したがって、オンブズマンは、通報者の情報提供を契機として、自ら独自の調査を開始することができなければならない[39]。もっともオンブズマンや調査委員会の手続に関して、証人尋問や専門鑑定手続に関する規定が用意されているわけではなく、それらの手続の利用は、当事者等が自由意思で協力する限りで実施できるにとどまる。協力が得られない場合、結果として嫌疑が弱まらないまま正式調査への移送を断念することもあるという[40]。

② 聴 聞

　オンブズマンの調査手続にも、法治国的行政手続の基本的要請が妥当し、

---

35) 研究者の評判に関わる本手続は、そのキャリアを終了させる可能性をはらむと指摘されている。Deutsch, ZRP 2003, 162.
36) Schmidt-Aßmann, NVwZ 1998, 1234.
37) Schmidt-Aßmann, NVwZ 1998, 1234.
38) Schulze-Fielitz, WissR 2004, 111f.
39) Schulze-Fielitz, WissR 2004, 112f.；Muckel, FS Krüger, 2001, 279f.；オンブズマンの調査手続で収集された一定の情報は後続する調査委員会で利用されうるが、調査委員会が改めて情報を収集することもできる。
40) トゥルーテ・116頁。ただし、大学のオンブズマンや調査委員会が大学の構成員に対して手続を進める限りで、官吏法上または労働法上、誠実に証言する義務や専門鑑定に応ずる義務等が及ぶとする見解もある。Laubinger, FS Krause, 2006, 398.

嫌疑を受けた研究者に対して争いのある事実に関して、意見表明の機会が付与されなければならないと説かれている[41]。ただし、聴聞は、不正行為の嫌疑を受けた者に特に負担となるため、迅速な実施が求められよう[42]。

③ 中立性・独立性

オンブズマン制度の機能性及び信頼性を確保するためには、オンブズマン及び調査委員会が自らの判断で決定することができなければならない[43]。中立性を確保する仕組みとしては、オンブズマン及び調査委員会の成員と学部長（もしくは合議制学長部の成員）の併任禁止や非党派性に関する規制などが考えられる[44]。また、オンブズマン及び調査委員会の成員には法的素養が必要であると指摘されている[45]。

④ 秘密の保持

不正行為の調査のための制度の機能は、通報者の協力によって高められ、通報者の協力は、その人物及び情報の秘密の保持によって促される。他方で、情報提供は、結果的に非難すべき事実が認められない場合であっても、重大な結果をもたらす。そのため、情報はできる限り流通範囲を限定させる必要がある[46]。しかし、HRK のマスター規定によれば、正式調査手続において通報者の信頼性及び動機に関する審査を必要とする場合、関係者は通報者の氏名の開示を求めることができるとされている。また、訴訟が提起された場合、オンブズマンの証言拒否権を定めた法令の規定はないため、秘密の保持は必ずしも貫徹されない[47]。

---

41) Schulze-Fielitz, WissR 2004, 114.
42) Schulze-Fielitz, WissR 2004, 114；ただし、オンブズマンが単に助言活動をするにとどまる場合には、当事者に不利益は生じないため、法的聴聞の要請ははたらかない。Schulz, Whistleblowing in der Wissenscahft, 326f.
43) Schulze-Fielitz, WissR 2004, 114.
44) Schulze-Fielitz, WissR 2004, 114；Schmidt-Aßmann, NVwZ 1998, 1234.
45) Schulze-Fielitz, WissR 2004, 115；調査委員会の議長に裁判官の資格（司法試験第2次試験合格）を求めることによって、専門性及び中立性を確保すべきであるとの指摘がある。
46) Schulze-Fielitz, WissR 2004, 115f；嫌疑が十分でなかった場合には、研究機関の長が、通報者及び被通報者の両者に不利益が及ばないように配慮する必要が指摘されている。Schulz, Whistleblowing in der Wissenschaft, 330.

⑤ 関係者への手続の結果の通知及び公表

調査委員会の決定による手続の終了は、関係者に理由を提示して通知されなければならない[48]。また、予防的観点から紛争及び良き科学研究の実践の限界を明確にするために、手続結果の公表の必要性が認識されている。しかしドイツでは、通常、オンブズマン手続の結果は公開されないという[49]。これに対して、正式調査委員会の結果は公開されるが、原則として匿名化されている[50]。

⑥ 管轄の問題

DFGO は、研究資金を配分していない研究事業であっても、研究者の不正行為の嫌疑のある研究機関に対して助言または調査実施の勧告を行う。この点については、DFG が資金を配分している事業についてのみ、DFGO の権限が及ぶとの見解もあるが[51]、シュルツェ-フィーリッツは、DFG の資金配分とは関わりのない事案であっても、学術振興という一般的な任務から DFGO の関与が正当化されうると述べている[52]。

また、複数の大学や大学外の研究機関で実施される研究に関して不正行為が問題となる場合、DFGO 及び各機関のオンブズマンや調査委員会の管轄との調整が必要となる。DFG と大学・研究機関との間で見解が分かれた場合、距離の欠如及びそれに伴う自浄能力への懸念はあるものの、最終的には大学・研究機関の委員会が決定を下すことになる[53]。

(4) 制　裁

オンブズマンの活動はハードな制裁システムが反応しない領域にも及び、

---

47) Schulze-Fielitz, WissR 2004, 116f.；刑事訴訟の場合、ジャーナリストや医師などの証言拒否権を定めた刑事訴訟法53条1項がある。
48) Schulze-Fielitz, WissR 2004, 117f.
49) トゥルーテ・118頁以下。
50) Schulze-Fielitz, WissR 2004, 117f.；研究者の責任を重視し、顕名での公表の必要性も説かれている。トゥルーテ・119頁以下。
51) Laubinger, FS Krause, 2006, 405.
52) Schulze-Fielitz, WissR 2004, 118.
53) Schulze-Fielitz, WissR 2004, 118；Grunwald, FS Krüger, 2001, 140.

その領域では不正行為の基準の確認及びソフトな制裁のみが問題となる[54]。一方、正式調査は批判的な見解の表明を行う制裁手続である。もっとも、調査手続での不正行為の確認は行政行為とは解されていない。したがって、当該確認については一般給付訴訟が提起されることになる。また、正式調査で不正行為が否定されたとしても、当該確認が通報者（告発者）の権利を損なうことはないので、通報者には行政法上の救済手続が与えられることはない[55]。なお、オンブズマン手続及び調査手続によって嫌疑に理由がないことが判明した場合、結論の周知措置等によって誤って嫌疑を受けた者の名誉を回復する必要がある[56]。

(5) 法律の留保

制裁を伴う上記手続に、法律の留保が及ぶかどうかも問題となる。制裁は、公的・私的な研究機関で活動する研究者が負っている公法上または私法上の付随義務によって正当化されるとの見解がある[57]。これに対して、大学法で授権されている学則制定権に基づき制度・手続の規律が必要であるとの見解[58]や、本質性理論をふまえて手続の基礎を法律で定めるべきであるとの見解[59]、調査手続の客観性、専門性及び中立性の確保の必要性から、より具体的な州法の授権によって大学が学則で調査手続を定める必要があるとする見解[60]などがある。

---

54) Schulze-Fielitz, WissR 2004, 121.
55) もっとも、特許権や著作権などの無体財産権が侵害されている場合には、管轄裁判所に訴訟を提起することはできる。Laubinger, FS Krause, 2006, 405.
56) Schulze-Fielitz, WissR 2004, 121.
57) Schulze-Fielitz, WissR 2004, 121.
58) Muckel, FS Krüger, 2001, 290f.；大学法に基づき制定される学則は、州の管轄機関の認可により法規としての効力をもつことになる。第1部第1章第2節第4項参照。
59) トゥルーテ・121頁；Laubinger, FS Krause, 2006, 410；ラウビンガーは、①不正行為の定義および研究者の不正行為を調査するための要件、②調査にあたる機関の設置・構成、③調査手続、④大学による細則の制定権について法律で規定すべきであると説いている。
60) Rupp, FS Leuze, 2003, 444f.

第2項　私　見

　ドイツでは、研究者の不正行為の問題に関して、国や個々の大学とは一定の距離を保ったDFGが指導的な役割を果たしてきた。DFGが設置するオンブズマンは、各研究機関に設置されたオンブズマン及び調査委員会の相談相手として機能している。大学などの研究機関が独自のオンブズマン制度及び調査機関を設置することは、学問の自由・大学自治の趣旨に適合すると思われるが、他方で、DFGOの経験が示しているように、各研究機関の自主コントロールがうまく機能するとは限らない。このことは大学等の各研究機関レベルで設置される機関及びその手続と、全国レベルの機関及びその手続との連携のあり方の問題として検討される必要があろう[61]。

　研究者の不正行為については、司法による裁きの対象となることもある[62]。ただし、それはまれなことである。誠実な学問のあり方を考え、より良き学問の実践を促進するという役割が、DFGO及び各研究機関のオンブズマンには期待されており、それは、そもそも司法に期待する事柄ではないだろう[63]。研究者の不正行為の内容は、それぞれの科学者共同体の判断に委ねるべき部分が多いため、当該問題にかかる法の任務は、主に手続を規律することにあるというべきである[64]。

　日本では、本章冒頭でふれた日本学術会議の提言以降、研究資金を提供

---

[61]　専門家や市民による様々な社会の団体との水平的な関係、政府相互間の水平的関係を含む組織形態を表すガバナンスの視点から研究者の自主規制を分析する論考として、城山英明「科学技術ガバナンスの機能と組織」同［編］『科学技術ガバナンス』（東信堂・2007）39-72頁、大上泰弘「研究ガバナンス」前掲『科学技術ガバナンス』145-178頁参照。

[62]　倫理上の規範への抵触が懲戒事由になりうるとの指摘として、磯部哲「行政保有情報の開示・公表と情報的行政手法」新構想Ⅱ　367頁。

[63]　斎藤誠は、司法の限界をふまえて適切な機関に機能を委ねる必要性を指摘する。斎藤誠「人権保護における行政と司法―ドイツとの比較から―」樋口陽一＝上村貞美＝戸波江二［編］『日独憲法学の創造力　上巻』（信山社・2003）229頁以下。

[64]　トゥルーテ・113頁。

する諸機関及び研究機関が研究者の不正行為に関して、一定のルール作りを行っている。ところで日本学術会議法によれば、日本学術会議は内閣総理大臣の所轄の下にあり（1条2項）、わが国の科学者の内外に対する代表機関として科学の向上発達を図り、行政、産業及び国民生活に科学を反映浸透させることを目的としている（2条）。その職務は、科学に関する重要事項を審議し、その実現を図ること（3条1号）及び科学に関する研究の連絡を図り、その能率を向上させること（同2号）の2つである。また、科学の振興及び技術の発達に関する方策、科学に関する研究成果の活用に関する方策、科学研究者の養成に関する方策、科学を行政に反映させる方策、科学を産業及び国民生活に浸透させる方策、その他日本学術会議の目的の遂行に適当な事項について、政府に勧告することができる（5条）。日本学術会議は行政機関としての性質を有する一方、その活動は研究者の代表により担われており、研究者の不正行為への取り組みにみられるように、いわば一種の自主規制機関としても機能することがわかる。自主規制にかかる近年の研究では、その好適な作動環境を整える国の枠組責任が語られているが、日本学術会議法の制定に基づく研究者の政策提言機能の制度化は、国の枠組責任に基づく結果ととらえることもできよう。

　上記提言を受けて、「競争的資金に関する関係府省連絡会議」が、不正経理に際して応募制限等を行うことを決定し（平成17年9月9日申合せ）、また、科学技術・学術審議会の「研究活動の不正行為に関する特別委員会」は、「研究活動の不正行為への対応のガイドラインについて」（平成18年8月8日）という報告書をまとめている。当ガイドラインによれば、研究機関・資金配分機関が告発等の受付窓口を設置し、機関内外に周知すること、調査結果の公表までの秘密保持の徹底、研究機関における予備調査及び本調査、本調査における不正行為の確認、調査結果の通知と報告、不正行為

---

65) 日本学術会議の法的位置づけについては、椎名慎太郎＝稗貫俊文『文化・学術法』（ぎょうせい・1986）194頁以下参照。
66) 原田大樹『自主規制の公法学的研究』（有斐閣・2007）277頁以下。
67) 碓井光明『公的資金助成法精義』（信山社・2007）442頁以下。

が認定された場合の調査結果の公表が要請されている。そして、調査手続の開始に伴う資金の停止、不正行為認定後の資金の打切り、返還請求等の制裁措置が予定されている[68]。研究者の不正行為に対処する制度の形成に関しては、日本学術会議を通した学界の自主規制が機能したと考えられる。しかし、今後は事案の処理に関する自主性が問題となろう。

ドイツでは、DFGO 及び各研究機関の窓口レベルでオンブズマンが配置されており、それは調査の前段階において、いわば ADR 的な役割を担っている。オンブズマンは、法以外の基準の発見・適用を通して、研究に関わる多数当事者の利害調整をソフトな形で進めることにより、必ずしも悪質とはいえない不正行為についても把握し、それに対処すべきルールづくりを促すシステムとして機能している[69]。こうした対応の過程は、必ずしもハードな制裁で解決できない研究者の不正行為に対処する場合に適していると思われる。わが国でも各研究機関で不正行為の窓口が設けられているが、想定される手続は、研究機関で設置される委員会等での嫌疑の有無に関する予備調査と制裁を目的とした本調査の手続であろう。そうだとすると、両調査では制裁の必要性にのみ焦点が絞られる可能性がある[70]。良き研究実践のルール（ソフトロー）を形成するという観点から、オンブズマン等の機関を設置し、制裁の対象とはならないが、守るべきルールを発見・形成するシステムとして、当該機関を機能させることが一考に値しよう。

その際、大橋洋一が組織の制度設計について説くように、三面関係においては各当事者が独立していることが重要であって、「距離保障」の視点から、特定の二者が構造的に予め結束しているような状況は回避すべきで

---

68) 碓井・前掲注(67)442-444頁。
69) わが国においても、事前相談制度を通したソフトローの形成が指摘されている。中山藍子「公正取引委員会の事前相談制度―ソフトローの観点からの考察―」中山信弘［編集代表］・中里実［編］『政府規制とソフトロー』第2部第2章（有斐閣・2008）99頁以下、増井良啓「租税法の形成における実験―国税庁通達の機能をめぐる一考察―」同書第3部第1章185頁以下、203頁以下参照。
70) 本章第2節で取り上げた1996年12月11日連邦行政裁判所判決を参照。

ある。各研究機関のみで問題が適切に処理されることが最も望ましいが、そのためには、組織内で調査にあたる者の中立・公正性の確保及び告発者・被告発者の権利・利益の保護の観点が重要となる。DFGO も、各研究機関に所属する研究者からの苦情等の申立てを受け付けており、この場合、各研究機関に対して一定の距離が保たれることから、当該研究機関に対する中立性・公正性の確保が比較的容易であろう。ドイツでは、大学等のオンブズマン及び調査委員会においても、構成員の非党派性に配慮されている。研究者の不正行為の発生の場が大学や研究機関における教師と学生または研究の管理者とその協力者といった上下関係の下で生じること、基本的には関係の継続性が前提となること、そして、不正行為の処理が告発者及び被告発者の両者のキャリアに大きな影響を及ぼす可能性があることに留意すべきである。当事者の間に立って、よりソフトな事案の解決を実現するオンブズマン制度等を設けることは、告発者・被告発者への配慮という点で優れているように思われる[74]。

---

71) 大橋洋一「政策実施論と行政組織」同［編著］『政策実施』（ミネルヴァ書房・2010）第2章46頁。
72) 行政機関の事実上の圧力により、私人間の紛争解決をゆがめることのないよう、公正性・透明性の確保が不可欠である。櫻井＝橋本・行政法258頁以下。行政型・民間型を問わず ADR には中立・公正等の要請が説かれている。たとえば、山田文「ADR のルール化の意義とその変容―アメリカの消費者紛争 ADR を例として―」山田文＝早川吉尚＝濱野亮『ADR の基本的視座』（不磨書房・2004）21頁以下、34頁以下、大橋真由美『行政紛争解決の現代的構造』（弘文堂・2005）282頁などを参照。
73) 公益通報制度について、阿部泰隆『内部告発〔ホイッスルブロウァー〕の法的設計』（信山社・2003）37頁以下、曽和俊文「私人の申告・通報」芝池義一＝小早川光郎＝宇賀克也［編］『行政法の争点〔第3版〕』（有斐閣・2004）50頁以下参照。
74) ただし、合意ベースの手続により法の支配がほり崩されないようにしなければならない。濱野亮「日本型紛争管理システムと ADR 論議」山田＝早川＝濱野・前掲注(72)41頁以下。

◆第4章 文献

〔ドイツ語〕

Deutsch, Erwin, Ombudsgremien und Wissenschaftsfreiheit, ZRP 2003, 159

Deutsche Forschungsgemeinschaft, Sicherung guter wissenschaftlicher Praxis Denkschrift, 1998

Grunwald, Reinhard, Gute wissenschaftliche Praxis : Mehr als die Kehrseite wissenschaftlichen Fehlverhalten, Festschrift für Hartmut Krüger, 2001, 127 〔**Grundwald, FS Krüger, 2001**〕

Laubinger, Hans-Werner, Die Untersuchung von Vorwürfen wissenschaftlichen Fehlverhaltens, Festschrift für Peter Krause, 2006, 379 〔**Laubinger, FS Krause, 2006**〕

Löwer, Wolfgang, Normen zur Sicherung guter wissenschaftlicher Praxis, WissR 33 (2000), 219

Muckel, Stefan, Der Ombudsmann zur Anhörung von Vorwürfen wissenschaftlichen Fehlverhaltens, Festschrift für Hartmut Krüger, 2001, 275 〔**Muckel, FS Krüger, 2001**〕

Schmidt-Aßmann, Eberhard, Fehlverhalten in der Forschung-Reaktionen des Rechts, NVwZ 1998, 1225

Schulz, Colinna Nadine, Whistleblowing in der Wissenschaft, 2008

Stegemann-Boehl, Stefanie, Fehlverhalten von Forschern und das deutsche Recht, WissR 1996, 139.

Schulze-Fielitz, Helmut, Rechtliche Rahmenbedingungen von Ombuds- und Untersuchungsverfahren zur Aufklärung wissenschaftlichen Fehlverhaltens, WissR 2004, 100

Rupp, Hans-Heinrich, Wissenschaftsethik Verfassungsprobleme der Regeln guter wissenschaftlicher Praxis, Festschrift für Dieter Leuze, 2003, 437 〔**Rupp, FS Leuze, 2003**〕

〔日本語〕

阿部泰隆『内部告発〔ホイッスルブロウァー〕の法的設計』(信山社・2003)

磯部哲「行政保有情報の開示・公表と情報的行政手法」磯部力=小早川光郎=芝池義一〔編〕『行政法の新構想Ⅱ』(有斐閣・2008) 343頁〔**新構想Ⅱ**〕

碓井光明『公的資金助成法精義』(信山社・2007)

大橋真由美『行政紛争解決の現代的構造』(弘文堂・2005)

大橋洋一『行政法Ⅰ』(有斐閣・2009)〔**大橋・Ⅰ**〕

大橋洋一［編著］『政策実施』（ミネルヴァ書房・2010）

斎藤誠「人権保護における行政と司法―ドイツとの比較から―」樋口陽一＝上村貞美＝戸波江二［編］『日独憲法学の創造力 上巻』（信山社・2003）229頁

櫻井敬子＝橋本博之『行政法〔第3版〕』（弘文堂・2011）〔**櫻井＝橋本・行政法**〕

椎名慎太郎＝稗貫俊文『文化・学術法』（ぎょうせい・1986）

城山英明［編］『科学技術ガバナンス』（東信堂・2007）

Steneck, N. H.（山崎茂明［訳］）『ORI 研究倫理入門 責任ある研究者になるために』（丸善・2005）

園部逸夫＝枝根茂『オンブズマン法〔新版〕』（弘文堂・1997）

曽和俊文「私人の申告・通報」芝池義一＝小早川光郎＝宇賀克也［編］『行政法の争点〔第3版〕』（有斐閣・2004）50頁

トゥルーテ, H.-H.（徳本広孝［訳］）「研究者の不正行為とドイツにおけるその法的取扱い」（明治学院論叢）法学研究79号（2006）107頁〔**トゥルーテ**〕

中山藍子「公正取引委員会の事前相談制度―ソフトローの観点からの考察―」中山信弘［編集代表］・中里実［編］『政府規制とソフトロー』第2部第2章（有斐閣・2008）

濱野亮「日本型紛争管理システムと ADR 論議」山田文＝早川吉尚＝濱野亮『ADR の基本的視座』（不磨書房・2004）

原田大樹『自主規制の公法学的研究』（有斐閣・2007）

保木本一郎『遺伝子操作と法』（日本評論社・1994）

増井良啓「租税法の形成における実験―国税庁通達の機能をめぐる一考察―」中山信弘［編集代表］・中里実［編］『政府規制とソフトロー』第3部第1章（有斐閣・2008）

山崎茂明『科学者の不正行為―ねつ造・偽造・盗用―』（丸善・2002）〔**山崎・科学者の不正行為**〕

山田文「ADR のルール化の意義とその変容―アメリカの消費者紛争 ADR を例として―」山田文＝早川吉尚＝濱野亮［編著］『ADR の基本的視座』（不磨書房・2004）

第5章

大学と警察──網目スクリーン捜査を素材として

第1節　はじめに

　犯罪対策・テロ対策の手法として、ドイツでは網目スクリーン捜査（Rasterfahndung）と呼ばれる手法が各州の警察法において規定されている。この捜査手法は、警察機関が公的・私的組織からデータを収集した上で、コンピューターを用いて犯罪に関連する基準を満たす人物を篩いにかけて選び出し（Abgleich）、さらに選び出された人物のデータを警察の保有するデータまたはその他のデータと照合することによって、後続措置の対象となるべき人物を抽出する手法である[1]。9.11テロの実行犯の一部がドイツの大学で学んだ学生であったことは、ドイツ社会に大きな衝撃を与えた。各州の警察法に基づく網目スクリーン捜査の初めての実施を受けてドイツ各地で訴訟が提起され、下級審判例では、網目スクリーン捜査の要件が満たされていたか否か、当該措置が比例原則に適合的か否かなどをめぐり判断が分かれていた[2]。こうした状況の中、デュイスブルク大学で学ぶモロッコ人学生が提起した憲法異議にかかる2006年4月4日連邦憲法裁判所決定（以下では「2006年決定」という）は、法定要件としての「現在の危険」を不要としたが、「具体的な危険」の存在を求め、具体的危険が存在しない段階でとられた本件措置を違憲と判断したのであった[3]。

---

1)　Pieroth/Schlink/Kniesel, Polizei- und Ordnungsrecht, §15 Rn. 50.
2)　連邦レベルにおける網目スクリーン捜査は、刑事訴追を目的としており、刑事訴訟法98a条・98b条で規定されている。
3)　BVerfGE 115, 320.

ドイツの警察法では、警察上の介入要件として「危険」が求められている。「危険」とは、事態の経過が妨げられずに推移したならば、十分な蓋然性をもって公の安全・秩序といった保護法益に損害をもたらす状況のことである。また、「危険」とは「具体的な危険」を意味し、「現在の危険」とは具体的な損害の発生が目前に迫っている状況を意味する[4]。しかし、近年の警察法では、危険防御（Gefahrenabwehr）から配慮（Vorsorge）へと重点を移す傾向がみられる[5]。すなわち、警察活動を被害の発生の防御という古典的な警察法の理解にとどめることなく、できる限り危険の発生を予防すべきと考えるわけである。網目スクリーン捜査の手法も、犯罪の予防的対策の手法として考案されている。以下では、網目スクリーン捜査をめぐる判例及び学説を整理・検討した上で、大学による情報の提供の可否という観点から警察と大学の協力のあり方について示唆を得ることとしたい。

第2節　網目スクリーン捜査の要件

第1項　権限行使のための実体的な要件

配慮というコンセプトの下では警察活動は時間的に前倒しされ、危険の前域を対象とした情報収集が重要となる。しかし、網目スクリーン捜査が

---

4) 島田茂「ドイツにおける予防警察的情報収集活動と侵害留保論」吉川経夫［編］『各国警察制度の再編』（法政大学出版局・1995）170頁以下、須藤・比例原則122-148頁、130頁、桑原勇進「危険概念の考察——ドイツ警察法を中心に——」碓井光明＝水野忠恒＝小早川光郎＝中里実［編］『公法学の法と政策　下巻』（有斐閣・2000）647頁、米田雅宏「危険概念の解釈方法——損害発生の蓋然性と帰納的推論（1〜4・完）——」自研83巻8号（2007）95頁以下、同10号（2007）87頁以下、同11号（2007）118頁以下、84巻1号（2008）103頁以下。

5) 島田茂「ドイツ警察法における『犯罪の予防的制圧』の任務と権限」甲南法学47巻1号（2006）53頁以下参照。同様の動きがいち早く環境法の領域でみられたことについて、たとえば、山下竜一「西ドイツ環境法における事前配慮原則（1〜2・完）」法叢129巻4号（1991）32頁、同6号（1991）41頁、戸部真澄『不確実性の法的制御』（信山社・2009）25-27頁参照。

危険の前域を扱うことが可能かどうかは必ずしも明らかではなかった。各州の警察法上の網目スクリーン捜査の実体法上の要件の定め方は、危険防御型と配慮型に分類できる[6]。

連邦及び州警察法模範草案（1986年）10f 条は危険防御型の規定である。同条1項は、次のとおりである[7][8]。

　　事実が危険防御のために必要であるとの想定を正当化する場合、警察官庁は、連邦もしくは州の存続もしくは安全または人の身体、生命もしくは自由に対する現在の危険の防御のために、公的機関または非公的機関に対して、他のデータとの照合を目的として諸データの中から特定の人的グループの個

---

6) Gusy, KritV 2002, 474ff.
7) Knemeyer, Polizei- und Ordnungsrecht, 323.
   2項以下は、次のとおりである。
   　2項　提供の要求は、氏名、住所、出生日、出生地及び個々の事案で確定されるべき徴表に限定されなければならない。時間及び費用の観点から排除できない技術的な問題を理由として他のデータも提供される場合、当該データを使用することはできない。
   　3項　措置の目的が達成されまたは達成されないことが明らかになった場合、提供されたデータ及び当該措置との関連でデータ保有者の下で付加的に生じたデータは、事案に関連する手続に必要のない限りで破棄されなければならない。とられた措置は記録されなければならない。この記録は、個別に保管され、技術的及び組織的措置によって安全に保管されなければならず、1文による書類の破棄の年の翌年の終了までに破棄されなければならない。
   　4項　措置の命令は、官庁の長によって行われる。命令は、内部大臣の同意を要する。
8) この類型に属する規定を用意するノルトライン-ヴェストファーレン警察法31条は、次のとおり定める（2003年7月25日改正後の規定）。
   　連邦もしくは州の存続もしくは安全または人の生命、身体もしくは自由の防御のために必要な限りで、警察は、公的機関及び公的領域外の機関に対して、……危険の原因者に推定上あてはまる特定の徴表を満たす不特定多数の個人関連データの提供を、他のデータとの機械的な照合を目的として要請することができる。データの篩がけは、人の除外を目的としなければならない。しかし、当該措置は危険の原因者かもしれない者に対する嫌疑の調査及びこの者の具体的な性向の確認に役立てることができる。警察は、不十分な提供データの補充を目的として、他の機関においても必要なデータ収集を実施することができ、機械的な篩がけの実現のために提供されたデータ媒体を技術的に処理することができる。

人データの提供を求めることができる。職業上の秘密及び特別の職務秘密に関する規定は影響を受けない。

　これに対して配慮型では、犯罪の予防的対策のために網目スクリーン捜査の実施が許される。配慮型の場合、「具体的な手がかり（tätsachlicher Anhaltspunkt）」の存在も要件とされることがしばしばある。この類型に属する規定を用意するヘッセン警察法26条（2002年9月12日改正後の規定）は、次のとおりである。

　　網目スクリーン捜査が犯罪の予防に必要で、他の方法では可能でないとの想定を具体的な手がかりが正当化する場合、警察は、連邦もしくは州の存続もしくは安全または人の生命もしくは身体もしくは自由もしくは環境に対する同等の被害がもたらされる場合において、重大な犯罪の予防のために、公的機関または公的機関以外の機関に対して、他のデータとの照合を目的として自動的に集積された特定の人的グループの個人情報の提供を求めることができる。当該措置は、官庁の長の理由を附記された命令及び州警察本部の同意を必要とする。当該措置は州のデータ保護監察官に報告される。対象者は警察より措置の終了後に報告を受ける。

　「具体的な手がかり」が求められる場合、伝統的な危険の存在までは必要ではないが、不確かな仮説に依拠した実施は許されないと説かれている。もっとも、こうした解釈が、後述する2006年決定の判旨をふまえて可能かどうかという問題がある。

---

9) これを特に中間型と呼ぶ論者もいる。Volkmann, Jura 2007, 133.
10) 「具体的な手がかり」という要件は、計画された犯罪についての詳しい状況（実行者、犠牲者、時間、場所）が明確になるほどに具体的である必要はなく、犯罪が実行されるという単なるおそれが事実により認知されれば十分であるとされている点で、警察法上の「具体的危険」の要件とは異なる。島田・前掲注(5)56頁以下参照。

第2項　手続、訴訟の提起

　警察法模範草案10f条4項は、「実施の命令は官庁の長によって行われる。命令は内務大臣の同意を要する」と定め、行政組織間での審査機能を期待して官庁の管理者留保（Behördenleitervorbehalt）が予定されているのに対して、官庁の申立てを受けて裁判官が命令を発する裁判官留保（Richtervorbehalt）の仕組みが採用される場合も少なくない。前者の場合、実施の命令は行政訴訟で争われ、後者では措置の命令に対する異議申立てを通常裁判所に提起することになる。

　また、警察から情報提供の要請を受けた大学が被告となる例もある。州立大学による警察への情報提供は、網目スクリーン捜査の場合にも行政手続法上の職務共助（Amtshilfe）の手続により行われる。ヘッセン州の刑事局がギーセン大学に対して実施した網目スクリーン捜査について、学生が、データ提供の法律上の要件を満たさないとして大学に対して州刑事局へのデータ提供を禁じることを求める差止訴訟を提起するとともに、仮の救済を求めた事案がある。州刑事局は、1996年から2002年の間に工学・自然科学を専攻した18才から40才の男性のすべてのデータを、職務共助の手続によって州刑事局に引き渡すことを要請した。州立大学の公法上の活動には州行政手続法の適用があり（ヘッセン行政手続法1条1項）、また、州立大学の機関には州データ保護法の適用がある（ヘッセンデータ保護法3条1項）。州行政手続法が定める職務共助の規定に従う限り、原則としてすべての官庁は他の官庁に協力することが義務づけられる[11]。他方で州立大学は、ヘッセンデータ保護法の規定をも遵守する必要がある[12]。ヘッセンデータ保護法

---

11)　ヘッセン行政手続法4条では、「すべての官庁は、他の官庁の要請に基づき補完的な支援を行う」と定められ、同法5条2項では一定の場合に拒否できる旨が定められている。

12)　行政手続法24条1項では、「官庁は、職務上、事実を調査する。官庁は、調査の方式及び範囲を決定する」と定められているが、個人関連データの処理が行われる限りで州データ保護法が優先する（州データ保護法3条2項）。

14条の規定は、次のとおりである。

> 提供の許容性に対する責任は提供する機関が負う。3条1項で挙げた受領者［州の官庁、州のその他の公的機関、地方自治体（Gemeinde）、郡、州の監督に服するその他の公法上の法人及びこれらの連合体―筆者注］の任務の遂行のために提供が必要な場合、受領者は任務の遂行のために提供が必要なことにつき責任を負い、その必要性が事後的に審査できるようにしなければならない。この場合、提供機関は情報受領者の管轄及び問合せの説得力を審査しなければならない。個別の事案において説得力に疑義がある場合、提供機関はさらに審査しなければならない。情報受領者は提供機関に対して、審査に必要な情報を与えなければならない。

この規定によれば、州刑事局は情報提供の要請に際して犯罪予防のためにヘッセン警察法26条が定める網目スクリーン捜査を実施する旨を述べ、大学はその権限と説得力を審査することになる。2003年2月4日ヘッセン高等行政裁判所決定は、要件が満たされている場合、大学はデータの提供を拒否する権限及び義務はないと判示した。以上の仕組みによれば、大学が警察の当該権限の行使の合理性や説得性について比較的慎重な審査をすることが求められているが、その結果、大学が情報提供の正当性を認める場合には、もはや情報提供を拒否できないということになる。

第3項　「現在の危険」の存否に関する判例の展開

「現在の危険」を要件とする網目スクリーン捜査の適法性をめぐる判例では、「現在の危険」の存否につき見解が分かれていた。2002年2月8日デュッセルドルフ高等裁判所決定は、予測される被害が大きいほどかつ法益が重要であるほど被害発生の蓋然性に関する要請は低くなるとの立場か

---

13) 連邦データ保護法の同様の定めにつき、平松毅『個人情報保護 理論と運用』（有信堂高文社・2009）243頁以下参照。
14) NVwZ 2003, 755.

ら、ドイツでのテロ攻撃につき具体的な徴候がなくとも、アメリカ合衆国との協力関係にあるドイツがテロ攻撃の対象となる可能性は認められるとして、現在の危険の要件を満たすと判示した。一方、2002年2月20日フランクフルト高等裁判所決定は、被害をもたらす結果の影響がすでに始まっているか、直接もしくはきわめて近い将来に確実といってよいほどに被害発生の蓋然性が認められる場合には、現在の危険の存在を肯定できるが、資料をみる限りでは現在の危険は肯定できないとした[16]。また、ラインラント-プファルツ州法が定める「現在の重大な危険」の存否につき、2002年3月22日ラインラント-プファルツ高等行政裁判所決定では、テロ行為が計画的な戦略として継続的に発生しているとして、この「継続的危険（Dauergefahr）」から「現在の重大な危険」の存在を肯定する結論を導き出している[17]。

侵害は被害発生の蓋然性と被害の程度を要素とした概念であり、危険にさらされる法益の重要性が高まれば被害発生の蓋然性の要請は低くなると一般的には考えられてきた[18]。そうだとするとテロ攻撃の被害は大きいと想定すべきであるから、被害発生の蓋然性を肯定する閾値は低く設定できることになる。網目スクリーン捜査につき適法と判断した下級審判例は、以上の判断に基づくと考えられる。しかし、網目スクリーン捜査につき配慮型または配慮型を採用する立法の傾向には、次にみる連邦憲法裁判所の決定によって歯止めがかけられたといえそうである。

---

15) DÖV 2002, 436ff.
16) DuD 2002, 238ff.
17) DÖV 2002, 743ff.
18) Drews/Wacke/Vogel/Martens, Gefahrenabwehr, 224；桑原・前掲注(4)652頁以下。また、この定式が危険判断のプロセスを不透明にし、行政実務を追認する機能を果たすおそれがあると指摘されていることについては、米田・前掲注(4)94頁以下参照。

第3節　2006年決定の分析

第1項　旧 NW 警察法31条及び関係事実

　本決定で審査の対象となったのは、下記の2003年改正前の規定（以下「旧 NW 警察法31条」という）である。

　　警察は、公的機関及び公的領域外の機関に対して、他のデータとの自動的な篩がけの目的のために、諸データから抽出された特定の人的グループの個人関連データを求めることができる。当該情報の提供の要請は、連邦もしくは州の存続もしくは安全または人の生命、身体もしくは自由に対する現在の危険の防御のために必要な限りで行うことができる（1項）。提供の要請は、名前、住所、生年月日及び他の個別事案にとって必要なデータに制限されなければならない。職業上の秘密または特別の守秘義務に服する個人関連データに拡張されてはならない。伝達の要請の対象とされていない個人関連データは、重大な技術的困難または過大な時間の浪費もしくは費用を理由として要求されたデータへの限定が不可能な場合には提供されてよい。しかし、これらのデータは警察によって利用されてはならない（2項）。権限行為の目的が達成された場合または達成されないことが明らかとなった場合、提供されたデータ及び権限行為との関連で付加的に生じたデータはデータ媒体上から削除されなければならず、事案と関連した手続にとって必要でない限り、当該資料は破棄されなければならない。関係措置につき記録が作成されなければならない。この記録は個別に保存されなければならず、技術的及び組織的な措置によって安全に保管されなければならない。この記録は1文によるデータ削除または資料の破棄の年の暦年の終了に際して破棄されなければならない（3項）。権限行為は、官庁の長の申立てに基づき裁判官によって命じられる。警察官庁のある区域の区裁判所が管轄する。手続には、任意裁判管轄の事務に関する法律規定が同様に適用される（4項）。捜査の終了後、後続措置の対象となる者は、措置の通知により次段階でのデータ利用の目的が危険にさらされない限りで、当該措置につき警察から通知を受ける。警察

による通知は、同じ事実を理由として関係者に対する刑法上の調査手続が開始された場合には行われない（5項）。

対象機関は、大学、市町村の住民登録課及び外国人中央登録局であった。篩の基準は男性、18～40歳、学生またはかつて学生であった者、イスラム教信者、主にイスラム教信者で構成される国で出生した者またはその国籍を有する者であった。この基準に即した篩がけによって得られたデータは、連邦刑事庁に伝達された。当該データは、連邦刑事庁の「スリーパー」と呼ばれるデータバンクに集積された。連邦刑事庁の指示で、州は31988件のデータを提供した。次に当該データは、連邦刑事庁によって収集された他のデータと照合された。篩にかけられたデータには、たとえば、航空機ライセンスの所有者または放射性物質を扱う資格を有する者が含まれていた。連邦データ保護監察官の見積もりによれば、篩にかけられた人物は20万人から30万人にも及ぶという。スリーパーに含まれるデータが、篩がけの結果、2つの要素で一致した場合、的中者（Treffer）とみなされた。篩がけの結果は特定のデータの中に集積され、各州の警察で自由に使用できることとされた。スリーパー及び篩がけの結果データは2003年まで連邦刑事庁で保存されていたが、その後、スリーパーは2003年6月30日に削除され、篩がけにより得られたデータは2003年7月30日に削除された。結果的にはスリーパーの発見には至らなかった。[19]

第2項　分　析

(1) 網目スクリーン捜査の侵害的性質及び授権法律の合憲性

判旨は、網目スクリーン捜査が情報自己決定権の侵害となることについて、1983年12月15日連邦憲法裁判所判決（国勢調査判決）[20]を引用しつつ次のとおり判示する。

---

19)　BVerfGE 115, 323f.
20)　BVerfGE 65, 1, 43.

情報自己決定権は個人的生活領域が、いつ、いかなる限度で公開されるかを原則として自ら決定する権利を保障し、個人情報の無限定な収集、保存及び提供から当該権利の担い手を保護する。網目スクリーン捜査で収集されるデータ（名前、住所、出生日、国籍、宗教、専攻領域など）は、ある人物の危険な性格の有無の確認を可能とし、こうした目的での情報の収集は情報自己決定権の侵害となる。さらに収集された情報を篩にかけること及び篩いにかけた後の情報の保存自体にも当該情報に関わる者の人格への影響を考慮して侵害的性質が備わる。[21]

もっとも、国勢調査判決ですでに述べられていたように、個々人は、原則として重要な公益を理由とする情報自己決定権の制限を甘受しなければならないとはいえ、当該制限は比例原則及び規範の明確性の原則に適合していなければならない。[22]そこで本決定は、旧NW警察法31条の規定の比例原則との適合性及び規範の明確性の原則との適合性につき検討を進めている。本決定は、「連邦もしくは州の存続もしくは安全または人の身体、生命もしくは自由に対する危険の防御」は正当な目的であり、網目スクリーン捜査は、当該目的の達成を可能としうる手段か否かを問う適合性（Geeignetheit）の原則に合致し、より緩やかな手段によっては上記の目的を有効に達成できないことを求める必要性（Erforderlichkeit）の原則にも適っており、さらに旧NW警察法31条は侵害によってもたらされる不利益が成果に比して大きい場合に措置をとることを禁じる狭義の比例原則にも適合していると判示している。[23]ただし、法益に対する「具体的な危険」

---

21) BVerfGE 115, 320, 343f.；国勢調査判決以降、情報の収集及び処理過程が情報自己決定権に対する侵害となると解されていることについて、島田・前掲注(4)140-148頁参照。
22) BVerfGE 65, 1, 43f.；鈴木庸夫＝藤原静雄「西ドイツ連邦憲法裁判所の国政調査判決（上・下）」ジュリ817号64頁、818号76頁（1984）、藤原静雄「西ドイツ国勢調査判決における『情報の自己決定権』」一橋論叢94巻5号（1985）138頁以下、松本和彦『基本権保障の憲法理論』（大阪大学出版会・2001）131頁以下を参照。
23) 荻野聡「行政法における比例原則」芝池義一＝小早川光郎＝宇賀克也［編］『行政法の争点〔第3版〕』（有斐閣・2004）22頁参照。ドイツにおいて、比例原則は、①適合性ないし適切性＝目的達成のための手段の適合性（当該行為が、求められている成果・目的を

の存在を要件とする限りで、網目スクリーン捜査は狭義の比例原則に適合するとの留保が付されている。旧 NW 警察法31条は具体的危険以上に厳しい「現在の危険」を定めているが、本決定はこれを不要としたのである[24]。

　規範の明確性の原則についても、旧 NW 警察法31条１項が特定の官庁及び特定の任務のための調査を定めているので、この要請を満たしていると本決定は結論づけた。しかし、同条２項が定める「個別事案で必要とされる他のデータ」については、具体的な危険の存在を前提としない限り、明確性に欠けることになるという。なぜならば、具体的な危険が欠如する場合、いかなるデータが「個別事案で」必要とされるかが明らかとはならないからである。判旨の述べるとおり、たとえば具体的な危険が存在しない段階で、「一般的なテロの危険」が必要とされるデータの具体化の基準となるならば、限界のない授権となってしまうだろう[25]。

(2) 侵害の強度

　上述のとおり、本決定は網目スクリーン捜査に情報自己決定権に対する侵害としての性質が備わることを明示し、この点は学説にも異論はない。しかし、侵害の強度については、本決定が出される以前から様々な評価がなされていた。たとえば網目スクリーン捜査を強い侵害ととらえて、網目スクリーン捜査の適法要件の厳格化を説く見解があり[26]、他方で弱い侵害であることを強調する見解があった[27]。確かに、網目スクリーン捜査では、プライバシー領域が問題となるというよりは、むしろ、本人によってすでに何らかの形で公表されている、人格との関連性が比較的弱い個人情報（性

　　達成しうべきこと）、②必要性＝目的達成のための手段の最小限度性及び③狭義の比例性＝成果と被侵害利益の均衡を内容とするとのとらえ方が一般的であろう。もっとも、比例原則の内容のとらえ方をめぐる学説の展開はかなり複雑である。須藤・比例原則22頁以下参照。

24) BVerfGE 115, 320, 363ff.
25) BVerfGE 115, 320, 365f.
26) Groß, KJ 2002, 4f.
27) Horn, DÖV 2003, 748ff.

別、住所、専攻及び信教など）が扱われる。しかし、本決定の法廷意見では、①上記データはテロ対策のために収集され、他の情報と結合することによって人格の洞察が可能となること、②篩がけの結果選別された者は後続措置の対象となるリスクを負うこと、③捜査対象となったことが公表された場合には烙印効果によって差別を受けるリスクが高まること、④逆に公表されない場合にも侵害の性質は強まること、すなわち、網目スクリーン捜査の対象者は当該捜査に何ら関与する機会が与えられないまま疑われる理由なくして基本権侵害を被ることになり、その結果、人格に対する萎縮効果が生じること、そして④現代における情報処理能力の向上によって極めて多数の対象者が扱われてしまうこと、が強い侵害としてとらえるべき理由として挙げられている。[28] 一方、これらの侵害の強度に関する法廷意見の論拠について、ハーズ裁判官は次の論拠を挙げて反論する。すなわち、①秘密裏に実施される捜査に烙印効果はないこと、②多数のデータが扱われることはむしろ匿名性を高めること、③データ照合が実施される時点では個々人に知らされていないので萎縮効果はないと考えられること、などである。[29] ハーズ裁判官の意見は、情報処理に関する侵害の強度を客観的に測定することは困難なことをうかがわせている。もっとも、反対意見②に対しては、法廷意見④が指摘する情報処理技術により匿名性は脅かされるとの再反論が可能であろう。また、反対意見③については、最終的に調査対象となった旨の通知が予定されているため萎縮効果が生じることは否定できないであろうし、通知後の情報の拡散をコントロールすることは困難であろうから、烙印効果が生じることを防ぐことも困難となろう。

(3) 具体的危険の必要性

近年、テロ・犯罪の予防的対策のための法制度が整備されることによって、危険の前域での警察の活動を授権する法律が増えている。[30] しかし、本

---

28) BVerfGE 115, 347-357.
29) BVerfGE 115, 372ff.
30) ドイツの動向につき、岡田俊幸「ドイツにおけるテロ対策法制―その憲法上の問題点

決定が網目スクリーン捜査の要件として「具体的危険」を要請したことにより、当該捜査手法は危険の前域の手段としてではなく、伝統的な危険防御の手法として位置づけられることとなったといえるだろう。本決定により、少なくとも配慮型を採用した諸州の規定の憲法適合性は疑わしくなったといえるかもしれない[31]。また、本決定は、継続的な危険についても、場合により具体的な危険として把握されうることを認めるが、9.11テロ以後の一般的に高まった危険では十分ではなく、テロ攻撃の準備につき具体的な手がかりが必要であるとした[32]。本決定が具体的な危険を侵害の要件として設定した理由の1つに、具体的危険なくしては比例原則が機能しないという点が挙げられる[33]。侵害目的が危険の防御ではなく配慮に書き改められると、犯罪行為が生じていない段階で警察の活動が開始することになる。この場合、当該犯罪行為につき曖昧な輪郭さえ描けないのであるから、被害の態様・程度も侵害の名宛人となるべき妨害者も認識できず、比例原則が機能する余地がなくなるのである[34]。

　学説では、むしろ網目スクリーン捜査の必要性を前提として、上記の懸念をふまえて何らかの法治国的な基準の弱化の代償（Kompensation）[35]を求める見解が少なくなかった。すなわち、実体法的な規律を十分に行うことのできない代償として、たとえば、裁判官留保、収集されたデータの高度の目的拘束及び収集データに関するアクセス・削除権の付与などを導入するとの提言である[36]。しかし、当時の法制度においても上記の措置がとられていたにもかかわらず、本決定は法治国的な基準の弱化を補う必要性があるからこそ、具体的危険が求められるとしている。

―」大沢秀助=小山剛［編著］『市民生活の自由と安全―各国のテロ対策法制―』（成文堂・2006）95頁以下、小山剛「自由・テロ・安全―警察の情報活動と情報自己決定権を例に―」大沢=小山・前掲書305頁以下参照。
31) Pieroth/Schlink/Kniesel, Polizei- und Ordnungsrecht, §15 Rn. 55, 56.
32) BVerfGE 115, 320, 364f.
33) BVerfGE 115, 320, 365.
34) Volkmann, Jura 2007, 136.
35) 代償原則については、第2部第1章第1節第2項(2)及び同第2章第2節第4項(2)参照。
36) Schoch, Der Staat 2004, 366ff.；Schulze-Fielitz, FS Schmitt-Glaeser, 2003, 424ff.

「基本権侵害が将来的に威嚇される法益侵害の防御のために、具体的な危険の前域でも比例的でありうるかどうかは、侵害の成果につき十分な展望が存在するかどうかに依存するだけでなく、問題となる法益への威嚇に対する関係者の近さに関して、侵害規範がいかなる要請を予定しているかにもよる。立法者が危険の発生の蓋然性及び防御されるべき脅威に対する関係者の近さにつき限定的な要請を放棄し、それにもかかわらず立法者が重大な侵害権限を予定しているならば、このことは憲法に適合しない。……連邦憲法裁判所によって強調された法治国的基準によれば、警察法上の妨害者の疑いまたは刑事訴訟法上の刑事犯罪の疑いが欠如している場合、十分な事実に基づき提示される将来的な権利毀損との近い関係がなければならないのであるが、こうした基準は、網目スクリーン捜査に際して空虚になる。なぜならば、何らかの視点から具体化された個人に関する疑いを根拠づける事実の鎖が、網目スクリーン捜査では存在しないからである。網目スクリーン捜査に典型的にみられる、危険にさらされる法益と基本権侵害を被る者との間の近い関係の放棄による法治国的な欠損は、授権の無際限性を排除するために他の方法で代償されなければならない。[37]」

このように、法益への具体的な危険を要件とする場合にのみ、憲法上の要請を満たすと結論づけている。しかし、網目スクリーン捜査の権限行使の要件として具体的危険を求めることは、当該措置の実効性を損なう可能性がある。テロの懸念は、損害発生の十分な蓋然性に達成しない危険性の問題であるという意味で、環境法におけるリスクの問題と共通するが、通常、環境法上のリスク制御または事前配慮の仕組みは、監督者、被監督者及び市民の間のリスクコミュニケーションを前提とすることが可能である。[38] 一方、テロの場合、それが、いつ、どこで、どのように発生するかがわからない。[39] また、網目スクリーン捜査は時間のかかる手法であり、危険の具

---

[37] BVerfGE 115, 320, 361ff.
[38] 黒川哲志『環境管理の法理と手法』（成文堂・2004）64頁以下。食品安全行政におけるリスクコミュニケーションについては、下山憲治『リスク行政の法的構造』（敬文堂・2007）145頁以下参照。
[39] Trute, Die Verwaltung 2003, 511；Roellecke, JZ 2006, 269.

体化を待っていて、それがはたして有効な捜査手法たりうるのかとの素朴な疑問はぬぐい難い。もっとも、だからといって、テロにかかるリスク制御を目的として、安易な網目スクリーン捜査の権限行使を許すことには強い懸念もある。

こうしたジレンマを解消する手立てとして、配慮型（中間型）にみられる「具体的な手がかり」の有効性に期待がかかるところであるが、特定の重大犯罪についての「具体的な手がかり」がある場合であっても、「具体的危険」が認められるとは限らない。2006年決定をふまえれば、配慮型は具体的な危険の存在を要件とする限りで合憲と解釈することになろう。

ところで学説では、危険の前域における活動を許容することを前提として、実体法的な規律の希釈によりもたらされる法治国的な基準の弱化を制度的な手当によって代償する必要性が説かれていた。社会安全が確保されてこそ自由の享受が可能になるとの「安全の中の自由」論に依拠して、網目スクリーン捜査を予防的対策として肯定していた学説は、自由と安全のバランスのとり方として安全に重点を置いたといえよう。一方、連邦憲法裁判所は、それらの学説に比べて、自由と安全のうち自由を重視しているといえるかもしれない。その結果、具体的な危険が権限発動の要件とされたのであるが、いかなる場合に危険が具体化しているといえるのかが網目スクリーン捜査の有効性を左右することになる。

わが国においても、磯部力により、「安全の中の自由」という視角の必要性が積極的に説かれている。テロの危機への対処を考えるとき、「安全の中の自由」という問題意識は軽視できない重みをもっているように思わ

---

40) 白藤博行「『安全の中の自由』論と警察行政法」公法69号（2007）50-54頁。
41) Pieroth/Schlink/Kniesel, Polizei- und Ordnungsrecht, §15 Rn. 55, 56；もっとも、危険の存否に関する判断は微妙である。島村健「予防的介入と補償」石田眞＝大塚直［編］『労働と環境』（日本評論社・2008）215頁以下。
42) ペーター-J-テッティンガー（小山剛［訳］）「安全の中の自由」警察学論集55巻11号（2002）144頁以下、吉田尚正「ドイツにおける『安全の中の自由』論と日本の治安への含意」自研80巻11号（2004）114頁以下。
43) 肯定的評価として、白藤・前掲注(40)45頁以下参照。
44) 磯部力「『安全の中の自由』の法理と警察法理論」警察政策7巻（2005）8頁。

れる。以下では、自由と安全の調和のとれた制度及び解釈の探求という問題意識の下で、大学から警察への情報提供の可能性を個人情報保護法制に照らして検討してみたい。

第4節　日本法への示唆—大学と警察の協働と個人情報保護法

第1項　早稲田大学事件

　警察が犯罪予防または何らかの危険の回避のために大学の情報を必要とする場合、大学と警察との連携・協力のあり方が問われてくる。たとえば、早稲田大学主催の講演会の警備に際して、警察が大学に対して参加者名簿の提供を要請し、これを受けて大学が参加者に無断で当該名簿を警察に提供したことが参加者のプライバシーを侵害する不法行為に当たるとして争われた事案（以下「早稲田大学事件」という）があった。本件の最高裁判決は、「学籍番号、氏名、住所及び電話番号は、早稲田大学が個人識別等を行うための単純な情報であって、その限りにおいては秘匿されるべき必要性が必ずしも高くはない。……しかし、このような個人情報についても、本人が、自己が欲しない他者にはみだりにこれを開示されたくないと考えることは自然なことであり、そのことへの期待は保護されるべきものであるから、本件個人情報は上告人らのプライバシーに関わる情報として法的保護の対象となる」と判示した。[45] 本判決は、個人情報保護法制が整う前の判例であるが、その趣旨は本人の同意なしに情報を提供できないということであって、それは以下で検討する個人情報保護法制の趣旨と一致する。

　警察法2条1項では、「警察は、個人の生命、身体及び財産の保護に任じ、犯罪の予防、鎮圧及び捜査、被疑者の逮捕、交通の取締りその他公共

---

[45]　早稲田大学が講演参加者名簿を警察に提供した事案については、不法行為に基づく損害賠償に関する最判平成15年9月12日（判例集未登載）と、同じ原告による早稲田大学が行った譴責処分の無効確認、謝罪文の交付等の請求に関する最判平成15年9月12日民集57巻8号973頁がある。詳しくは、宇賀・理論と実務112-123頁参照。

の安全と秩序の維持に当たることをもってその責務とする」と定められている。このうち刑事司法権の補助として行われる作用が司法警察であり、それ以外の行政警察とは区別される[46]。さらに行政警察は、公安警察、風俗警察など警察組織が単独で行う保安警察と、衛生・交通・産業警察などの他の行政と一体的に行われる狭義の行政警察に分類される[47]。テロ対策などは警察法2条1項にいう「犯罪の予防」に当たり、保安警察に分類されよう。早稲田大学事件では、犯罪予防及び保安警察という警察の任務を遂行するにあたって、私立大学との協力のあり方が問題となったわけである。

警察と民間団体との協働のあり方として、平成18年の道路交通法改正により導入された放置違反金制度の導入に伴う駐車規制の民間委託のほか[48]、法的根拠なく行われる防犯ボランティア団体や警備業との協働がある[49]。以上の協働の法的統制のあり方として、駐車規制のように法律上の根拠を用意するアプローチのほかに、防犯を実質的警察概念に含めるという概念の再評価を通して警察法の基本原則（比例原則、平等原則、個人の尊厳の保護）を準用するというアプローチがある[50]。大学が、大学自治または家産管理権に基づき警察組織とは独立して行う秩序維持活動には、後者のアプローチが有効かもしれない。これに対して、早稲田大学事件のケースのように大学が手に負えない事態に対処する場合、警察との密接な協働が必要となろう。また、学生が犯罪に関係している可能性がある場合、むしろ積極的に警察の活動に協力すべきである[51]。ここでは、大学による情報の提供等を通した警察との協働が問題となる。

大学による情報の外部提供は、本人の同意を得ている場合には問題はないが、本人の同意を得ないで収集された学生等の情報の提供については、

---

46) 村上武則『応用行政法〔第2版〕』（有信堂・2001）66頁。
47) 田上穰治『警察法〔新版〕』（有斐閣・1983）44頁。
48) 髙橋明男「駐車規制」ジュリ1330号（2007）17頁。
49) 髙橋明男「警察機能の分散・集中と地方公共団体・民間組織の役割―警察の法構造―」公法70号（2008）197頁以下参照。
50) 髙橋・前掲注(49)205頁。
51) 芦部＝髙橋・憲法167頁以下。

情報の自己決定権という観点からその是非を検討しなければならない。個人情報保護に関する重要な法律としては、個人情報保護に関する基本法及び民間部門に関する一般法の性質をもつ「個人情報の保護に関する法律」（個人情報保護法）、公的部門に関する「行政機関の保有する個人情報保護に関する法律」（行政機関個人情報保護法）及び「独立行政法人等の保有する個人情報の保護に関する法律」（独立行政法人等個人情報保護法）がある。私立大学に対しては個人情報保護法が適用され、国立大学法人には独立行政法人等個人情報保護法の適用がある。[52] 以下では、私立大学及び国立大学法人と警察との情報の共有に関する協力のあり方を、適用法律に即して検討してみよう。

第2項　大学による警察への情報提供

(1) 私立大学の場合

　私立大学は個人情報取扱事業者として、個人情報保護法4章1節で定める義務、すなわち利用目的の特定（個人情報保護法15条）、利用目的による制限（同16条）及び第三者提供の制限（同23条）等の義務を負うことになる。当該義務に違反した場合には、主務大臣による報告の徴収（同32条）、助言（同33条）、勧告（同34条1項）及び命令（同34条2・3）といった監督権限の対象となる。もっとも、私立大学が学術研究目的で行う活動については、上記の義務は全面的に適用が除外される（同50条1項3号）。これは、最終的に当該義務が監督権限によって担保されていることを考慮して、学問の自由への侵害とならないように配慮したことによる。[53] しかし、学術研究目的以外の目的、たとえば教育目的で行う活動について、大学は上記義務を

---

52) 公立大学法人の場合には、公立大学法人を設置する地方公共団体が定める個人情報保護条例が適用される。

53) 宇賀・個人情報保護法の逐条解説200頁。もっとも、私立大学は、個人データの安全管理のために必要かつ適切な措置、個人情報の取扱いに関する苦情の処理その他の個人情報の適正な取扱いを確保するために必要な措置を自ら講じ、かつ、当該措置の内容を公表するよう努めなければならない（50条3項）。

負うことになる。早稲田大学事件では学生向けの講演会に関する参加者名簿の提供が問題となっており、これは教育目的の活動に関わる個人情報の問題であるから、上記義務の適用除外とはならない[54]。

早稲田大学事件では、参加申込みに際して氏名等を記載することとされており、これは、個人情報保護法18条2項が定める「その他本人から直接書面に記載された当該本人の個人情報を取得する場合」に当たる。この場合、原則として、「あらかじめ、本人に対し、その利用目的を明示しなければならない」（同18条2項）。ただし例外として、人の生命、身体または財産の保護のために緊急に必要がある場合はこの限りではない（同18条2項ただし書）。早稲田大学事件の場合、上記例外に該当しないため、すでに警視庁に講演会参加者名簿を提供する方針が固まっていたのであるから、「警備のために警視庁に提供すること」を目的の1つとして明確に特定する必要がある。

また、個人情報保護法18条2項は、次の場合に適用がないとされている（同18条4項）。利用目的を本人に通知しまたは公表することにより本人または第三者の生命、身体、財産その他の権利利益を害するおそれがある場合（同18条4項1号）、利用目的を本人に通知しまたは公表することにより当該個人情報取扱事業者の権利または正当な利益を害するおそれがある場合（同18条4項2号）、国の機関または地方公共団体が法令の定める事務を遂行することに対して協力する必要がある場合であって、利用目的を本人に通知しまたは公表することにより当該事務の遂行に支障を及ぼすおそれがあるとき（同18条4項3号）及び取得の状況からみて利用目的が明らかであると認められる場合（同18条4項4号）である。以上の要件を満たさない場合、当該名簿が警視庁に提供されることは、参加申込用紙に記載しておく必要があることになる[55]。上記のうち検討を要するのは、法18条4項3号の場合であろう。解説書類では、3号に該当する例として、逃亡中の犯人が整形手術を受ける可能性が高いため、警察が当該犯人の身長・体重・人

---

54) 宇賀・理論と実務122頁。
55) 宇賀・理論と実務122頁。

相・方言等の個人情報を病院等に提供し、情報提供の協力を依頼した場合であって、当該病院等が当該個人情報の利用目的を公表することによって犯人逮捕の機会を失してしまう場合が挙げられている[56]。これは、司法警察活動として法令上の根拠を有している事務であることは明らかである。ただし、この例が示すように、「協力する必要がある場合」とは、提供が義務づけられる場合はもちろん、協力に対して拒否できる場合（いわゆる任意調査）も含まれると解される。後者の場合、協力に応じたとしても、あくまで提供者の判断で任意に提供したということになりそうである。警察が警備活動の一環として大学に対して名簿の提供を求める行為は、行政警察としての行政調査である。後に検討するように、警察法2条が任務規範にとどまるか、作用法規範となるかにかかわらず、いずれにせよ、当該規範が正当化できるのは任意の調査のみであろう。その意味では、司法警察活動にかかる前出の例に類似するように思えるが、司法警察活動は具体的な犯罪の嫌疑に基づくものであり、犯罪の嫌疑がない段階での情報収集と同列に論じることはできないであろう。

　私立大学が警察への情報提供をもともと予定していないにもかかわらず、保有する「個人情報」を警察に提供することもありうる。この場合、「個人データ」の第三者提供の制限を定めた個人情報保護法23条に照らして情報提供の可否を検討しなければならない。同条によれば、予め本人の同意を得ることなく第三者に当該情報を提供することは許されない（個人情報保護法23条1項）。ただし、法令に基づく場合（同23条1項1号）、人の生命、身体または財産の保護のために必要がある場合であって、本人の同意を得ることが困難であるとき（同2号）[57]、公衆衛生の向上または児童の健全な育成の推進のために特に必要がある場合であって、本人の同意を得ること

---

[56] 宇賀・個人情報保護法の逐条解説105頁、園部逸夫［編］・藤原静雄＝個人情報保護法制研究会［著］『個人情報保護法の解説〔改訂版〕』（ぎょうせい・2005）125頁以下、134頁、多賀谷一照『要説個人情報保護法』（弘文堂・2005）93頁など参照。

[57] たとえば、生徒等が体育の授業時間中に重傷を負い緊急に手術する必要が生じたため、健康診断の際に取得した血液型の情報を病院に提供する場合などが考えられる。宇賀・理論と実務135頁。

が困難であるとき（同3号）、国の機関もしくは地方公共団体またはその委託を受けた者が法令の定める事務を遂行することに協力する必要がある場合であって、本人の同意を得ることにより当該事務の遂行に支障を及ぼすおそれがあるとき（同4号）には、予め本人の同意を得ることなく当該情報を第三者に提供できる。警備活動に関連して問題となるのは、「法令に基づく場合」（同1号）の該当性であると思われる。「法令に基づく場合」とは、刑事訴訟法197条2項に基づく報告の求めに従う場合、所得税法225条1項に基づき税務署長に対する支払調書の提出を行う場合、個人情報保護法32条に基づく文部科学大臣の報告徴集命令に従う場合、私立学校法6条に基づき文部科学省の求めに応じて生徒等の個人情報を提供する場合等、法令で第三者提供が義務づけられている場合のほか、出入国管理及び難民認定法28条2項に基づく容疑者に対する違反調査（任意調査）等、第三者提供が義務づけられていないが情報収集の根拠規定が置かれている場合が該当する。これらの例は、少なくとも根拠規範に基づいていることから、警察法2条が根拠規範となるかどうかの解釈問題は、第三者への提供の可否の判断を左右することになろう。

(2) 国立大学法人の場合

個人情報を収集する段階ですでに警察への情報提供を予定している場合には、情報の取得につき定めた独立行政法人等個人情報保護法4条の適用がある。同条柱書によれば、国立大学法人が本人から直接書面に記録された当該本人の個人情報を取得するときは、本人に対し予め利用目的を明示しなければならない。ただし、人の生命、身体または財産の保護のために

---

58) たとえば、疾病の予防・治療に関する研究のために大学に情報提供することや、生徒の非行防止のために関係機関との間で情報交換することが、特に必要な場合がある。ただし、このような場合であっても、個人情報の本人の同意を得ることが原則であり、同意を得ることが困難な場合でなければ、同意なしの目的外利用は認められない。宇賀・理論と実務135頁。
59) 宇賀・個人情報保護法の逐条解説119-120頁、同・理論と実務135頁参照。
60) 宇賀・個人情報保護法の逐条解説119頁。

緊急に必要があるとき（4条1号）、利用目的を本人に明示することにより、本人または第三者の生命、身体、財産その他の権利利益を害するおそれがあるとき（同2号）、利用目的を本人に明示することにより、国の機関、独立行政法人等、地方公共団体または地方独立行政法人が行う事務または事業の適正な遂行に支障を及ぼすおそれがあるとき（同3号）には、利用目的を明示しなくてもよい。独立行政法人等個人情報保護法における上記例外事由は、個人情報保護法の例外事由とほぼ同様である。早稲田大学事件の状況では、これら例外該当性に関して私立大学について述べたところと同様に消極的に解されるため、予め利用目的を明示する必要があるだろう。

　第三者への提供を予定していなかった情報を警察に提供する場合は、同9条の適用がある。同条によれば、独立行政法人等は、法令に基づく場合を除き、利用目的以外の目的のために保有個人情報を自ら利用または提供してはならない。しかし、独立行政法人等は、次のいずれかに該当すると認めるときは、利用目的以外の目的のために保有個人情報を自ら利用または提供することができる（同9条2項柱書）。すなわち、本人の同意があるときまたは本人に提供するとき（同9条2項1号）、独立行政法人等が法令の定める業務の遂行に必要な限度で保有個人情報を内部で利用する場合であって、当該保有個人情報を利用することについて相当な理由のあるとき（同2号）、行政機関個人情報保護法2条1項で規定する行政機関、他の独立行政法人等、地方公共団体または地方独立行政法人に保有個人情報を提供する場合において、保有個人情報の提供を受ける者が法令の定める事務または業務の遂行に必要な限度で提供にかかる個人情報を利用し、かつ、当該個人情報を利用することについて相当な理由のあるとき（同3号）、もっぱら統計の作成または学術研究の目的のために保有個人情報を提供するとき、本人以外の者に提供することが明らかに本人の利益になるとき、その他保有個人情報を提供することについて特別の理由のあるとき（同4号）、である。警察が大学に対して情報の提供を要請する局面を想定する場合、3号の適用が問題となろう。3号の場合、警備活動のための情報収集は、「法令の定める事務又は業務の遂行」に当たるかという問題がある。

旧法（行政機関の保有する電子計算機処理に係る個人情報の保護に関する法律）についてであるが、国の警察と都道府県の警察との連絡（警察法5条4項）及び都道府県警察相互間の協力（警察法59条）といった一般的な共助の規定に基づく情報提供は、外部提供を許容する要件としての「法令の定める事務」の遂行に含まれず、提供のためには個別法に基づく根拠規定を必要とするとの見解があった[61]。ここでも、警察法2条に基づく行政調査が「法令の定める事務」に当たるかどうか、つまり、根拠規範性が問題となる。

仮に法令の定める事務等に該当するとしても、当該個人情報の利用に「相当な理由」が必要である。解説書では、「相当な理由のあるとき」の例として、恩給受給者が郵便局で恩給を受給できるようにするため、総務省が保有する恩給受給者の保有個人情報を郵政公社（当時）に提供する場合が挙げられている[62]。すなわち、本人にとって有益な処分に関する具体的な法令の執行のための行政機関間の共助が想定されており、疑わしい者をチェックするための（本人に対する授益的措置等を想定しない）講演会参加者名簿の提供にも同様の解釈が可能かという問題があろう。

(3) 警察法2条について

藤田宙靖は、警察法2条の法的性質に関して、単なる組織規範にとどまらず、警察活動の一般的根拠規範としての性質を有するが、原則として、命令及び強制等の公権力を行使する限りにおいて、個別の法令の授権を要するという考え方が警察実務及び判例において広汎に形成されていると分析する（警察法2条一般根拠規範説）[63]。このように警察法2条を根拠規範と

---

61) 近藤昭三「警察と個人情報保護」堀部政男［編］『ジュリスト増刊／情報公開・個人情報保護』（有斐閣・1994）210頁以下、213頁。
62) 独立行政法人等個人情報保護法と同内容を定める行政機関情報公開法8条2項4号にかかる解説として、宇賀・個人情報保護法の逐条解説264頁参照。
63) 藤田宙靖「警察法二条の意義に関する若干の考察」同『行政法の基礎理論』（有斐閣・2005）351頁以下参照。また、組織規範ととらえられてきたものが行政指導等の活動を正当化しうるとの見解については、松戸浩「行政指導の法的根拠（1～3・完）」広島法学29巻4号（2006）1頁以下、30巻2号（2007）27頁以下、同3号（2007）47頁以下参照。

して理解する場合、上記のとおり、第三者提供について提供者を免責する「法令に基づく場合」(個人情報保護法23条1項1号) または「法令の定める事務」(独立行政法人等個人情報保護法9条2項3号) に該当することになろう。

　犯罪の嫌疑が存在する場合にかかる捜査については、刑事訴訟法197条2項により大学等に対して情報提供を求めることができる。この場合、政府は、第160回国会で提出された質問趣意書に対する回答 (内閣衆質160第20号平成16年8月10日回答) において、報告義務があるという立場を明確にしている。一般的な権限規定に基づく要請に応じた情報提供の正当化については疑問がないではないが[64]、犯罪の嫌疑がある場合には調査対象となる者のプライバシーと司法警察権限の公益性とを衡量し、その結果として前者の権利制限を正当化するとの解釈も可能であろう。後者の利益の重要性に照らして、特定の調査対象のプライバシーへの介入が比例原則に反するとまではいえないように思われる。刑事訴訟法197条2項は、個人情報保護制度における「法に基づく場合」(個人情報保護法23条1項1号)、「法令の定める事務」(独立行政法人等個人情報保護法9条3号) に該当すると解することができるだろう。

　これに対して、犯罪の被疑者を発見するための警察法2条に基づく情報収集には、一定の留保が必要だろう。犯罪の嫌疑がない段階での行政警察にかかる活動についても、警察法2条一般根拠規範説によれば、「法に基づく場合」等に当たるとして、第三者提供の正当化も可能となる。しかし、犯罪の嫌疑がない場合、当該司法警察活動の利益を重視するという前述の前提が成り立つかどうかは疑わしい。それにもかかわらず、何の嫌疑も存在しない段階で私人のプライバシーが侵害されるという問題があり、この状況で情報収集・提供が警察法2条により正当化できると解することにはためらいを感じる。警察法2条に基づく情報提供の要請については、原則として集会参加者の同意をとることが必要であろう。ただ、そうはいって

---

64) 情報の提供は一般的な規定に基づいて行うべきではなく、提供自体を定めた規定に基づいて限定的に判断されるべきであるとする、本来的には正当な主張として、野村武司「行政による情報の収集、保管、利用等」新構想Ⅲ 332頁参照。

も、被疑者の特定のために個人情報を緊急に取得する必要がある場合を想定すると、警察法2条一般根拠規範拠説による正当化の余地を残しておくべきかもしれない。ただし、警察法2条による警察の情報収集及び大学の情報提供が正当化されるのは、重大な犯罪の予防を目的とする場合に限定されるべきであろう。

　以上のように、情報提供について一定の正当化が可能であるとしても、情報の取得後の問題に関しては、情報自己決定権の要請を満たしているかどうかという問題がある。ドイツでは、情報の取得にとどまらず、スクリーニング等の情報の処理過程が情報自己決定権への侵害となることは、国勢調査判決以来確定した法理となっており、網目スクリーン捜査にかかる2006年決定においても、その旨が判示されている。そして、行政手続法及び個人情報保護法が定める共助・情報提供に関する規定は、権利侵害を正当化する根拠規範たりえないと解されており[65]、そのため警察法等において詳細な根拠・手続等の諸規定が設けられている。一方、わが国では現在のところ、行政機関による個人情報の取得・保有等は、それについて立法の定めが当然に必要であるような権利自由の制限に当たるとはみられておらず、特定個人に関する情報を本人に知らせないで系統的に集積・処理・保存することは、立法規定なしに行われたとしても当然に違法とはならない[66]。情報の集積・処理・保存は、確かに伝統的な命令及び強制を伴う侵害処分とは性質を異にするであろうが、これらに関して法治主義的及び民主主義的な正当化を全く必要としないと解することは、情報自己決定権の軽視につながるのではないだろうか。可能な限りで実体法上の規律を十分に行う努力をすることが必要であろうし、根拠規範の不十分さをある程度甘受するとしても、こうした法治主義的要請の弱化に対する代償という意味で、処理・保管・削除にかかるルールを法的に整備すべきであろう[67]。

---

65) Kopp/Ramsauer, VwVfG, §5 Rn. 18-22：島田・前掲注(4)157-161頁。
66) 小早川・上310頁。
67) もっとも、2006年決定は情報の処理・保管のルールの法定に対して、具体的危険の要件の放棄を正当化するほどの代償機能を認めなかった。

◆第 5 章　文献

〔ドイツ語〕

Drews, Bill/Wacke, Gerhard/Vogel, Klaus/Martens, Wolfgang, Gefahrenabwehr, 9. Aufl. 1986〔**Drews/Wacke/Vogel/Martens, Gefahrenabwehr**〕

Groß, Thomas, Terrorbekämpfng und Grundrechte, KJ 2002, 1

Gusy, Christoph, Rasterfahndung nach Polizeirecht ?, KritV 2002, 474

Horn, Hans-Detlef, Vorbeugende Rasterfahndung und informationelle Selbstbestimmung, DÖV 2003, 746

Knemeyer, Franz-Ludwig, Polizei- und Ordnungsrecht, 10. Aufl., 2004〔**Knemeyer, Polizei- und Ordnungsrecht**〕

Kopp, Ferdinand O./Ramsauer, Ulrich, Verwaltungsverfahrensgesetz, Kommentar 10. Aufl., 2007〔**Kopp/Ramsauer, VwVfG**〕

Pieroth, Bodo/Schlink, Bernhard/Kniesel, Michael, Polizei- und Ordnungsrecht, 4. Aufl., 2007〔**Pieroth/Schlink/Kniesel, Polizei- und Ordnungsrecht**〕

Roellecke, Gerd, Der Rechtsstaat im Kampf gegen den Terror, JZ 2006, 265

Schoch, Friedrich, Abschied von Polizeirecht des liberalen Rechtsstaats ?, Der Staat 2004, 348

Schulze-Fielitz, Helmuth, Nach dem 11. September：An den Leistungsgrenzen eines verfassungsstaatlichen Polizeirechts ?, Festschrift für Walter Schmitt-Glaeser, 2003, 424〔**Schulze-Fielitz, FS Schmitt-Glaeser, 2003**〕

Trute, Hans-Heinrich, Gefahr und Prävention in der Rechtssprechung zum Polizei- und Ordnungsrecht, Die Verwaltung 2003, 501

Volkmann, Uwe, Die Verabschiedung der Rasterfahndung als Mittel der vorbeugenden Verbrechensbekämpfung, Jura 2007, 133

〔日本語〕

芦部信喜［著］・高橋和之［補訂］『憲法〔第 5 版〕』（岩波書店・2011）〔**芦部＝高橋・憲法**〕

磯部力「『安全の中の自由』の法理と警察法理論」警察政策 7 巻（2005）8 頁

宇賀克也『個人情報保護法の逐条解説〔第 3 版〕』（有斐閣・2009）〔**宇賀・個人情報保護法の逐条解説**〕

宇賀克也『個人情報保護の理論と実務』（有斐閣・2009）〔**宇賀・理論と実務**〕

大沢秀助＝小山剛［編著］『市民生活の自由と安全──各国のテロ対策法制──』（成文堂・2006）

荻野聡「行政法における比例原則」芝池義一＝小早川光郎＝宇賀克也［編］『行政法の争点

〔第3版〕』（有斐閣・2004）22頁

黒川哲志『環境管理の法理と手法』（成文堂・2004）

桑原勇進「危険概念の考察―ドイツ警察法を中心に―」碓井光明＝水野忠恒＝小早川光郎＝中里実［編］『公法学の法と政策 下巻』（有斐閣・2000）647頁

小早川光郎『行政法 上』（弘文堂・1999）〔**小早川・上**〕

近藤昭三「警察と個人情報保護」堀部政男［編］『ジュリスト増刊／情報公開・個人情報保護』（有斐閣・1994）210頁

島田茂「ドイツにおける予防警察的情報収集活動と侵害留保論」吉川経夫［編］『各国警察制度の再編』（法政大学出版局・1995）123頁

島田茂「ドイツ警察法における『犯罪の予防的制圧』の任務と権限」甲南法学47巻1号（2006）53頁

島村健「予防的介入と補償」石田眞＝大塚直［編］『労働と環境』（日本評論社・2008）215頁

下山憲司『リスク行政の法的構造』（敬文堂・2007）

白藤博行「『安全の中の自由』論と警察行政法」公法69号（2007）50頁

鈴木庸夫＝藤原静雄「西ドイツ連邦憲法裁判所の国政調査判決（上・下）」ジュリ817号64頁、818号76頁（1984）

須藤陽子『比例原則の現代的意義と機能』（法律文化社・2010）〔**須藤・比例原則**〕

園部逸夫［編］・藤原静雄＝個人情報保護法制研究会［著］『個人情報保護法の解説〔改訂版〕』（ぎょうせい・2005）

高橋明男「駐車規制」ジュリ1330号（2007）17頁

高橋明男「警察機能の分散・集中と地方公共団体・民間組織の役割―警察の法構造―」公法70号（2008）197頁

田上穣治『警察法〔新版〕』（1983）

多賀谷一照『要説個人情報保護法』（弘文堂・2005）

テッティンガー、P. J.（小山剛［訳］）「安全の中の自由」警察学論集55巻11号（2002）144頁

戸部真澄『不確実性の法的制御』（信山社・2009）

野村武司「行政による情報の収集、保管、利用等」磯部力＝小早川光郎＝芝池義一［編］『行政法の新構想Ⅲ』（有斐閣・2008）315頁〔**新構想Ⅲ**〕

平松毅『個人情報保護 理論と運用』（有信堂高文社・2009）

藤田宙靖「警察法二条の意義に関する若干の考察」同『行政法の基礎理論』（有斐閣・2005）351頁

藤原静雄「西ドイツ国勢調査判決における『情報の自己決定権』」一橋論叢94巻5号（1985）138頁

藤原静雄「改正連邦データ保護法（2001年5月23日施行）」季刊行政管理研究99号

（2002）76頁
松戸浩「行政指導の法的根拠（1〜3・完）」広島法学29巻4号1頁、30巻2号27頁、同3号47頁（2006-2007）
松本和彦『基本権保障の憲法理論』（大阪大学出版会・2001）
村上武則『応用行政法〔第2版〕』（有信堂・2001）
山下義昭「ドイツ連邦データ保護法」クレジット研究22号（1999）50頁
山下龍一「西ドイツ環境法における事前配慮原則（1〜2・完）」法学論叢129巻4号（1991）32頁、同6号（1991）41頁
吉田尚正「ドイツにおける『安全の中の自由』論と日本の治安への含意」自研80巻11号（2004）114頁
米田雅宏「危険概念の解釈方法—損害発生の蓋然性と帰納的推論（1〜4・完）—」自研83巻8号95頁、同10号87頁、同11号118頁（2007）、84巻1号103頁（2008）

第2部

試験の法理

第1章

試験と法治主義

第1節　職業の自由と試験制度

第1項　職業の自由の規制としての試験

　本稿は、受験者の能力を測る各種の試験の中で、特に職業の自由を直接的に規制する試験を主な検討対象とする。この場合の試験は職業の自由という憲法上の権利の規制の仕組みとなるため、制度について憲法上の正当化が求められることになる。本稿は、職業の自由を直接的に規制する資格制の中で実施される各種試験を職業関連型試験と呼ぶ。比較の対象とするドイツ法では、とりわけ職業関連型試験について試験の法理が発展しており、その法理は一定程度で、職業の自由と直接には関連しない試験（以下では「非関連型」という）にも援用されている。ドイツにおける職業関連型試験の法理の中には、試験法総論の形成に寄与する理論が内包されている可能性があり、その検討はわが国の試験法の形成にとっても有意義であろう。

　ところで、職業の自由を規制するための法律上の仕組みとしては、特定の事業を遂行するために監督官庁の許可を要する許可制がある。許可制は、自由の一般的禁止を一定の条件の下で解除する仕組みであり、職業関連型試験が組み込まれた免許制もそうである[1]。しかし、両者では自由制限の解

---

1)　たとえば、今村茂和［著］・畠山武道［補訂］『行政法入門〔第8版補訂版〕』（有斐閣・2007）71頁以下や広岡隆『行政法総論〔第5版〕』（ミネルヴァ書房・2005）126頁以下では、医師、弁護士、公認会計士などの国家試験を組み込んだ免許を講学上の許可制

除の要件について、立法者の関与の程度について質的な相違があるように思われる。前者の場合、法治主義の要請は立法者に対して強く及ぶと考えられるが、国家試験の場合には必ずしもそうとはいえない。それは、試験で一定の成果を達成することが規制解除の要件となることに起因している。試験の受験者は、出題者の創意工夫の下で作成された試験の課題に取り組むことになる。そして、受験者の解答を評価する者は、その評価過程において、法令等で定められた抽象的な評価基準をさらに具体化するために試験官固有の評価基準を用いることになる。すなわち、自由制限を解除するという制度の根幹的な判断が立法者にではなく、評価を担う試験官に委ねられてしまうのである。通常の許可制において果たしている立法者の役割と比較して、試験の課題作成及び受験者の答案の評価の過程で認められる評価者の権限の広さは、試験制度の特徴として留意すべきであろう。本稿の目的は、上記の相違点をふまえつつ、試験に妥当すべき法理及び法制度を探ることにある。

第2項　試験制度と法律の留保

(1) 職業の自由規制と法律の留保

　職業の自由を規制する職業関連型における試験制度は、侵害留保説の立場からも明らかに法律の留保が及ぶことになろう。わが国の職業関連型試験に関する現行法制度も、試験の仕組みについては根拠規範を用意している。しかし、同じく自由禁止の解除として位置づけられる許可制に比して、法律の留保が本来的に求めているはずの規制に関する民主的正当化の程度には前述のように差異があるように思われる。では、試験法制における法

　　として扱っている。免許制では、国家試験の合格後、登録をしなければ当該業を営めないものもあり、この場合、登録が許可ととらえられることになる。しかし、国家試験の合格が登録の要件なので、不合格の判定は行政処分に該当すると思われる。登録については、山内一夫『行政法』（第一法規出版・1986）326頁以下参照。なお、芦部＝高橋・憲法217頁では、医師、薬剤師及び弁護士等に関する規制類型を届出制や特許制とは別に資格制として説明している。

律の留保の要請は、どの程度で及ぶのだろうか。

　基本法12条1項によれば、すべてのドイツ人は職業、職場及び養成所を自由に選択する権利を有し（1文）、これとは別に、職業における活動範囲及び種類に関する決定の自由を意味する職業行使の自由を有する（2文）。試験制度は、人格の発展と結びついた職業の選択の自由の規制であり、職業行使の自由の規制よりは侵害の程度が強いと解されている。基本法12条1項2文では、「自由な職業行使の権利」は法律または法律に基づいて規制されると定められているが、こうした理解は、「職業選択の自由」にも妥当する。職業選択は職業行使の始まりであり、職業行使は職業選択の恒常的な確認を意味するからである。基本法は職業選択及び職業の行使について法律の留保を定めているが、前者の局面に対する介入については、後者の場合よりも憲法上の正当化の要請は強く働くと解されている。

　今日のドイツにおける支配的見解によれば、試験制度にも法律の留保が及ぶと解されているが、1970年代までのドイツの議論は必ずしも通説と呼べるものはなかった。というのは、行政規則としての試験規定が学説・判例において承認されていたからである。判例は、平等原則を通して行政規則に関する行政の自己拘束の法理を発展させ、試験実施機関は行政規則としての試験規定に拘束されているとの解釈を提示していた。また、学校関係を特別権力関係としてとらえた上で唱えられた「特別規則（Sonderver-

---

2) U. v. 11. 6. 1958, BVerfGE 7, 377, 408.
3) BVerfGE 7, 377, 401ff.；高田敏「職業選択の自由の規制とボン基本法12条第1項」同『社会的法治国の形成』（信山社・1993）394頁以下参照。
4) Pieroth/Schlink, Rn. 845；覚道豊治「薬局開設拒否事件」ドイツ判例百選66頁以下。
5) Pietzcker, Prüfungen, 149ff.；Wahl, DVBl 1985, 822, 827；Niehues, Rn. 33ff.；ドイツにおける大学の試験及び国家試験の法制度の概観について、青田テル子「試験法（Prüfungsrecht）とその法的基盤」帝塚山法学20号（2010）200頁以下、甲斐素直「ドイツにおける法曹養成制度改革について―制度の概要―」法学紀要49巻（2007）7頁以下参照。
6) 行政の自己拘束の法理の根拠について、平等原則説のほかに信頼保護原則説がある。平岡久『行政法解釈の諸問題』（勁草書房・2007）243頁以下、乙部哲郎『行政の自己拘束の法理』（信山社・2001）27頁以下参照。
7) BVerwG, U. v. 24. 4. 1959, NJW 1959, 1843；U. v. 12. 5. 1961, NJW 1962, 122；大橋・行政規則57頁。

ordnung)」説によれば、試験規定の法規的な性質及び外部効果が認められ、当該規則について法律の授権は不要とされる。しかし、現在では、特別規則とされてきたものについても、民主主義及び基本権の観点から授権規範が用意されることが多く、法源としての特別規則の存在意義は失われつつあるという。

(2) 法律の留保及び代償原則

試験が法律の留保に服するとしても、具体的にどのような事項について法律で定めなければならないかが問題となる。ドイツの通説をなす本質性理論によれば、基本権にとって重要な意味を有する問題は議会が自ら定めなければならないとされ、連邦憲法裁判所は、職業の自由の規制や学校法領域等で特定の事項について議会自ら規律すべきことを求めている。試験制度に関しても、学説はどのような事項が議会留保に服するか、それとも法規命令によって定めうるかについて検討している。たとえば、試験実施機関の管轄——どのような機関が試験手続を実施し、合否の決定について責任を負うのか——、試験官に求められる資格、試験官の数、受験の要件、合格の基準、辞退の要件及び再試の要件などについて、議会による規律の必要性が唱えられている。試験の手続や組織についても法律による規律が求められているのは、試験判定には広範な判断余地が認められるため、司法審査に限界があることが影響している。すなわち、実体法による基本権保護が弱ければ弱いほど、組織と手続による基本権保障の要請が高まり、立法者が組織と手続についても責任を負うべきであると考えられるので

---

8) Böckenförde/Grawert, AÖR, 1970, 16ff.；平岡・前掲注（6）296頁以下。
9) Wolff/Bachof/Stober/Kluth, §25 Rn. 56；大橋・行政規則79頁以下。
10) 大橋・行為形式論1頁以下、同・行政規則93頁以下。
11) 2000年7月まで連邦行政裁判所の試験訴訟を管轄する第6部を統括していたニーフーズは、試験制度に関する立法者の制御力について、不確定法概念、一般条項あるいは法規命令の授権という方法を用いざるをえないことから、かなりの不安定さがあると指摘する。Niehues, Rn. 35.
12) Niehues, Rn. 35ff.；Zimmerling/Brehm, Rn. 10ff.；Becker, NJW 1990, 273ff.

ある。こうした「組織と手続による基本権保護」(第3章第1節)の思考は、「予定状態＝現状＋代償」と考える代償原則（Kompensationsprinzip）の適用例としてとらえられている。

　ところで、受験資格を設定するに際してどの程度の教育を求めるべきか、試験でいかなる課題を課すべきかなどの大枠については、各種試験に関連する業界の専門家の意見なくして適切な結論を得ることは困難であろう。最終的な決定権限を議会の外部に委譲することなく、助言的な機関の介在にとどまるのであれば、議会の権限の喪失を補うという意味での代償原則の適用は必要ない。連邦憲法裁判所は、決定的な性質を有するあらゆる行政活動に民主的正統性を求めているが、原則として、民主的な正統化を要する活動の範囲から単なる準備的な活動及び純粋な助言活動を除外している。したがって、法的な決定権限をもたず、助言的な活動をするにすぎない機関を立法レベルで介在させたとしても、議会留保の観点から問題はない。

(3) 明確性の原則

　試験法制について上記学説が挙げた事項を議会留保に服せしめるとしても、試験の具体的な方法については、ある程度で下位の法令で定める必要があろう。ドイツでは、基本法80条1項が法規命令の制定に一定の枠をはめている。同条は、議会の法律によって立法権限を、連邦政府、連邦大臣または州政府に委任できる旨を定めている。委任の要件は、委任する立法

---

13) BVerwG, U. v. 24. 2. 1993, NVwZ 1993, 681.
14) Voßkuhle, 48.
15) Voßkuhle, 42ff.；環境法領域における代償原則の適用について、中原茂樹［書評］「学界展望・行政法：Andreas Voßkuhle, Das Kompensationsprinzip, 1999」国家116巻7＝8号 (2003) 851-854頁、勢一智子「補償原則―ドイツ環境法にみる持続的発展のための調整原理―」西南学院法学論集37巻1号 (2004) 71-94頁。
16) Voßkuhle, 38f.
17) U. v. 31. 1. 1990, BVerfGE 83, 60, 73f.；太田匡彦「ドイツ連邦憲法裁判所における民主的正統化（demokratische Legitimation）思考の展開―BVerfGE 93, 37まで―」藤田宙靖＝高橋和之［編］『憲法論集　樋口陽一先生古稀記念』（創文社・2004）322頁も参照。

において委任された立法権限の内容、目的及び程度が明確にされること（1項2文）及び法規命令において授権する法律の根拠が引用されること（3文）である。前者は、授権規範の明確性を要求することにより立法者の責任放棄を禁ずる趣旨であり、後者は、授権法律の明示を通して法規命令制定者に対して当該法令の制定の可否を確認させ、かつ、当該命令について行政の自己コントロールの便宜を図る趣旨である。[18]議会は、執行府に立法権限を委ねるに際して当該権限の限界に配慮すべきであり、委任の範囲が不明確な場合には、民主主義及び権力分立原理を損なうことになる。[19]

　もっとも、法律の規定が明確ではないからといって、必ずしも常に許されないわけではない。規範の規律対象が複雑で動態的であるがゆえに明確に規定することが適切とはいえず、法律に一定の不明確さをもたせることが好ましい場合もありうる。たとえば、原発設置許可手続にかかる「学問及び技術水準（Stand der Wissenschaft und Technik）」という要件の明確性について、1978年8月8日連邦憲法裁判諸決定（カルカー決定）は比較的緩やかな要請をしている。本決定は、執行府の法規命令、行政実務及び判例によって不確定性はある程度縮減するのであり、また、ある程度で不確定性を甘受しなければ、立法者は実用性のない規定を設けるか、規律を全く放棄することになり、いずれの事態も基本権保護にとっては好ましくない旨を判示した。[20]しかし、「学問及び技術水準」という文言は、法律の名宛人たる専門家にとっては明確であると指摘されていることに留意すべきであろう。[21]

　一方、規範の明確性について厳格な要求をした連邦憲法裁判所として、

---

18) Bauer, Art. 80 Rn. 27ff., 43, in：Dreier, GG Ⅱ.
19) 平岡久「法規命令制定への法律による授権の明確性（1～3・完）」大阪市立大学法学雑誌28巻3＝4号（1982）29頁、29巻3号（1983）48頁、35巻1号（1988）203頁参照。
20) BVerfGE 49, 89, 137；動態的な権利保護が問題となる場合にも、本質性理論の観点から法律による一定程度の規律の必要性が説かれている。松本和彦「基本権の制約と法律の留保」樋口陽一＝植村貞美＝戸波江二［編］『日独憲法学の創造力 上巻』（信山社・2003）388頁以下参照。
21) Bröhmer, 163.

1983年12月15日連邦憲法裁判所判決（国勢調査判決）がある。1983年国勢調査法9条は、収集情報を提供義務者に対する不利益措置のために利用してはならないとの不利益禁止を定めていたものの、国勢調査判決は、当該規定が不明確なため、データの収集から提供・利用に至る過程で情報提供義務者の情報自己決定権に対する侵害が生じうると判示した[22]。他方で、不確定な条文であっても、警察法上の「危険」概念のように、長年の判例・学説の展開によって一定程度意味内容が明確化されることもある。しかし、たとえそうだとしても、立法者は安易に法の具体化をその適用者に委ねるべきではなく、原則として、規範の設定時に規範の明確性は要請されるべきであろう。そうでなければ、規範設定時に規範の認識可能性がなく、法治主義の要請が損なわれることになる。

しかし、試験法においては、たとえば、優や良といった評点がどの程度の達成度を指すかについて明確に規定することはできないため、法治主義の要請としての明確性の原則は限定されざるをえないといわれている[23]。試験法令は、受験者が試験に合格するためにどの程度の専門的な能力を証明しなければならないかについて、決して詳細な定めを置いていない。たとえば、司法試験の場合、「裁判官の資格（Befähigung zum Richter）」が試験で求められる能力の基準となるが、それが意味する内容が不明確なことは否定できない[24]。試験問題の難易度をどの程度で設定するか、受験者の解答を優とするか、良とするか等の判断に際して、試験官自らの専門知識の援用とともに、過去の試験の経験をふまえる必要があろう[25]。そして、試験官がその経験に基づく固有の基準に則して判断・評価できることについて、争いはない（第2部第2章第2節第3項(3)）。一定の能力の証明を求めることにより、公益性の高い職業の質を確保するという要請にとって、試験官の

---

[22] BVerfGE 65, 1, 65.
[23] Muckel, WissR 1994, 107, 115 ; Rozek, NVwZ 1992, 343, 345.
[24] Niehues, Rn. 35.
[25] 試験官の評価特権と評されることがある。青田テル子「試験官の評価特権と司法審査」HUMANITAS（奈良県立医科大学一般教育紀要）25号（2000）43頁以下参照。

専門的な能力は不可欠である。また、立法者による基準の法定が無理だとすると、評価の客観性及び平等を確保するための評価基準は試験官に委ねざるをえない。

第 2 節　法的安定性及び信頼保護

　法的安定性（Rechtssicherheit）は法治国家の重要な要素であり、個人の自由と密接に関連する。信頼できる法秩序なくして、市民が自己の考えに基づいて自由に生活を営むことはできないからである[26]。また法的安定性は、規範の制定・変更に際して、その法的効力が及ぶ時間的な範囲が予め明確であることを求める。規範が特定の時点で効力を有するかどうかが明らかでないと、市民はどのような法状態に即して行動すべきかを認識できないからである。ただし、法的安定性の要請は、法を常に社会に適合させることを任務とする立法者の形成の自由と緊張関係にある。刑法の領域では、基本法103条 2 項が明文で絶対的な遡及禁止を規定し、これにより市民は行動の時点で妥当した法の適用を受けることとなり、その後の不利益な変更の効力を受けない。刑法以外の領域では絶対的な遡及効の禁止は存在しないものの、やはり安易な遡及は許されていない[27]。

　ドイツでは、法律規範の真性遡及と不真性遡及との区別がある。真性遡及とは、法施行時において完結している行為・事実に法的効果を及ぼす場合であり、不真性遡及とは、法施行時において継続している行為・事実に法的効果を及ぼす場合である。真性遡及は原則として許されないのに対して、不真性遡及の場合、負担を被る者の保護に値する利益と現在の法律[28]

---

26)　Maurer, §60 Rn. 6ff., in：HStR Ⅲ.
27)　乙部哲郎「西ドイツ公法における信頼保護原則の動向─行政法規の遡及禁止との関連において─」神戸学院法学 6 巻 1 号（1975）181頁以下、首藤重幸「法律規定における遡及効の 2 つの類型と憲法原則─所得税法事件─」ドイツ憲法判例研究会［編］『ドイツの憲法判例〔第 2 版〕』（信山社・2003）377頁以下。
28)　乙部・前掲注(27)189-190頁。ただし、関係者が遡及する時点で規律の存続を見込めなかった場合や、合理的な法律の変更による損害が僅少な場合には、保護に値する信頼

状態の変更という公益との衡量によりその可否が判断されることとなり、その遡及効は、真性遡及よりも緩やかな要件で認められている。試験法の領域では、試験規定の変更により試験条件の変更は許容されるのか、どの程度で変更が可能なのかが、機会平等の観点から問題となる。受験者が受験準備を進めている時点で何らかの変更が行われる場合には、試験の実施前であるから不真性遡及が問題となる。たとえば、医師試験に関して移行期間を設けることなく、筆記試験に「評点付け」を導入した事案についての判例として、1986年2月28日連邦行政裁判所判決がある。同判決では、試験の難易度の厳格化ではなく評点の導入という形式上の試験条件の変更であるとしても、法治国家により保障される信頼保護の援用は排除されないとしつつ、試験の準備は評点の導入いかんにかかわらず行われるはずであるとの理由から、要保護性を認めなかった。[29] 評点付けがその後のキャリアに何らかの影響があるとすると、上記判示の評価については判断が分かれるだろう。

第3節　比例原則

　連邦憲法裁判所は、職業の自由への介入と関係者の保護とを調整するために、いわゆる段階理論と呼ばれる考え方を提示した。段階理論によれば、規制の態様に応じて介入の強度が段階的に高まり、強い介入ほど正当化の要請が強まると考えられている。そして、正当化の要請が強まることにより、比例原則の観点からの審査が強化されることになる。比例原則は、①目的の達成を可能としうる手段か否かを問う適合性（Geeignetheit）の原則、②より緩やかな手段によっては上記の目的を有効に達成できないこと

は存在するとはいえないし、また、以前の法状態が不明確で欠陥があった場合や、公正を欠くためその修正を要する場合には、市民は現行法をあてにすることはできない。これらの場合には、例外的に真性遡及が許されると解されている。

29) NJW 1987, 723ff.；合格基準の厳格化や難易度を上げる場合などは、試験準備の内容に影響するため、移行期間を設けるべきであると考えられている。Niehues, Rn. 81ff.

を求める必要性（Erforderlichkeit）の原則及び③侵害によってもたらされる不利益が成果に比して大きい場合に措置をとることを禁じる狭義の比例原則への適合を求める。[30]

　段階理論では、規制の強度は次のように段階づけられる。まず、職業活動を遂行する方法に関する規制、すなわち、職業活動について「どのように」行うかの規制を第1段階とする。続いて、職業選択の自由に対する主観的な許可要件の設定を第2段階とし、最も厳しい第3段階の規制として、職業選択の自由に対する客観的な許可要件の設定を位置づける。[31]その上で同理論は、第1段階では基本権制限が公益に照らして合目的な場合に正当化できるのに対して、第2段階では侵害が重要な公益の保護のためにやむをえず必要とされる場合でなければ正当化されないとする。第3段階に至っては、非常に重要な公益に対する危険につき明白な蓋然性が認められる場合でなければ正当化されないとされている。[32]

　主観的許可要件は、一般的禁止の解除要件としての個人的な資質、経験、学歴及び実績等を考慮した要件であり、客観的許可要件は、希望者が影響力を及ぼすことができない、本人の能力とは無関係な基準の充足を求める要件である。試験制度は、職業選択の自由に関わり、介入の態様として主観的な許可要件と客観的な許可要件の設定がありうるだろう。ドイツでは、国家試験について主観的な許可要件を定める場合が一般的であるといわれる。[33]不適切な職業行使により危険にさらされる公益を保護するために、

30）ドイツにおける比例原則の内容の詳細な検討については、須藤・比例原則22頁以下。なお、日本の最高裁判所は、経済的自由に関する判決においてドイツで用いられる比例原則を適用していると解されている。石川健治「自分のことは自分できめる―国家・社会・個人―」樋口陽一［編］『ホーンブック憲法〔改訂版〕』（北樹出版・2000）124頁以下、177-182頁、同「営業の自由とその規制」大石眞=石川健治［編］『憲法の争点』（有斐閣・2008）148頁以下、151頁。

31）U. v. 11. 6. 1958, BVerfGE 7, 377, 405ff.

32）BVerfGE 7, 377, 406ff.；職業選択の自由について、ドイツの連邦憲法裁判所が厳格な比例原則の適用を行っていることについては、青柳幸一「基本権の侵害と比例原則」芦部信喜先生還暦記念論文集刊行会［編］『憲法訴訟と人権の理論 芦部信喜先生還暦記念』（有斐閣・1985）604頁以下参照。

試験を課すことには十分な理由があるといえよう。もっとも、試験は一定の知識を問うものであるが、いかなる知識を試験で問うことが公益のために必要なのかが問題となる。いかなる水準の教育を求め、いかなる水準の試験を課すかについては、少なくとも、ある程度は試験の実施機関または試験官の判断に委ねるほかない。テストの方法に関する原理に、「妥当性（validity）」と「信頼性（reliability）」がある。前者は、ある評価方法がどの程度当初意図したものを測定しているか、たとえば司法試験において法的知識などを扱う問題となっているかを問うものであり、後者は、ある評価方法が技能や達成事項をどの程度正確に測定しているか、すなわちくり返しテストを受けても一定の結果を示すかを問うものである。[34] 各科目の専門家以外に上記の原理に配慮した課題を作成することは不可能であろう。

試験の目的は職業に関する能力を見極めることであるから、試験問題の難易度によって合格の水準が左右されることは本来好ましくない。ところが実際には、年によって若干の難易度の変動がある。そうだとすると、試験は純粋に主観的要件のみを設定したものとはいい切れないようにも思われる。また、難易度が極端に高い試験となってしまった場合、当該試験は求められる職業像に照らして比例的であったかどうかが問題となろう。[35]

国家試験の受験の回数制限も、比例原則の観点から問題となりうる。連邦行政裁判所は、2度の失敗は候補者の能力不足を示す十分な証明であるとして、早くから受験の回数制限を合法としてきた。[36] しかし、受験した年により、受験者、試験の難易度及び試験官の評価基準も異なることは不可避であるから、試験の判定には不確定な要素が伴わざるをえない。[37] そのため、再受験の可能性を1度ないし2度に制限することについては、比例原則の観点から疑問視する見解もある。[38] もっとも、1992年から、司法試験に

---

33) Pieroth/Schlink, Rn. 832f.
34) ギップス81-108頁。
35) Becker, NJW 1990, 275.
36) U. v. 14. 6. 1963, DVBl 1964, 317；もっとも、ドイツの場合、司法試験における合格率の高さや高等教育にかかる費用の違いに留意すべきであろう。
37) Zimmerling/Brehm, Rn. 49.

関しては、正規学修期間の終了前の受験は受験回数に数えられないという不算入受験（Freiversuch）の制度が導入され、回数制限については若干緩和されている[39]。不参入受験の導入は、学修の終了と合格を確実に早めているという[40]。

　合格基準をめぐって、比例原則の適用が問題となることもある。1978年の医師開業免許規定14条5項によれば、医師国家試験では、受験者が少なくとも問題の60％を正答した場合にのみ合格させる、絶対的合格規制が敷かれていた。絶対的合格規制については違憲説が唱えられてきたが[41]、1989年3月14日連邦憲法裁判所判決により、絶対的合格規制は違憲であるとの判断が示された[42]。職業選択の自由に関する主観的な許可制限として、比例原則に適合しないという理由である。1989年判決は、職業の自由への侵害は同様に効果的な、しかし、より制限的でない他の手段がない場合にのみ許され、より制限的でない手段として相対的合格規制があるとした。この判決以降、医師国家試験では、絶対的合格規制と相対的合格規制が併用されている。これは、少なくとも正答率60％以上を達成した場合に合格とするとともに、最短年限で受験した者の試験成績の平均を22％下回らなければ合格とする仕組みである。

第4節　平等原則

　法令の変更により特定の受験者が不利益を被る場合は、前述のとおり、信頼保護の原則に違反する可能性があると同時に、平等原則に違反する可能性もある。試験法では、平等原則が最も重要な原則として、立法に対し

---

38)　Becker, 147ff.
39)　Waldeyer, §15 Rn. 29f.（Stand 1999), in：Hailbronner, HRG；早く受験した者ほど良い成績で合格する割合が高いという。
40)　エーラース143頁以下。また、法曹養成期間の長期化対策については、小野秀誠『大学と法曹養成制度』（信山社・2001）163頁以下参照。
41)　Pietzcker, DÖV 1984, 808；Becker, 214ff.
42)　BVerfGE 80, 1.

てだけでなく、行政に対しても縛りをかけている[43]。たとえば、特定の受験者のみが試験中に一定程度の騒音等の障害にさらされる状況は、機会平等原則に反すると評価されることがある。ドイツでは、一定程度の障害を除去できなかった限りで、受験者による迅速な申立てを条件に、時間延長等の何らかの代償措置をとることが試験の実施機関に義務づけられる。また、試験の実施機関は受験者による申告等の協力義務を前提として、試験官の党派性の回避や障害者に対する試験の負担軽減措置を図る等の配慮も求められている[44]。これらの措置がとられない場合、平等原則に反する試験の実施となり、それが試験の結果に影響するか否かという問題を引き起こすことになる（第2部第3章第6節）。

もっとも、これらの手続的な瑕疵を取り除くことができなかったからといって、不合格判定から合格判定に変更されることはなく、また、より良い評点での合格に改められることもない。さらに上記瑕疵は、あくまで受験者が試験答案を作成する段階での瑕疵（試験の実施に関する瑕疵）であり、試験官の評価行為に瑕疵があるわけではないから、評価のやり直しにつながることはない。この場合、代償措置として考慮されるのは再試験であるが、必ずしもすべての手続瑕疵が試験の廃止や再試につながるとは考えられていない。代償措置がとられるのは、試験の瑕疵が重大で試験結果に影響を及ぼした可能性がある場合に限られる[45]。

また、次に取り上げる連邦憲法裁判所1991年決定では、判断余地を根拠づけるために機会平等原則が用いられた。すなわち、個々の受験者が訴訟を提起することによって、他の受験者とは独立した評価の機会を得る場合には機会平等原則が損なわれることから、すべての候補者の同等の評価は、評価に際して試験実施機関に決定の余地を残すことを通して裁判コントロールが制限される場合にのみ達成されるという[46]。このように、機会平等原

---

43) Lindner, BayVBl 1990, 100ff.
44) Lindner, BayVBl 1999, 103.
45) Lindner, BayVBl 1999, 104.
46) BVerfGE 84, 34, 52.

則から、憲法上正当化される試験法上の判断余地が生じるとの論法は従来みられなかった新しいものであるが、一定の学説の支持を得るとともに、連邦行政裁判所にも受け入れられていった。

第2章

試験判定に対する裁判上の統制

第1節　1991年決定以前の学説と判例

第1項　試験訴訟の始まり

　ドイツにおいて国家試験等の判定を争う訴訟が起きたのは、第二次世界大戦後、行政訴訟制度に概括主義が導入されてからである。1952年4月22日ラインラント-プファルツ行政裁判所判決は、司法試験の判定につき行政行為としての性格を承認したが、これに対して学説は異論を唱えた[1]。たとえば、試験判定は三権の中に適切に位置づけることができないため、一般的には取消訴訟の対象とはならないとしつつも、試験の判定が定められた基準に即して判断されたかどうかは訴訟の対象となるとの見解や[2]、試験官は、比較、経験を通して自らの基準を用いて判定するのであって、裁判官の判断にはなじまないといった見解がみられた[3]。こうした学説の動向に反して、1955年1月21日連邦行政裁判所判決は、試験を行政活動として位置づけ、その判定行為は行政行為であるとした[4]。現在では、各種の試験判定の結果を争う訴訟が数多く提起されている（以下では、「試験訴訟」という）。たとえば、法曹、医師、税理士及び会計士等の資格取得のための職業関連型試験の判定をめぐる訴訟のほかに、学校の入学・進級・卒業等に

---

1) DVBl 1953, 78.
2) Bachof, NJW 1953, 317.
3) Schneider, DVBl 1953, 82.
4) NJW 1955, 1609f.；大学で実施される試験の種類によっては、行政行為としての性格が否定される場合がある。行政行為としての性格が認められなくとも、一般給付訴訟により訴訟を提起することが可能である。Niehues, Rn. 793ff., 804.

関する非関連型の試験判定について訴訟が提起されている。評価行為に瑕疵がある場合、義務付け訴訟により争われ、試験の実施に瑕疵がある場合には取消訴訟が利用される[5]。義務付け判決には、合格決定を義務づける特定処分義務付け判決（Verpflichtungsurteil）と、合格決定が可能な程度に事案が成熟していないときに評価のやり直しを義務づける再決定義務付け判決（Bescheidungsurteil）がある（行政裁判所法113条5項）[6]。これに対して試験の実施に瑕疵がある場合、評価すべき対象（答案など）が存在しないため取消判決を求めることになる。

試験判定が訴訟の対象となるとしても、「適性」または「能力」といった不確定な概念を用いた要件の適用を第1次的に行う試験官の判断について、裁判官は事後的に審査すべきかどうか、あるいはそもそも審査が可能かどうかが問題となる。不確定法概念のコントロールをめぐる1950年代の判例は、バッホフの判断余地説やウレの代替可能性説に呼応しつつ展開したといえようが、いずれも不確定法概念の適用について行政裁判所のコントロールを制限する結論を導いており、その後の試験訴訟に関する判例・学説に大きな影響を与えることとなった。両学説をめぐるドイツの議論については、すでに多くの詳細な研究があるが[7]、次項で簡潔に再確認することとしたい。

---

5) Niehues, Rn. 807ff., 811ff.
6) 行政裁判所法の義務付け訴訟の検討について、野村武司「西ドイツ義務づけ訴訟と現代行政（1～4・完）」自研64巻11号（1988）121頁以下、65巻2号（1989）110頁以下、同3号（1989）100頁以下、同4号（1989）101頁以下、山本隆司「義務付け訴訟と仮の義務付け・差止めの活用のために（上・下）」自研81巻4号（2005）70頁以下、同5号（2005）95頁以下、興津征雄『違法是正と判決効―行政訴訟の機能と構造―』（弘文堂・2010）255-261頁を参照。
7) たとえば、田村・自由裁量103頁以下、同・国民の権利保護75頁以下、遠藤・計画行政法88頁以下、高橋・現代型訴訟9頁以下、宮田・行政計画法94頁以下、同・統制密度49頁以下、恒川隆夫「西ドイツにおける行政裁量拡大傾向とその法理論的展開―O.バッホフ（O. Bachof）の判断余地説を基軸として―」沖縄法学16号（1988）17頁、同「1980年代西ドイツにおける不確定法概念論の展開と裁判統制―『行政任務』論と『権力分立』論を素材として―」沖縄法学17号（1989）143頁など参照。

第2項　判断余地説と代替可能性説

(1) 古典的行政法における裁量の概念

「裁量」の概念は、19世紀後半まで、君主主権と君主に帰属する行政が、人民代表の介入や裁判所の統制を受けることなく活動を展開する自由として理解されていた[8]。つまり、単一の広い裁量概念が用いられており、現代ドイツの裁量論のように、裁判上のコントロールが限定される効果面の裁量と、原則として全面的に審査される不確定法概念の区別を行わない。いいかえると、不確定法概念の利用も法律による裁量の承認たりうるとみなされていた[9]。上記の包括的な裁量概念は、基本法の発効後もなお存続していた。たとえば、タクシー免許にかかる1954年3月10日連邦行政裁判所判決では、「公の交通上の利益が害される」との不確定法概念は裁量概念として明確に位置づけられ、その要件の存在に関する裁判上の審査は、もっぱら裁量に関する瑕疵の有無という観点から審査されている[10]。しかし、このような傾向は、直ちに連邦憲法裁判所により否定されることになった。1960年6月8日連邦憲法裁判所決定は、タクシーの事業免許の要件規定で用いられた「公の交通上の利益」といった不確定法概念を、憲法上保障された営業の自由をふまえて唯一正しい解釈・適用のみが認められるものととらえた[11]。本判決以降、法律中に不確定法概念が用いられているとしても、それは裁量を根拠づけるものではないとの見解が広まることとなった[12]。上記判例の流れがある中で、不確定な法概念を完全に審査する裁判統制から

---

8) ブリンガー、M.（塩野宏=山下淳［訳］）「行政裁量―展開、機能、裁判コントロール―」国家99巻1=2号（1986）98頁以下。

9) ブリンガー・前掲注(8)99頁以下。要件面において裁量が認められる場合があるとの当時の裁量論の一端について、たとえば、人見剛『近代法治国家の行政法学』（成文堂・1993）92頁以下参照。

10) BVerwGE 1, 92, 95ff.；試験訴訟に関する判例を含めて不確定法概念に裁量を認めた当時の判例については、田村・国民の権利保護63-68頁参照。

11) B. v. 8. 6. 1960, BVerfGE 11, 168, 191f.

12) ブリンガー・前掲注(8)104頁。

行政の自由な判断の領域を確保する試みとして、判断余地説及び代替可能性説が唱えられたのである。

(2) **判断余地説**

バッホフは、1955年の論文の中で、不確定法概念に事実を包摂する際に、立法者が意図する限りで例外的に認められる行政の決定の自由を、「判断余地（Beurteilungsspielraum）」と名づけた[13]。判断余地説によれば、不確定法概念は、原則として完全な裁判コントロールに服するが、例外的にそれを免れるという。またバッホフは、法定要件の充足に際して官庁に活動の自由を与えているかどうかの問題と、要件判断に関して官庁に余地が与えられているかどうかの問題とを区別し、両者を質の異なるものとしてとらえた。前者の場合、法律で認められた行為の自由に関して、行政は固有の意思決定を行うことができ、かつ、行わなければならないという。後者の場合、行政は、法律が定めた状況の認識または評価に関する判断の自由（余地）が与えられるとされた。当時の用語法によれば、前者は「行為裁量（Handlungsermessen）」、後者は「判断裁量（Beurteilungsermessen）」という。しかし、両者の質の違いを前提とするバッホフは、いずれも裁量と呼ぶことに言語上の違和感を覚え、裁量概念をもっぱら「行為裁量」に限定して用いること、そして「判断裁量」に代えて「判断余地」の概念を用いることを提唱した[14]。

バッホフによれば、不確定法概念の適用は、A)概念の解釈、B)評価すべき事実の探知、及びC)解釈された概念の下に探知された事実を包摂するという3段階に区別されるが、上記3段階のすべてに行政の自由を認めるわけではない。まずA)について、行政庁が不確定法概念の一般的意味内容を正しく理解したかどうかの審査権限は、裁判所の任務であるとした[15]。すなわち、不確定法概念の解釈、すなわちその抽象的意味内容の探知は、

---

13) Bachof, JZ 1955, 97ff.
14) Bachof, JZ 1955, 98.
15) Bachof, JZ 1955, 98f.

法律解釈の通常の方法によって一義的に探知可能な法問題であって、裁判所の完全な審査に服する。また、B)についても、行政庁の決定の基礎とされた事実の探知及び確認は、裁判所の完全な審査に服するとした。その理由は、形式的には立法者が行政活動の要件を確定したにもかかわらず、実質的には行政が自らその要件の存否を決定できるとすると、基本法19条4項の権利保護保障及び法律による行政の原理が損なわれることになると考えたからである。

これに対して、探知された事実を解釈された概念に包摂するという上記C)の局面については、行政の自由な判断（判断余地）が認められると考えた。もっとも、判断余地の承認に十分な理由を求めている。立法者が不確定法概念を用いるのは、その利用によってのみ規律の対象を調整できるからであり、これと同様に、不確定法概念について行政に判断余地を認めるためには、正当化理由が必要であると考えられた[16]。つまり、バッホフによれば、立法者が不確定法概念を用いたことのみから判断余地が導かれるわけではないことになる。

当時普及していた、不確定な「経験概念（Erfahrungsbegriff）」と不確定な「価値概念（Wertbegriff）」の区別を前提に、バッホフは、価値概念に事実を包摂するに際して主観的な価値判断が求められるため、まずはその概念を含む法規の適用の任にあたる行政には、必然的に自由な判断の領域が生じると考えた。一方、不確定な経験概念の利用によって、立法者は、原則として特定の決定を適法なものとして予め定めると考えられた。経験概念の場合、主観的な価値判断は、経験概念の法適用過程の不可欠の構成要素ではなく、しばしば予測的または演繹的な要素を含み、その予測的または演繹的な要素は多様な結論に至る可能性を開くという。立法者が不確定な経験概念を用いることによって、予測または演繹が合法性の基準となり、ひいては、当該概念の適用に責任を負う行政の判断には、裁判所の判断に優先すべき自由領域（判断余地）が認められると考えられた[17]。

---

16) Bachof, JZ 1955, 99f.
17) Bachof, JZ 1955, 100.

判断余地説によれば、あくまで不確定法概念は、原則として全面的な裁判の審査対象となるが、立法者がとりわけ価値概念や経験概念といった不確定法概念を用いることによって判断余地の承認を意図した場合に、その適用過程において、例外的に、裁判所の判断に対して行政の判断が優先する領域が生じることになる。しかし、判断余地は行政の完全な自由を認めるわけではない。判断余地を根拠づける不確定法概念の解釈及び事実の探知は、全面的に裁判所の審査対象である。また、不確定法概念への事実の包摂も、行政に認められた余地の限界が遵守されたかどうかという観点から審査される。バッホフによる判断余地説の提唱以降、広い意味での裁量、すなわち、法効果と要件のいずれの局面かを問わず行政に認められる決定の自由という意味での裁量の理解は次第に放棄され、今日、裁量の概念は、法規範の法効果の側面に限定して用いられている[18]。

　ただし、同論考で検討されている判例は、試験法についてではなく、警察法上の公的安全及び秩序に対する危険に関する判例であった。警察法の領域では、一般条項等の不確定法概念について、古くから積極的に裁判統制を及ぼす判例法理が形成されており、また、学説も一定の発達を遂げていたため、判断余地説は判例に取り入れ難かったと考えられる。しかし、当時、未発達であった試験法の領域では、裁判所は判断余地説を有用な学説として受け入れていった。

(3) 代替可能性説

　ウレもまた、1955年に公表した論考の中で、行政と行政裁判管轄の関係について重要な提言を行った[19]。ウレの提唱した代替可能性説（Vertretbarkeitslehre）は、不確定法概念の適用に際して司法審査の制限を導く点で、

---

18) 立法者が定めた要件の充足を受けて生じる法的効果の決定という局面で裁量の概念が用いられ、それは法規範により授権された行政の決定余地として理解されている。すなわち、裁量の承認のためには行政に対する積極的な授権が必要であると解されている。Pache, 21-26.

19) Ule, GS Jellinek, 309ff ; Pache, 63-69の分析を併せて参照。

バッホフの判断余地説と同様であるが、その理由付けに相違がみられる。

ウレの代替可能性説も、裁量と不確定法概念の厳格な分離を前提に論を進め、不確定法概念による裁量授権を否定し、不確定法概念は裁量を導くのではなく、法規範による行政の法的拘束を導くとした[20]。すなわち、明確な概念の使用による拘束ほどではないが、不確定法概念は行政の法的な拘束をもたらすというのである。もっとも、ウレは、記述的（deskriptiv）な不確定法概念と規範的（normativ）な不確定法概念とを区別した上で次のように述べている。前者は、価値判断を経ることなく解釈・適用され、法概念として包括的な行政の拘束及び包括的な裁判コントロールを可能にする。これに対して、後者の適用は、規範の要件によって予め十分に指定できない補完的な価値判断を必要とする[21]。ウレは、規範的不確定法概念の適用は純粋な認識行為の中で行うことはできないばかりか、当代の社会的・文化的価値観の探知のために、法適用者の個人的主観的評価の要素、すなわち「固有の価値判断（Eigenwertung）」を必要とすると考えた[22]。この価値判断は、立法者の意図にかかわらず生じる規範概念の多義性、それと結びついた判断行為の主観性及び非合理性ゆえに必要となり、結果として、限界事例においては多様な判断が支持可能になるという[23]。この場合、行政裁判所は、自己の判断を行政の判断に代置すべきではなく、もはや厳密な意味で行政の法コントロールの余地はない[24]。

ウレの代替可能性説によれば、不確定法概念の適用のコントロールは常に制限されるわけではなく、規範的不確定法概念についてのみ制限されることになる。また、規範的不確定法概念の場合も、事実の確定及び規範的

---

20) Ule, GS Jellinek, 315；ウレは、「明確な概念及び確固たる要件による行政の法律への絶対的拘束という極端な場合と、固有の決定（裁量）の法律上の授権によりもたらされる行政の絶対的な自由との中間に不確定法概念が用いられる場合が位置づけられる。ここで行政は相対的に拘束され、相対的に自由である」という。
21) Ule, GS Jellinek, 321f.
22) Ule, GS Jellinek, 323f.
23) Ule, GS Jellinek, 324.
24) Ule, GS Jellinek, 328.

不確定法概念の解釈は行政裁判所によって全面的に行われる。これに対して、行政裁判所は、行政の支持可能な評価・判断を自己の評価・判断に代置することは許されず、行政の評価・判断が思考法則または一般的な経験則を損なうことなく行われているかどうかに限定して審査することができる。[25]

ただし、ウレ自身は、学校の試験・進級判定といった教育上の価値判断は教師のみがなしうるのであって、その裁判コントロールは、裁量コントロールにのみ服すると考えていた。[26]

第3項　連邦行政裁判所の反応

バッホフとウレは、試験法を念頭に置いて立論したわけではなかったが、連邦行政裁判所は両学説を取り入れていった。

まず、1957年6月29日連邦行政裁判所判決では、ギムナジウムの入学拒否処分に関する事案において、ハンブルク学校法13条が規定する「学童の適性、性向及び資質（Eignung, Neigung und Begabung des Schülers）」という不確定法概念の適用が問題となった。本判決では、「厳格に限定された特定の要件の下で、行政庁の『裁判所を免れた判断余地』の承認が合目的かつ憲法上も代替可能たりうることを見誤るものではない。そのことは、適性の内容のように、価値判断的な内容の不確定法概念にかかる限界事例での判断に際して、人間の認識能力に制約があるときに妥当する」[27]と判示した。つまり、価値判断を伴う不確定法概念の適用に関しては、人間の認識能力の限界が生じうるのであって、判断余地説及び代替可能性説はこのことを考慮していると判示している。これにより連邦行政裁判所は、試験決定に関して両学説の方向性を受け入れたと評されている。[28]

---

25)　Ule, GS Jellinek, 326f.
26)　Ule, VVDStRL 15（1957）, 170, Fn. 127.
27)　BVerwGE 5, 153, 162f.；恒川・前掲注（7）沖縄法学16号30-32頁において、本判決及び次にみる1959年連邦行政裁判所判決が紹介されている。

生徒の進級拒否処分の取消し及び進級の義務付けが求められた1959年4月24日連邦行政裁判所判決では、次のように判示された。①法秩序は、試験官としての教師に対して生徒の成績を最良の知識と良心に則り判断することを義務づけ、教師はその判断に基づき算術的にではなく、総合的な印象をふまえて全体の評点を形成することができる。②他の候補者と比較して評価する場合には、平均を基準として評点を与えることになるが、教師は固有の基準を経験から獲得する。③生徒は、試験において特定の教師に対して能力を証明するのであって、後の法的紛争で登場する鑑定人に対して証明するのではない。④裁判所は、教師が誤った事実を前提としたか、一般的な評価原則を尊重したか、あるいは事柄になじまない考量に左右されたかどうかという点についてのみコントロールできる。これらが試験にかかる司法上の救済における法的基準である[30]。

以上のように、判断余地説及び代替可能性説は、試験法において基本的な方向性を決定づけたと考えられる。さらに連邦行政裁判所は、1991年決定に至るまで、上記の判例をふまえて試験判定の司法上の統制を制限する法理を発展させていった。

1962年2月23日連邦行政裁判所決定は、「試験官は知識及び良心に従って決定する」という試験法上の規定に依拠して、試験委員会の監督官庁からの独立性を導き、この独立性から、試験官の判定の記録は裁判官の審理

---

28) Bachof, Anmerkung, JZ 1958, 289；裁判所がすべての不確定法概念の下への包摂を全面的に裁判審査の対象としながら、それを実際上維持できないというジレンマを解消する方向性が、本判決が両学説を承認することにより示されたと解されている。恒川・前掲注（7）沖縄法学16号35頁参照。

29) BVerwGE 8, 272；青田テル子「試験評価に対する司法審査の意義」HUMANITAS（奈良県立医科大学一般教育紀要）24号（1999）114頁以下参照。

30) BVerwGE 8, 272, 273f.；なお、原審のミュンスター高等行政裁判所では、進級決定における教育上・学問上の評価及び適性等の評価について、裁判官が学校または試験委員会の判断に代えて自らの判断を置き換えることを試みるならば、裁判所の加重負担から法治国が危機にさらされると判示されている。連邦行政裁判所の判決に上記理由への言及はみられないが、判断余地説を採用する実質的理由の1つかもしれない。OVG Münster, U. v. 22. 9. 1958, DVBl 1959, 72 mit Anm. H. J. Wolff, 75.

の秘密と同様に扱われなければならないとした[31]。試験に関係する文書の閲覧手続を通して、試験官の見解・合否に関する投票や答案におけるメモ等をみたとしても、そこから最終的な評点が必ずしも明らかになるわけではなく、これを拒否したとしても、原告の権利保護を過剰に制限することにならないとの理由である。しかし、この点については、裁判コントロールの制限の原因と結果が取り違えられているとの批判がある[32]。文書閲覧は、本来、いかなる事実及び評価原則に依拠して試験官が評価行為を行ったかを調べる手立てであるが、連邦行政裁判所は、司法上のコントロールの制限を前提として、それを文書閲覧の拒否理由としたわけである。こうした審理のあり方は、1992年12月9日連邦行政裁判所判決により放棄されるまで続いた[33]。

また、1971年10月1日連邦行政裁判所判決は、医師国家試験の口述試験の記録について、職業の自由及び裁判上の権利保護の実効性は、発問及び回答の記録を要請しないと判示した[34]。理由として、試験官の判断余地により、答えの正誤問題は、原則として教育学的・学術的な価値判断であって事後審査に服しえないこと、それゆえ証明に配慮する必要がないことを挙げている。

判断余地説の適用下においては、裁判所の審査は、通常、次の観点に限定して行われる。すなわち、手続が秩序に即していたかどうか、試験官が誤った事実を前提としていたかどうか、試験官が一般的に承認された評価基準を尊重したかどうか、試験官が事柄になじまない考量に左右されたかどうか、評価が恣意的であったどうか、である[35]。裁判所は、基本的に裁判コントロールからの試験官の広範な自由に固執したといえようが、極端な事案では試験官の判断余地に限界を見出している。1987年7月17日連邦行

---

31) BVerwGE 14, 31, 34.
32) Becker, 57f.；Ibler, 366f.
33) BVerwGE 91, 269.
34) BVerwGE 38, 322, 325.
35) Ibler, 369f.

政裁判所判決では、司法試験の口述試験において、マリという国の所在、首都名及び統治者名等について10分間にわたって質問が続いた事案が扱われたが、試験素材の選択が比例原則及び基本法12条1項に違反すると判示された。[36]

しかし、裁判所は、試験官と受験者の間の専門的見解の争いには決して関わろうとはしなかった。受験者の解答が正しいか、あるいは適切かという判断は試験官の判断余地に服し、仮に客観的に正しい解答が誤りとして評価されたとしても、行政裁判手続において、原則として試験決定の廃止につながらなかったのである。たとえば、司法試験に関する1979年11月12日連邦行政裁判所判決は、次のとおり判示している。

「試験官への判断余地の付与は、必然的に判断余地内の誤りが裁判によって訂正されないことを意味する。……この結果は、原告が主張する、正しいことは誤りとして評価されてはならないという一般的に妥当する評価原則によっても避けられない。司法試験において答えが正しかったか、あるいは誤りであったかどうかの判断は、……学問的・専門的な性質を有する。こうして、受験者が正しく、あるいは間違って答えたかどうかに関する決定が、試験官の判断余地に入る。確かに、このことは正しいと判断したことを正しいと評価し、間違っていると判断したことを誤りとして評価する試験官の義務を排除しないが、しかし、場合によっては生じうる専門的な誤りが、この領域で同時に試験決定の法的瑕疵をなすとの結論を正当化しない。裁判官にとって全く結論を維持するに堪えないような、学問的・専門的観点から明らかに誤っており、かつ、合理的とはいえない判断に基づく場合にのみ試験決定は違法になる。学問的・専門的評価が恣意禁止に服するということは、連邦行政裁判所の確定した判例に対応している。[37]」

なお、1983年12月9日連邦行政裁判所判決は、多肢選択式の試験を採用する医師国家試験の判定についても試験官の判断余地を認め、たとえ試験

---

36) BVerwGE 78, 55.
37) DÖV 1980, 380.

官が専門鑑定では正しいと評価された答えを誤りと評価したとしても、判断余地の限界を超えることはないと判示した[38]。

1959年判決以降、試験の判定は試験官の主観的なものであることが正面から認められ、むしろ、判断余地を認めることが法的に望ましいと解されていたようにみえる。1989年7月31日連邦行政裁判所決定が出されるまで、試験官の判断余地を理由として、評価の誤りの解明のために専門鑑定を用いることは適切な証明手段ではないとされてきたことも[39]、そうした認識が背景にあったと考えられよう[40]。上記傾向は、試験の判定を教育学的及び学問的な観点から取り上げる途を閉ざしていったが、連邦行政裁判所の立場に賛同する見解は少なくなかったようである。しかし、この傾向は、1991年決定により転換されることになる。

第2節　1991年決定の分析

第1項　2つの1991年決定

(1) 判断余地の縮減

司法試験と医師国家試験の判定をめぐる2つの憲法異議について、1991年4月17日連邦憲法裁判所決定は、これまでの試験訴訟における裁判上の統制密度を大きく変容させる判断を示した[41]。いずれも正しい解答を正しいと評価していないと考える原告が、判定に不満をもった事案である。ただし、前者は論述式試験の結果が争われたのに対して、後者は多肢選択式試験の結果が争われたという違いがある。

---

38) DÖV 1984, 804.
39) NVwZ 1990, 65.
40) Wolf/Bachof, §31 I c 4.
41) BVerfGE 84, 34；BVerfGE 84, 59；野中俊彦「法曹資格試験の成績評価と司法審査のあり方」ドイツ憲法判例研究会[編]『ドイツの最新憲法判例』（信山社・1999）300頁以下、青田テル子「試験評価に対する裁判所による統制」阪大法学58号（2008）775頁を参照。

まず、2つの1991年決定は、従来認められてきた判断余地を2つの部分に分解し、そのうちの一方に裁判所の全面審査を及ぼすこととした。判旨によれば、専門的な正しさのコントロールと試験に固有の評価（prüfungsspezifische Bewertung）のコントロールとは区別されなければならず、それぞれ異なるコントロール基準が適用される、という。すなわち、前者は基本的に裁判所の全面審査が及ぶが、受験者の純粋な評点（優・良・可等）の問題、受験者に課された課題の難易度に関する試験官の判断及び受験者の説明方法に関する試験官の判断といった試験に固有の評価には判断余地が認められるとしている[42]。結果として、少なくとも職業関連型の試験の場合、専門的な問題について行政裁判所が認めてきた試験官の判断余地及びそれに対応する裁判コントロールの制限は、基本法3条1項［平等原則］、12条1項［職業の自由］及び19条4項［効果的な権利保護］と一致しないと判示し、従来の枠組みを大転換したのである[43]。

すなわち1991年決定によれば、受験者が試験官の見解を正しくないと考えて当該試験判定を争う場合であっても、専門的・学問的な正しさについて裁判コントロールが及ぶことになる。受験者と試験官の間で見解の対立があるとしても、そのことから、「学説として成り立ち、慎重な議論によって論理的に理由づけられた解答が誤りであると評価されてはならない」という職業関連型試験の一般的評価原則となる旨を明らかにした。1991年決定は、これを受験者の「解答余地」と呼ぶ。また、専門鑑定の方法を用いないと実際上は統制が困難であるとしても、そのことは基本法19条4項の保障を制限する理由になりえないともいう[44]。

以上の判旨は、基本法19条4項の理解を前提とするものである。基本法19条4項の手続基本権は、公権力による自己の権利の侵害を主張する者に

---

42) BVerfGE 84, 34, 57f.；もっとも、1991年決定が提示した試験に固有の評価と専門的・学問的判断の区分が、裁判コントロールの密度を高めうるか否かについては議論がある。1991年決定が自ら認めているとおり、両区分が明確とはいえない場合もあるからである（BVerfGE 84, 34, 53）。Ossenbühl, §10 Rn. 35, in: Erichsen/Ehlers.
43) BVerfGE 84, 34, 52.
44) BVerfGE 84, 34, 52-55；BVerGE 84, 59, 73-79.

対して裁判上の救済を保障する。これにより単に裁判所の利用だけでなく、それを超えて権利保護の実効性も保障されることになる。1991年決定は、市民が実際に有効な裁判コントロールを請求する権利をもつとの理解、つまり権利保護の実効性の保障という理解を示し[45]、「異議を提起された行政決定が不確定法概念の適用に基づいている場合、その具体化は、原則として行政官庁の法適用を無制限に事後審査しなければならない」と判示した[46]。1991年決定の判断余地の縮減は、基本法19条4項の解釈が伏線として重要な役割を果たしている。もっとも、立法者は例外的に最終決定権を行政に配分し、これにより行政裁判コントロールを制限することができるとされてきた。いわゆる規範授権説である。本判決もまた、規範授権説の枠組みの中で判断されていると評されている[47]。

(2) 規範授権説

規範授権説（Normative Ermächtigungslehre）は、バッホフとウレの学説やそれを受け入れた判例の考察を通して、シュミット-アスマンが判断余地説のドグマーティクをさらに進化させたものである[48]。規範授権説は、包括的な個人の権利保護や行政の固有性といった、もっぱら一般的な憲法上の原則から、行政と行政裁判管轄の境界線を引くことを拒否し、適用される法律の基準に従って、個別事案に即して、司法府と執行府の管轄領域を境界づける試みである[49]。シュミット-アスマンは、高権行為に関して、法的・事実的観点からの完全な裁判コントロールを説くが、それを絶対的なものとはみなさない。立法者が、法律の留保や明確性の要請という憲法上の基準の枠内で、個々の規律対象について法の浸透度の程度及び強度を決

---

45) 権利の形骸化を防ぐ趣旨で、組織及び手続による権利保護を通した実効的権利保護が語られることもあるが（第2部第1章第1節第2項(2)）、ここでは、司法統制の密度の確保という意味で実効的権利保護が語られている。
46) BVerfGE 84, 34, 49f.
47) Koenig, VerwArch 1991, 366.
48) Pache, 69f.
49) Schmidt-Aßmann, Art. 19 Ⅳ Rn. 185ff., in：Maunz/Dürig, GG.

定する可能性を有し、法律で一義的に確定できない状況のために、最終的な決定を例外的に行政に付与する可能性をも認めている[50]。端的にいえば、規範授権説によれば、不確定法概念の適用に関して最終的な決定権を行政権に付与するか、それとも司法権に付与するのかという管轄の配分決定は、立法者による決定権限の授権の有無にかかることになる。規範授権説のアプローチは、もっぱら立法者による最終的決定権の所在の決定（授権）を解釈によって導くことを求めるのであって、価値概念か経験概念か、記述的か規範的かといった、不確定法概念を意味論的に分析する作業から解放する意義がある[51]。

規範授権説によれば、基本法20条3項及び19条4項の趣旨から、法律規定の明確性いかんにかかわらず、行政による法適用は原則として完全な裁判コントロールに服するが、立法者が適用法律において行政に最終的決定権限を授権する場合には上記原則は妥当しない。そこで、次に問うべきは、いかなる条件が整えば、立法者が規範を通して最終決定権限を行政に授権したということができるか、行政の決定に関する裁判コントロールを制限したということができるかである。シュミット-アスマンによれば、法律の文言のほかに、任務を託された行政機関の特別な位置づけ、組織及びその業態を体系的に分析する方法で、適用される法の解釈を通して解決されうるという[52]。また、シュミット-アスマンは、新保護規範説における思考との類似性を明示する[53]。彼が唱える新保護規範説は規範の保護目的を立法者の意思のみから導くのではなく、当該規範の周辺に一群として存在する基本構造を探求して得られることを前提としており、かつ、保護規範ではカバーしきれない保護利益の存在を基本権によって拾い上げることを企図している[54]。新保護規範説については、原告適格の範囲が必ずしも明確にな

---

50) Schmidt-Aßmann, Art. 19 Ⅳ Rn. 184, in : Maunz/Dürig, GG.
51) Pache, 72；両概念の区別が相対的であるとの指摘については、たとえば、田村・自由裁量101頁参照。
52) Schmidt-Aßmann, Art. 19 Ⅳ Rn. 187, in : Maunz/Dürig, GG.
53) Schmidt-Aßmann, Art. 19 Ⅳ Rn. 187, in : Maunz/Dürig, GG.
54) 山本・主観法252頁、神橋一彦『行政訴訟と権利論』（信山社・2003）135-168頁、157

らないとの評価があるが、それは類似の思考方法を用いる授権規範説にも妥当しよう。通常、解釈されるべき個々の規定は、行政の判断余地や行政裁判所の統制密度について明確な文言を含まないからである。オッセンビュールも、そもそも立法者は判断余地の授権について意識していないため、結局は、判断余地の有無は解釈者の論理的な判断や体系的な思考に委ねられてしまうことになると指摘している。

しかし、シュミット－アスマンは、行政に対する最終的授権の類型化を行うことによって、手続・行為・結果のそれぞれに着目したコントロールの類型論とそれらに対応するコントロール基準を、調和のとれた姿へと発展させる必要性を説いている。行政に対する最終的決定の授権の態様及びそれに適用すべきコントロールの類型化を通して、ある程度は上記批判を克服することができるように思われる。

(3) 機能法的な立脚点

1991年決定は、事柄の性質、高度の複雑性、規制対象の特別な動態性ゆえに不確定な法概念の具体化が困難となるため、司法がその機能的限界にさらされるとしている。その上で、試験官は価値判断に際して、類似の試験実務の中で得た経験等を前提としなければならないという。すなわち、試験の評点は、自足的に（isoliert）見出すことはできないのであり、試験官の個人的な経験と思考をふまえたシステムの中で見出されるというのである。そうだとすると、裁判所が、専門鑑定等を通して試験判定の追試をしたところで、試験官が用いた評価基準を見出すことにはならない。結局、裁判所は、固有の評価基準を用いざるをえず、試験官の評価基準に代えてそれを適用することなる。この点について、1991年決定は、審査の困難さを指摘するにとどまらず、憲法上の問題が生じるという。試験法を支配す

　　頁以下参照。
55)　神橋・前掲注(54)156-165頁。
56)　Ossenbühl, §10 Rn. 33, in : Erichsen/Ehlers.
57)　Schmidt-Aßmann, Art. 19Ⅳ Rn. 187, in : Maunz/Dürig, GG.

る機会平等原則によれば、受験者には、できる限り等しい試験の条件及び評価基準が妥当しなければならないからである。受験者が行政訴訟を提起することにより他の受験者とは別の独立した評価の機会を得るならば、それは機会平等原則と一致しないだろう。以上の理由で、1991年決定は、試験に固有の評価に際して試験官庁に決定余地が残され、裁判コントロールがその限りで制限される場合にのみ、すべての受験者の同等な評価が達成されると判示する。[58]

1991年決定の上記判旨は、試験判定が司法審査になじまないという機能法的考察に則ったものであると解されている[59]。機能法的考察を積極的に提唱するショッパートによれば、法律上の基準の綿密な評価、特定の領域における行政の役割及び固有の責任、決定権限を有する官庁の組織構成、決定対象に対する決定機関の距離がきわめて近い場合に必要とされる特殊な権利保護、予測決定や試験等の特別な決定状況または実体法から導かれる機能的に重要な視点を検討することにより、判断余地の有無を決定すべきであるという[60]。また、あらゆる規範上の特徴を考慮しつつ、その装備、リソース及び決定手続等の基準に照らして、行政が行政裁判所よりも適切に決定できるならば、行政の判断余地が導かれることになるという。こうした説明には、規範授権説のような立法者による積極的な授権の要素はみられない。もっとも、機能法的考察は規範授権説を補強する思考を提供する

---

58) BVerfGE 84, 34, 52f.
59) Koenig, VerwArch 1991, 366f.；機能法的考察については、高橋・現代型訴訟91頁以下も参照。
60) Schuppert, DVBl 1988, 1200；立法者と憲法裁判所の管轄の区分に関する議論でも、機能法的な考察が展開されていた。ヘッセは、憲法が憲法裁判所に対して担わせた機能を管轄区分の決定的な基準として強調していたが、ショッパートは、行政と行政裁判管轄の区分に関しても、このような思考方法の適用を試みたわけである。ヘッセの機能法的考察については、櫻井・財政58頁以下、宍戸常寿『憲法裁判権の動態』（弘文堂・2005）236頁以下参照。また、行政組織編成における機能法的考察の意義を主題とした論考として、斎藤誠「公法における機能的考察の意義と限界―『機関適正』に関する断章―」稲葉馨＝亘理格［編］『藤田宙靖博士東北大学退職記念 行政法の思考様式』（青林書院・2008）37頁以下参照。

枠組みとして位置づけることができる[61]。すなわち、執行府と裁判所の関係において、いずれが問題の処理に適した組織装備・構造を備えているかという観点から、いわば立法者の授権を擬制する思考方法とみなすことができるからである。このとらえ方によれば、機能法的考察は、行政裁判所のコントロールの抑制を正当化する独自の試みというよりは、行政に対する最終決定の授権を導くための立脚点ということになろう[62]。

ところで、機能法的考察にかかる文献では、しばしば行政の固有の責任に言及されている[63]。その趣旨は次のように理解できる。すなわち、基本法20条3項は、執行権の一部としての行政を、明文で法律及び法の拘束に服させている。当該規定は、「行政の法律適合性の原則（Grundsatz der Gesetzmäßigkeit der Verwaltung）」の根拠とされており、同原則は、行政決定の予測可能性及び帰責性の保障（法治国の要請）に資するだけでなく、議会の統御力を通した行政活動の民主的正統性を保障する[64]。もっとも、立法者は、多くの領域及び多様な状況下で、どのように規制目的をより良く実現できるかを確定することができないため、行政は原則として法律に拘束されるにもかかわらず、法適用に際して固有の活動余地、決定余地、評価余地を有することが必要となる。したがって、執行府は完全に統御される権力ではなく、むしろ行政目的の実現のために固有の責任に基づく活動余地が与えられていると解されることとなる[65]。つまり、行政は法の適用に

---

61) Pache, 76ff.
62) 他の領域でも、機能法的な立脚点に立つとみられる判例がある。たとえば、複雑なリスクの査定や評価が問題となる環境・技術法の領域である。1985年12月19日連邦行政裁判所判決（ヴィール判決）は、原子力発電所の設置許可基準としての「科学及び技術の水準（Stand von Wissenschaft und Technik）」の適用について、執行府が、立法者や行政裁判所よりも危険防御及びリスク配慮の実現にふさわしい装備を備えていることから、不確実性を伴うリスクの探知及びその評価の責任の担い手は執行府であると判示した。BVerwGE 72, 300, 315ff.；宮田・統制密度31頁以下、高木・技術基準74頁参照。
63) Schuppert, DVBl 1989, 1197；Schulze-Fielitz, JZ 1993, 779；Würtenberger, Rn. 35.
64) Maurer, Staatsrecht, §8 Rn. 16ff.
65) Wolff/Bahoff/Stober/Kluth, §20 Rn. 23f.；シュミット-アスマン・行政法理論200頁以下参照。

関して一定の自立性を有しているのであって、それは、行政裁判所のコントロール密度の限定及び行政の最終決定権限の導出を後押しすることになる。

第2項　1991年決定の論拠の検討

(1) 総　説

　判例により判断余地が認められてきたグループは、しばしば判断余地の正当化理由ごとに整理される。たとえば、伝統的な教科書の1つは、A)決定の予測的性質または決定に必要な政策的価値判断を理由とした判断余地、B)裁判手続での再現不能を理由とした判断余地、C)高度に個人的な専門的判断の必要性を理由とした判断余地、D)多元的な代表及び独立性を特徴とする専門鑑定的な合議制機関に対する権限配分から導かれる判断余地に分類整理する。長年にわたり判断余地が承認されてきた領域では、判例において判断余地の存在を所与のものとし、なぜ判断余地が認められるのかを審査することなく、従来から認められてきた行政の優先的な判断権を覆すに足りる例外的な事情の有無のみが審査される傾向にあったという。1991年決定以前の試験関係の判例は、まさにそうした傾向を示していたといえるだろう。ただし、試験について統制密度を高めた1991年決定が示すように、伝統的に判断余地が承認されてきたカテゴリーは固定的なものではない。

　1991年決定が、試験に固有の評価について判断余地を根拠づけた理由は、機会平等原則、試験官の経験をふまえた評価（固有の評価基準）の必要性、司法の機能限界（複雑性・反復不能性の根拠）であった。機会平等原則は

---

66)　Pache, 467f.
67)　Wollf/Bahoff/Stober/Kluth, §31 Rn. 23ff.
68)　Pache, 122.
69)　BVerfGE 84, 34, 51.
70)　BVerfGE 84, 34, 59.

新しい正当化理由であるが、後二者は伝統的に用いられてきた根拠である。以下では、機会平等原則、試験官の経験をふまえた評価（固有の評価基準）の必要性、司法の機能限界の論拠のほかに、1991年決定では特に言及されていないが、文献では現在でも判断余地の正当化理由として挙げられる、試験委員会の設置及び試験決定の予測的性質についても検討する。

(2) 判断余地の正当化理由としての機会平等原則

　1991年決定以前には、試験官の判断余地の正当化理由として機会平等原則が援用されていたわけではなく、平等原則は、裁量または判断余地の統制基準として用いられてきた。しかし、1993年10月21日連邦行政裁判所判決は、機会平等原則による評価余地の正当化理由という論法に同意している。まず判決は、裁判コントロールが個々の問題において司法の機能限界に突き当たるとしつつも、裁判コントロールは基本権保護の貫徹を目指すべきであって、当該権利保護は国家試験または他の高権的な試験により就業が制限される受験者にも保障されていると判示する。しかし、試験評価の裁判コントロールについては、評価の性格及び尊重されるべき機会平等（基本法3条1項）に由来する特殊性があるとする。すなわち、複雑な試験に固有の評価が試験手続の全体の関連の中で行われなければならず、それは後続する個々の受験者の行政争訟手続において容易に追体験できないため、受験者間の機会平等の要請の観点から、試験官には評価余地（Bewertungsspielraum）が認められなければならない、と。

　以上に述べた機会平等原則による判断余地の正当化という論法は、1991年決定により新たに打ち出されたものである。この論拠については、一部の論者により異論が唱えられているものの、多くの論者によって受け入れ

---

71) 田村・国民の権利保護83頁の判例を参照。
72) DVBl 1994, 561.
73) Ibler, 376ff.；イブラーは、試験官の評価に判断余地が認められてしまうと試験官の用いた評価基準が明らかにならないため、試験官が審査したすべての受験者が同じ基準で評価されたことを証明できないとして、判断余地の承認がむしろ平等原則を損なうことになりかねないという。

られている。試験の評価に際しては、試験官が固有の審査基準を独自に創出せざるをえないのであるから、試験官の一定の自由を認めざるをえない。また、裁判所が試験に固有の評価を全面的に審査するならば、原告の成果及びその比較の対象となる受験者の成果を比較し直すことを裁判所に求めることになるが、それは1991年決定がいうように基準のゆがみをもたらすに違いない。[74] この場合、他の受験者の合否判定への影響を放置するわけにはいかないであろう。

　他方で、機会平等原則は、試験官の評価余地を制限する根拠としても機能しうる。受験者が、自分より優位に扱われた比較グループと同等の条件下で試験を実施すべきであったと主張する場合には、機会平等原則は試験官の判断余地の審査の準則として機能するというべきである。この場合、評価に関して機会平等原則の違反を主張するためには、原告は評価の基準をある程度知る必要があり、裁判所もまた当該基準を知らずに審査することはできない。しかし、試験官が創出する固有の基準は予め厳密に法則化されるものではないから、事前の公表に適さないであろう。そのため、争訟段階での理由提示が重要な役割を果たすことになる（第2部第3章第5節第2項）。

(3) 試験官の経験をふまえた評価（固有の評価基準）の必要性

　1991年決定では合否の境界を予め厳格に決定することはできず、また、平均的な水準を考慮することなく合否の決定はできないのであるから、試験の評価は、個々の受験者を単独で判断することは許されず、試験官の個人的な経験や観念によって影響を受ける関係システムの中で見出されなければならないと判示された。[75] 試験課題の難易度や受験者の論述の説得力等は、試験官の経験によって判断されることに異論はないであろう。試験官は、過去の試験との比較を通して難易度を知ることができ、また、経験をふまえて個々の受験者の評価を調整することができるのである。その結果、

---

74) BVerfGE 84, 34, 52 ; 84, 59, 77.
75) BVerfGE 84, 34, 51f.

試験制度には、一定程度で受験者間の平等取扱いや法的安定性の確保に関して不十分な面があり、それは権利保護の貫徹にとってマイナスに機能するに違いない。それゆえ、上記制度に内在する不合理は、立法者が、試験官の選抜・数・継続教育、試験課題の選択・質の確保等について何らかの規律を行うことによって縮減する必要があると説かれてもいる[76]。

個々の試験官の経験から獲得されうる個々の評価基準を法典化することが、立法者や命令制定権者にとって実際上不可能な以上、司法の役割を重視する立場もありうる。たとえば、イプラーは、司法による統制を重視する立場から、試験官の経験は説明されなければならず、そうすることで経験から獲得される評価基準が試験法上の目的に適合しているかどうかの審査が可能となり、適合していれば当該評価基準は受験者の職業の自由を制限しうることになる[77]、と述べている。そして、争訟で全く評価基準が明らかにならない場合、不合格決定は職業の自由の制限を正当化できないと結論づける[78]。後述のように、現在では連邦行政裁判所が、筆記試験の判定に書面での理由提示を求めていることとも符合した理解であるといえる。

一方、試験官の評価基準が争訟の場で明らかになれば、客観的な法的基準が存在する限りで、それに照らして、裁判所は当該基準の合法性を審査することが可能となる。しかし、前述のとおり、試験官に固有の判断基準の形成とその適用が許されるため、評価基準の合理性については説明不能な部分が残ってしまうと考えられる。たとえば、特定の論述の評価に際して、どの程度の評点を付与するかは、基本的に個々の試験官の経験及び固有の基準の形成に委ねられているというほかないだろう。

1991年決定において強調された試験官の経験の必要性は、伝統的根拠に数えられる評価の一身専属性の論拠と近い関係にある[79]。一身専属性の論拠を援用するボルフは、評価を託された試験官以外の者の決定が法的に許さ

---

76) Ibler, 402.
77) Ibler, 403.
78) Ibler, 384ff.
79) BVerwGE 8, 272.

れていないと考えた。今日でも試験官の専門的知識の優越性、特に裁判官に対する優越性が判断余地を根拠づけるとの見解が説かれている。しかし、1991年決定が専門学術的な問題を全面審査することを表明している今日においては、一身専属性の論拠は説得力を欠くといわざるをえないだろう。

(4) 司法の機能限界（複雑性・反復不能性の根拠）

1991年決定では、試験の評価という規律対象の高度の複雑性及びその動態性ゆえに、裁判所による試験判定の追試は限界にさらされることから、判断余地が根拠づけられていた。上記の試験評価の複雑性及び動態性とは、学問の進歩の影響を受ける審査基準は予め明確に固定できないということを意味している。また、個々の試験が実施される状況を事後的コントロール手続の場で再現することは不可能であって、これが判断余地の正当化の論拠として強調されることがある。しかし、筆記試験の場合、答案に関する試験官の評価はある程度再現可能であって、解答の正誤については専門鑑定の力を借りて当該評価をコントロールすることができる。問題は、口述試験における再現可能性である。試験官は、口述試験の場で、受験者の説明の明解さ、回答の迅速さ及び知識の確実さ等の評価を短時間で行う必要がある。以上の評価の過程は複雑であって、訴訟上の証拠調べによっても再現が不可能であるといわざるをえない。

確かに、コントロールの困難さは試験法だけの問題ではなく、裁判所は、警察法で同様の困難に取り組んできた。一方、国家試験の裁判コントロー

---

80) Wolff, DVBl 1959, 75.
81) Wolff/Bachof/Stober, §31 Rn. 22.
82) Ibler, 400；1991年決定において、専門知識は専門鑑定手続によって得ることができると判示されたことは、前述のとおりである。
83) BVerfGE 84, 34, 59.
84) 司法の機能限界は、連邦行政裁判所が従来から援用する人間の認識能力の限界と表現することもできるだろう。U. v. 29. 6. 1957, BVerwGE 5, 153.
85) Hufen, JuS 1992, 253；Redeker/v. Oertzen, VwGO, §114 Rn. 19.
86) たとえば、警察介入の要件としての「危険 (Gefahr)」の有無の判断は、受験者の成績の評価に劣らず、あるいはそれ以上に複雑かつ動態的であるとの指摘がある。Ibler,

ルで行われる事実の探知は、警察法上の危険概念の適用に際して求められる事実の探知よりも容易であるとの見方もある。口述試験は、通常、簡潔な記録が残されるほか、試験官の協力者や複数の受験者が同席する場合には、他の受験者を証人として尋問することができると指摘されている[87]。しかし、そうはいっても、再現・反復不能な領域の存在を認めざるをえないのであれば、その点に裁判所の審査の機能的な限界があることになろう。

(5) 試験委員会の設置

1991年決定が判断余地の正当化根拠として援用しているわけではないが、同決定以後もなお、法律が試験委員会の設置を求めていることをもって、立法者が裁判コントロールの制限を認めているとする見解がある[88]。司法試験の場合、各州の司法試験局により試験は主催されるが、試験の評価は司法試験局が設置する試験委員会により行われる。同委員会は、大学教員や司法試験に合格した実務家・高級官僚等からなり、その任務の遂行に関して州の司法試験当局から独立している[89]。

　合議制の採用は、当該機関による法適用をめぐる裁判コントロールにも影響を及ぼすと考えられている。一般的に、合議制機関の実体法上のプログラムは希薄であるため、内容に関する瑕疵の審査よりも、管轄・手続規定に関する瑕疵の審査に重点が置かれてきた。1950年代から1960年代にかけて、訴訟で行政の最終決定権を認めることはまれであったといわれているが、そうした傾向に区切りをつけた判例の1つが、青少年に対する有害図書指定の審査のための連邦審査庁の活動に関する、1971年12月16日連邦行政裁判所判決であった。この判決は、連邦審査庁が多元的に構成される代表的な組織構造及び指定手続を備え、芸術の自由と青少年保護という法的に把握することが困難な衡量に基づいて、最終的かつ拘束的な評価を任

387f.
87) Ibler, 397.
88) Wolff/Bachof/Stober, §31 Rn. 23.
89) Groß, 93f.

されている点に判断余地を認める理由を見出した。ところが、その後、1990年11月27日連邦憲法裁判所決定（1990年決定）は、芸術の自由（基本法5条3項）に関わる連邦審査庁の評価行為について完全な裁判コントロールを求めた。また、従来、命令に服さない合議制機関の専門知識を要する判定行為であっても、判断余地は、もっぱら学問的・芸術的な価値判断及び評価について認められたのであって、追試が容易な評価行為には判断余地は認められていなかった。

多元的な意見反映・審議過程を重視して、その決定には常に判断余地を認めるべきであるとの意見もある。グロスは、有害図書指定について連邦憲法裁判所が統制密度を高めたことを批判した。すなわち、1990年決定は、裁判所が有害図書指定について、連邦審査庁と同様に決定できるとの仮説に基づいているが、裁判所は連邦審査庁のように多元的に構成されているわけではない。合議制機関の決定による基本権保護は、関係者の参加の下で強化されるとの想定が重要である。裁判所のみが芸術の自由を保障しうると解するならば、結局、組織による基本権保護の形はそのドグマーティッシュな（解釈論上の）基礎を失うことになる。したがって、連邦審査庁という特別な形成は、裁判所が限定的にのみ審査可能な最終決定権限の承認につながらなければならない、と。しかし、マウラーは、合議制機関及びその構成員の民主的正統性の不十分さや、独立性ゆえに行政統制や議会統制が及ばないにもかかわらず司法統制も及ばない領域があるとすると、完全な自由領域が創出されてしまうとの疑問を呈している。

試験委員会も、研究者と実務家から構成されるという意味では、多様性を内包した機関である。しかし、試験委員会を設置する本質的な理由は多

---

90) BVerwGE 39, 197, 203ff.
91) BVerfGE 83, 130, 148；この場合、連邦審査庁の評価行為は専門鑑定的なものとみなされ、原告によって訴訟上で専門鑑定手続により争われることになる。
92) たとえば、専門鑑定者の指定（営業法36条）に求められる「専門知識」及び「能力」について判断余地は認められていない。BVerwG, U. v. 26. 06. 1990, NVwZ 1991, 268.
93) Groß, 326f.
94) Maurer, Verwaltungsrecht, §7 Rn. 45.

元的な意見の反映ではなく、専門知識の利用にある。その意味では、いずれにせよ多元性から合議制機関の判断余地を導く議論は、試験委員会にはストレートに及ばない[95]。また、専門知識の利用といっても、専門的・学問的判断と試験に固有の評価とは区別される。1991年決定以降、専門的・学問的判断は、一般的評価原則の適用により裁判所の全面的な審査に服することが前提となる。そして、試験に固有の評価に判断余地を認める根拠として、1991年決定が示した論拠は、司法の機能限界及び機会平等原則であって、今日では試験法について合議制機関の設置の論拠は通用力を失っているといえるだろう。

(6) 試験決定の予測的性質

経済行政法や環境法で問題となる予測決定もまた、広い判断余地が認められるグループをなしている。この領域では、技術的、経済的または社会的な観点から、不確定な価値判断や予測が求められる限りで判断余地が承認されてきた。予測決定では、将来的な展開の蓋然性についての判断が求められ、この蓋然性の判断には合理性（Rationalität）が不足するから、予測決定は、合理性に依拠した裁判所の事後的・法的コントロールにはなじまないといわれている[96]。司法試験の評価行為の中にも予測的要素があるとして、これを判断余地の正当化理由として挙げる見解がある[97]。試験の成果に照らして判断する場合、基本的には現在の能力を測定できるにとどまるというべきであろう。特に筆記試験では、答案等に基づいて答案に表れた能力が測定されるため、予測的要素が評価に占める割合はそう多くはないと思われる。

もっとも、試験の種類によっては予測の比重が大きくなるかもしれない。

---

95) グロスも、試験については委員会の構成の多元性からではなく、事後コントロールの困難性という試験の性質から判断余地を承認する。Groß, 328.

96) Ossenbühl, §10 Rn. 38, in：Erichsen/Ehlers；Schmidt-Aßmann, Art. 19 Rn. 198ff., in：Maunz/Dürig, GG.

97) Grupp, JuS 1983, 355.

たとえば、学校の進級判定や大学が個別に行う入試判定に際しては、学業成績に関する資料及び面接等をふまえた将来的な学力の上昇度を判断する必要があるのではないか。ただし、この場合にも予測には合理性は必要であることに留意すべきであろう。[98] 予測の比重の程度にかかわらず、予測に際しては試験官の経験等をふまえた独自の基準の形成と適用がなされることになる。すなわち予測の問題は(3)の論点に収斂すると思われる。

第3項 受験者の解答余地（受験者の解答の支持可能性の判断）

解答余地は、「学説として成り立ち、慎重な議論によって論理的に理由づけられた解答が誤りであると評価されてはならない」という職業関連型試験の一般原則により根拠づけられる。連邦憲法裁判所は、かつての連邦行政裁判所の立場、すなわち、「裁判官にとって全く結論を維持するに耐えないような、学問的・専門的観点から明らかに誤っており、かつ、合理的とは言えない判断に基づく場合のみ」試験の判定は違法となるとの立場に対して、明確に異議を述べたことになる。

司法試験に関する1995年1月30日連邦行裁判所判決では、1991年決定の判旨に即して次のように述べられている。

「確かに、試験に固有の評価は試験官の最終的な権限に委ねられるのであるが、しかし、試験官の考えに対する学問的・専門的な異議は審査されなければならず、その場合、裁判所は、連邦行政裁判所の以前の判例にいう恣意コントロールに限定されてはならない。むしろ、裁判所は、評点に影響を及ぼしうる学問的・専門的な評価に対してなされた具体化された異議を審査しなければならず、必要な場合には専門鑑定によって、試験官によって誤りと評価された解答が正しいか、あるいは少なくとも支持可能なのかについて決定しなければならない。[99]」

---

98) Ibler, 407.
99) NVwZ 1995, 788f.

司法試験においては、解答の正しさ、あるいは適切さを明確に決定できない問題が出題され、むしろ、多様な見解が許される余地を残していることに留意する必要がある。たとえば、最上級審の判例を素材とした問題について、受験者が固有の説明により当該判例を支持する場合、受験者の解答余地が認められることとなろう。この場合、採点に際して、試験官が最上級審の結論のみを正解とし、あるいは自己の見解のみ正解とすることは、受験者の解答余地により阻まれることになる。しかし、巧みな試験官は、試験官が誤りであると考える受験者の解答を支持可能としながらも、説得力がないと評価することはできる[100]。これは正誤の問題とは異なり、試験官の判断余地に含まれるため、裁判所の審査は制限されることになる。

多肢選択式の試験が課される医師国家試験の場合にも、受験者の解答の支持可能性の有無という問題は生じうる。医師国家試験に関する1991年決定では、試験前に専門誌においてすでに公表され、受験者が特に困難を伴うことなく入手できる確かな医学的知識に合致している解答は、誤りであると評価されてはならないとされた[101]。この点について、1997年3月26日連邦行政裁判所判決は、公表されている知識は、内外の医学教科書や学術専門誌において支持可能性が認められていればよいとしている[102]。

第4項　再考請求権

(1)　連邦行政裁判所の判例

1991年決定は、試験に固有の評価に関する判断につき裁判コントロールが制限される代償として、裁判所の審査前に試験における推定上の誤りや法的瑕疵について適切な時期に効果的に情報を取得して、元の試験官に試

---

100)　Pietzcker, JZ 1991, 1085.
101)　BVerfGE 84, 59, 79.
102)　NJW 1997, 3104；さらに、講義で述べられた見解のように、公表されていなくとも支持可能な見解はありうるとの指摘もある。Muckel, WissR 1994, 121；von Mutius/Sperlich, DÖV 1993, 53.

験決定について再度熟考させる権利（再考請求権）を承認し、さらに当該請求権を実現する行政内部コントロール手続を形成する必要性を説いた。[103] これを受けて、司法試験に関する1993年4月24日連邦行政裁判所判決は、次のとおり判示した。

> 「連邦憲法裁判所は、職業関連型試験について、基本法12条1項から、ふさわしい試験手続の形成を通して職業の自由の基本権の効果的な保護を求める受験者の権利を導いた。……評価の営みは、行政訴訟において把握が困難な、部分的にしか把握されない複数の計量不能な可能性によって規定されるため、試験決定の裁判コントロールは限界に突き当たる。試験官の人的な経験及び観念を理由として、試験に固有の評価につき試験実施機関（より正確には、担当試験官）に決定の余地が承認され、その限りで裁判コントロールが制限される場合にのみ、機会平等原則によって要請される、すべての比較可能な受験者の同等な判断が達成されうる。固有の行政内部コントロール手続は、行政裁判所による試験決定の不完全なコントロールの不可避の調整であり、同時に、裁判上の権利保護の代償として職業の自由の基本権を貫徹させるための役割を果たす。」[104]

また、試験判定の審査を迅速にすることによって受験者の職業の自由に関する基本権が最も良く保護されるだけでなく、迅速な再審査によってのみ元の試験官の再評価は有効になされうると指摘されている。[105] とりわけ口述試験の場合、その経過や受験者の回答の記憶は、時の経過により消失してしまう。通常は行政官庁のコントロールよりも遅れて行われる裁判コントロールでは、元の試験官の記憶の正確さに期待できなくなる可能性がある。そうだとすると、試験については、裁判コントロールと比較して、行政官庁でのコントロールが有効に機能することになる。1991年決定も、判決による試験評価の廃止後、同じ試験官が答案を新たに再評価しなければ

---

103) BVerfGE 84, 34, 48ff.
104) BVerwGE 92, 132, 136f.
105) BVerwGE 92, 132, 140.

ならないとしている。[106]

　連邦行政裁判所は、再考手続について、行政裁判所法68条以下の異議審査請求手続に則ることを求めているわけではない。裁判所は、評価の再考のためにその利用可能な旨を述べるが、迅速なコントロールという憲法上の要請を満たす限りで、それとは異なる行政内部コントロールも許されるとしている。[107] 現在、行政内部コントロールについては、各州で試験ごとに多様な定めが置かれており、多くは異議審査請求手続を利用しているようである。[108] ただし、再考請求権は無条件で認められるわけではない。1993年2月24日連邦行政裁判所判決によれば、受験者は、単に評価が厳しすぎるとか、納得できないと申し立てるだけでは十分ではなく、特定の試験成績のいかなる点に評価の瑕疵があるのか、具体的に指摘しなければならないとしている。[109]

　異議審査請求制度においては、不利益変更禁止に関する明文の規定がないため、それが許されるかどうかについては議論がある。[110] そのため試験法でも、異議に基づき試験を再評価する際、評価結果を悪化させる変更、すなわち不利益変更の禁止が許されるかどうかが問題となる。通常であれば、試験官は異議の対象となった個別的評価を審査するのであり、再考に際し

---

106) BVerfGE 84, 34, 46f.：ただし、これに対して試験官が評点の基礎に何らかの操作を加えることにより当初の評点を維持する危険があるとして、新たな評価は他の試験官によって行わせることが望ましいとの意見もある（第2部第3章第5節第1項(2)）。

107) BVerwGE 92, 132, 141f.

108) Zimmerling/Brehm, Prüfungsprozess, Rn. 19ff.：行政裁判所法上の不服申立手続の中で扱う仕組みや、その他の固有の仕組みが法定されている。行政裁判所法68条が定める異議審査請求の場合、通常、行政行為の審査は合法性にとどまらず合目的性にも及ぶとされるが、試験については、試験決定に直接参加しなかった不服申立庁の権限は合法性のコントロール（手続の瑕疵、事実誤認、承認された評価基準の違反など）に限定されるべきことを説く学説もある。Hufen, §7 Rn. 11.

109) BVerwGE 92, 132, 138.

110) ドイツの判例・通説が不利益変更を許容していることにつき、大久保規子「ドイツの異議審査請求制度」小早川光郎＝高橋滋［編］『行政法と法の支配 南博方先生古稀記念』（有斐閣・1999）117頁以下、124頁参照。木佐茂男『人間の尊厳と司法権』（日本評論社・1990）334頁以下も参照。

て新たに発見した減点理由は評価に反映させないことになる。つまり、受験者から具体的な異議が提起された場合、それが認容されれば、評価は上昇するか、少なくとも同等の評価に落ち着くことになるはずである[111]。しかし、不利益変更禁止の原則は、受験者を不利に判定してしまった評価の瑕疵、つまり異議の対象となった部分を単に修正する場合にのみ妥当するとの見解があり、この立場によれば、これまで試験官の認識していなかった重大な誤りが発見された場合や事後的に不正行為が判明した場合などは、不利益変更が許される[112]。

(2) 手続による代償

裁量が認められる行政の決定については、手続による代償的権利保護が論じられてきたが[113]、1991年決定では、一種の不服申立てとしてとらえうる再考請求権に代償的な機能が見出された。もっとも、いかなる条件で、どの程度で、手続相互間の代償的な補完を認めることができるかが問題となる[114]。フォスクーレは、憲法が要求する水準が欠如した法状態の調整を要する状態を「要代償状態（Kompensationslage）」ととらえ、これと、調整を要しない「正規状態（Normallage）」とを区別する[115]。また、欠如した法状態を調整するために提供される具体的な措置を代償履行と呼び、どのような代償履行が求められるか、あるいは考案された代償履行が機能欠如を調整しうるかどうかを判断するための価値基準として、等価原理（Äquivalenzprinzip）が有用であるという[116]。等価原理は自然科学的に理解

---

111) Schlette, DÖV 2002, 816ff.
112) Kingreen, DÖV 2003, 1ff.; Niehues, Rn. 701.
113) 高橋・現代型訴訟243頁以下。行政手続と行政訴訟との関係をどのようにとらえるかという問題は、比較的早い段階から議論されている。たとえばウレは、行政手続が未整備であればあるほど、個別事案のための法治国的な保障が不十分であればあるほど、行政訴訟手続は強化されなければならないとし、また逆に、法治国原理に則り形成された正式な行政手続は、行政訴訟のもたらす多段階性を不要にするかもしれないとも述べた。Ule, DVBl 1957, 597.
114) Jochum, 3f.
115) Voßkuhle, 49.

第 2 節　1991年決定の分析　*199*

されるのではなく、価値基準として理解されている。これによれば、代償履行の種類と程度は、本質的に調整されるべき不足部分に対応しなければならず、対応しなければ過剰代償または過小代償の問題が生じることになる。

　各種試験の再考手続の多くは、行政不服申立手続（異議審査請求手続）として整備されている。そこで、行政不服申立ての位置付けを確認しよう。行政裁判所法68条1項1文では、原則として、抗告訴訟の提起前に不服申立てによる事後審査が行われなければならないとされている。この事後審査は、通常、上級庁によって行われる（同73条1項1号）。また同条2項では、義務付け訴訟にも同様のルールが妥当する旨が定められている。抗告訴訟と義務付け訴訟においては、不服申立手続が、時間的には行政手続と行政裁判手続の中間点に位置している。[117]

　裁判上の救済手続は、他者の下した原処分を追体験的に審査する。不服申立庁は、行政裁判手続と同様、事後的に原処分を追体験的に審査することになるが、行政裁判手続とは異なり固有の決定を行うことができるのであって、原処分を自己の決定に置き換えることができる（同79条1項1号）。このことは、原処分庁と同様に、法の具体化を改めて最初からやり直すことを意味している。したがって、制度的・組織的観点からも、不服申立手続は行政手続と行政裁判手続との中間に位置づけられることになる。[118]

　同68条1項1文は、審査範囲についても定めている。同条によれば、不服申立庁の事後審査は行政行為の合法性及び合目的性に及ぶ。原処分の合目的性にも審査が及ぶことにより、不服申立庁の決定は、原則として原処分庁の決定の枠組みと一致することになる。これに対して、行政裁判所の審査は合法性の審査に限定される（同113条1項1文、同条5項）。もっとも、不服申立人が自己の主観的な権利の侵害を主張できない場合、当該不服申立ては却下されることになる。[119]したがって、同法68条以下の不服申立手続は

---

116)　Voßkuhle, 50.
117)　Jochum, 32.
118)　Johcum, 33.

合目的の審査に及ぶが、抗告訴訟と同様に主観的権利の主張に限定されているので、審査範囲についても、不服申立手続は行政手続と行政裁判手続の中間に位置づけることができる。[120]

　こうしてみると、不服申立てと行政訴訟とは、役割及び行政過程における位置付けに差異が認められよう。しかし、そうだとしても、それぞれに割り当てられた機能に照らして、相互代償が可能と解する余地はある。行政不服申立てには3つの機能があるといわれている。①行政裁判所の負担軽減、②行政の自己統制の強化及び③個人の権利保護の推進である。[121]試験法では、このうち特に個人の権利保護（③）の強化という点に再考請求権もしくは行政内部コントロール手続の役割がみてとれた。一方、行政訴訟は、行政の合法性及び個人の権利保護（③）に資する制度である。いずれの手続も、法治国原理及び効果的権利保護に結びつけることができるのであって、それぞれの機能に照らして代償関係をみてとることは可能であると思われる。[122]

　ただし、代償の可能性を認めるとしても、連邦行政裁判所によって具体的に選択された代償履行が、実際に要代償状態を除去することができるかどうかの問題がある。この問題を考慮するにあたり、基本法19条4項が国家に対する包括的な権利保護を市民に保障していること、裁判所の憲法上の特別な位置付け（基本法92条以下）及び裁判官の人的・事項的独立性（基本法97条1項、裁判官法25条以下）が考慮されなければならない。とりわけ裁判所の独立した地位は、行政内部のコントロール機関に欠けている。しかし、当該機関は、司法と同様に法律及び法に拘束されており（基本法20条3項）、また、しばしば特別な専門知識に秀でており、さらに元の試験官を関与させることにより、問題の発生から時間をおかずに処理にあたることができる。口述試験の場合、その経過や受験者の回答の記憶は時間の経過

---

119)　Kopp/Schenke, VwGO, §68 Rn. 12.
120)　Jochum, 34f.
121)　Geis, §68 Rn. 1, in：Sodan/Ziekow, VwGO.
122)　Jochum, 69ff.

に応じて消失してしまうため、行政内部のコントロールよりも時間的に後になる裁判コントロールでは、元の試験官による決定的な関与はますます困難になる。したがって、試験の特殊性をふまえた効果的なコントロールを考案するに際して、裁判コントロールと比較して、行政内部のコントロールにより多くの長所を認めることができるので、試験法で認められた再考手続は、裁判コントロールの弱化の代償履行たりうるというべきであろう。

第3節　試験訴訟の審理

第1項　試験成績の評価に関する裁判コントロール

　1991年決定が認めた受験者の再考請求権の条件として、連邦行政裁判所は具体的な異議を求めている。受験者の具体的な異議の対象は、学問的・専門的問題や試験に固有の問題に関するものが想定されるが、いずれにしても試験官は、当該異議に対して依拠した基準等を示した上で反論する必要に迫られることになろう。
　ニーフーズは、試験法において、計画法で展開した考量（衡量）コントロールを利用する試みを唱え、これを受けて、公認会計士試験にかかる1992年12月9日連邦行政裁判所判決は、「事柄の性質上明らかに重大な視点」が試験官の評価過程に欠けている場合、その評価過程は瑕疵を帯びることになると判示した。こうした傾向は、近年、裁量及び判断余地を統一的に把握し、同じ審査方法に服せしめようとする議論の流れに沿うものと評価することができよう。計画裁量は、法効果の選択の自由という意味で

---

123)　Jochum, 71.
124)　Niehues, 3. Aufl., Rn 330；ders., 4. Aufl., Rn. 645
125)　BVerwGE 91, 262, 268；計画法に関する衡量瑕疵の審査枠組みに類似するとの指摘がある。Ibler, 398.
126)　アレクシーは、計画裁量に関する考量コントロールが不確定法概念の具体化に関する法適用にも援用可能なモデルであると指摘し、考慮すべき目的等を見誤った裁量権の

の古典的な裁量と区別される、行政の決定の自由領域として位置づけられてきた。計画策定に行政の判断の自由領域が生じる原因は、計画策定が一般的抽象的規範への事実の包摂として理解されるのではなく、情報の収集・選択・処理、目的設定及び目的達成のための手段の選択という複雑な過程である点に見出されている。通常、計画法は条件的に定められた法規ではなく、目的プログラムとして、一般的な目的及び考量原則が予め定められるにすぎない。以上の計画裁量の構造は、一見、古典的な裁量とは異質に思える。裁量は法律で予め定められた法効果の選択にかかる自由として理解されるのに対して、計画裁量は法律により設定された計画目的を考慮して、行政により見出され、評価される、多様な事実・利益間の考量の過程として理解されるからである。

行政計画の裁判コントロールのために、裁判所は、法治国的な計画策定の原理から考量要請（Abwägungsgebot）を導いた。考量要請は、行政に対して現行法上の価値判断を考慮し、あらゆる計画に関わる公的・私的利益を十分に適切に考量することを義務づける。具体的には、①考量が行われたかどうか（考量の欠如）、②考慮されるべき利益が考慮されたか（考量の不足）、③関係利益の意義が適切に評価されたか（考量の評価瑕疵）及び④個々の利益の客観的な重要度に適合した諸利益の調整が行われたか（考量の不均衡）について審査される。そして、①を除く上記②から④については、考量の結果（計画の内容）の審査に際しても用いられることになる。

ゲルハルトは、裁量権の行使と不確定法概念の具体化のいずれも考量に基づく決定に収斂するとし、一般的な行政裁量、計画裁量及び判断余地が

行使が違法となるのと同様に、不確定法概念の具体化に際して考慮すべき目的等を誤って判断した場合、当該具体化は違法となるという。Alexy, JZ 1986, 710f., 713.
127) Maurer, Verwaltungsrecht, §7 Rn. 63.
128) 遠藤・計画行政法32頁以下、87頁以下、芝池義一「計画裁量概念の一考察」同『現代行政と法の支配』（有斐閣・1978）200頁以下などを参照。
129) ブローム, W.=大橋洋一『都市計画法の比較研究』（日本評論社・1995）138-145頁参照。判例の検討については、高橋・現代型訴訟103頁以下、山田・大規模施設設置手続305頁以下を参照。
130) ブローム=大橋・前掲注(129)140頁。

等しく行政裁判所の考量コントロールに服すると説く[131]。上記考量モデルの枠組みは、あくまで一般的・抽象的なレベルで合理的な決定のための考量ドグマーティクの形成を試みるのであって、追試的なコントロールになじまない各種領域ごとの修正が予定されている。もっとも、試験決定や計画決定などは、考量コントロールの基本形が適用されるという[132]。試験に固有の評価に関する考量コントロールに際しては、評価に用いられる試験官の固有の評価基準及びその適用の過程を、各種試験制度の目的等に照らして審査することになろう。なお、適切な考量を欠く場合、行政決定は取り消されなければならず、裁判所が自ら修正することはできない[133]。

第２項　証明責任

　職権探知主義が妥当するドイツの行政訴訟においては、証拠を提出しないという理由だけで訴訟に敗れることはないが、事実が解明されない場合にいずれの当事者が負担を負うかという意味での実質的な証明責任は、行政訴訟でも問題となる[134]。試験訴訟に関しては、２つの場合に証明責任が重要な役割を演じるといわれている。まず１つは、裁判所が瑕疵を発見したけれども、その瑕疵が試験結果に影響を及ぼしたかどうかが不明確な場合であり、もう１つは、受験者が瑕疵を攻撃したにもかかわらず裁判所の審理を通して当該瑕疵が確認できなかった場合である。

　前者にかかる1984年９月20日連邦行政裁判所判決は、試験官が実際に出題した課題とは別の課題を念頭に答案の評価を行った事案について、試験

---

131)　Gerhardt, Vorb. §113 Rn. 20, in：Schoch/Schmidt-Aßmann/Pietzner, VwGO.；シュミット−アスマン・行政法理論206-211頁。なお、わが国においても計画裁量と一般の裁量の区別が相対的であることが指摘されている。西谷剛『実定行政計画法』（有斐閣・2003）51頁以下参照。
132)　Gerhardt, Vorb §113 Rn. 20, in：Schoch/Schmidt-Aßmann/Pietzner, VwGO.
133)　シュミット−アスマン・行政法理論222頁。
134)　宮崎良夫「行政訴訟における主張・立証責任」鈴木忠一＝三ケ月章［監修］『新・実務民事訴訟講座９』（日本評論社・1983）226頁以下。

官の判断に判断余地は認められないとして、受験者に有利な判決を下した[135]。本判決では、瑕疵と試験結果との因果関係の解明のリスクを受験者に配分することは、法治国原理（基本法20条3項）及び権利保護の要請（基本法19条4項）に抵触することになると判示された[136]。行政訴訟では、原則として民事訴訟と同様に自己に有利な法的効果を導く事実を証明できない場合に、その者の不利に判断されることになると考えられている[137]。しかし、前掲1984年判決の場合、関係書類がいずれの当事者の領域にあるかを考慮することにより、証明責任の転換を認める支配領域説（Sphärentheorie）が適用されたととらえられている[138]。試験訴訟において、連邦行政裁判所は、確認された瑕疵が試験結果に影響を及ぼしたかどうかが不明な場合について、影響を否定できないときには、試験決定の廃止を導くとの証明責任のルールを発展させているという[139]。

一方、後者の場合、多数説は、瑕疵について受験者に証明責任を負わせている[140]。しかし、連邦行政裁判所は、試験官に対して評価の理由を提示する義務を課しているのであって、そうだとすると、試験官の理由提示が不十分なために受験者が十分に評価の瑕疵を攻撃できない場合についてまで、受験者が当該瑕疵の証明責任を負わなければならないとするのはバランスを欠くように思われる[141]。さらに、試験制度は自由を制限する仕組みであるから、国は当該制限を正当化する義務があり、受験者に対して証明責任を課さずに主張の具体化責任を担わせるほうが、介入の程度として緩やかであり、比例原則に適合的であろう[142]。

---

135) BVerwGE 70, 143, 148.
136) BVerwGE 70, 143, 148.
137) Kopp/Schenke, VerwGO, §108 Rn. 13.
138) Nierhaus, 434f.；環境法上の予防原則・事前配慮原則に基づく制度についても、支配領域説による証明責任の転換が議論されている。下山憲司「予防原則と行政訴訟―職権調査と証明責任に関する一考察―」石田眞＝大塚直［編］『労働と環境』（日本評論社・2008）254頁以下参照。
139) Zimmerling/Brehm, Prüfungsprozess, Rn. 191.
140) Niehues, Rn. 841.
141) Ibler, 410.

第3項　具体化責任

　連邦憲法裁判所は、判断余地の及ぶ範囲を試験に固有の評価に限定して以降、そのコントロールを限定するために具体化責任（Substantiierungslast）の考え方を用いている。[143] 連邦行政裁判所は、被告と原告（受験者）のいずれにも具体化責任を課している。原告の主張が具体的ではないとされた例として、試験官が添付された答案作成用の別紙をも評価したならば、より良い評価を得られたはずであるとの主張について、なにゆえ当該別紙が考慮されたならばよい評価を導きうるのかを示すべきであるとされた例、[144] 受験者が単にすべての問題に正しく答えたと主張したのに対して、受験者は試験官が誤って評価した個々の問題を指摘すべきであるとされた例[145]などがある。これに対して、具体的であるとされた例として、主任の試験官が刑法の特定条文に関して有用な解釈であると評価したにもかかわらず、誤った評点をつけたことにより刑法の試験が低く評価されたとの主張、[146] 特定の筆記試験の正答率が極めて低い場合に当該試験課題が不適切であったとの主張[147]などがある。なお、主張の信憑性が低ければ、そのぶん具体化の要請は強まるという。[148]

　行政裁判所は、職権探知主義に則り、決定に重要な事実を職務上探知し

---

142)　Ibler, 412.
143)　具体化責任の解釈上の根拠としては、訴えの表示・特定性の要請（行政裁判所法82条1項1文・2文）、裁判所の職権探知に際して当事者が動員されうるとの規定（同86条1項1文）及び当事者が口頭弁論で準備書面の補充ができる旨の規定（同87条1項2文2号）などが挙げられている。Ibler, 425：なお、ドイツの民事訴訟における具体化責任については、畑瑞穂「民事訴訟における主張過程の規律—主張・否認の具体化・理由づけについて（1・2）—」法協112巻4号（1995）488頁、114巻1号（1997）1頁参照。
144)　BVerwG, B. v. 22. 7. 1992, DVBl 1993, 49.
145)　BVerwG, B. v. 23. 12. 1993, Buchholz 421. 0 Nr. 326.
146)　BVerwG, U. v. 24. 2. 1993, NVwZ 1993, 689.
147)　BVerwG, U. 9. 8. 1996, DVBl 1996, 1381.
148)　Ibler, 417.

なければならないので、原則として、A)判決にとって重大な事実の存在を信じるに至るまで、B)そうした事実が存在しないことを信じるに至るまで、あるいは C)さらなる調査をしたとしても判決にとって重要な事実が発見されないと信じるに至るまで調査しなければならない。C)の場合、証明責任によって判決を下すことになる。もっとも、職権探知原則が採用されているからといって、当事者の協力が不要なわけではない。もし当事者の協力を不要とするならば、裁判所が早計に事実の存否につき結論を出してしまい、客観的に正しい事実からかけ離れた判断を下す危険性があるからである。具体化責任は当該リスクを回避するとともに、調査に関する裁判所の負担軽減を可能にする。[149]

通説に則り、試験の評価に瑕疵があることについて原告が証明責任を負う場合、当然、原告は主張の具体化を積極的に行わなければ訴訟に勝てない。具体化責任の不履行は主張にかかる事実の不存在に関する裁判所の確信へと導き、訴えは棄却されることになるからである。具体化責任が履行された場合に初めて、裁判所の調査義務が開始し、なお証拠不十分の場合に証明責任が働くことになる[150]

---

149) Ibler, 417f.
150) Ibler, 418.

第3章

試験手続の法理

第1節　試験手続と憲法

　手続による基本権保護の理論によれば、基本権は実体法の形成に関する要請に限られず、実効的な権利保護にとって重要な限りで手続の形成に関する要請をも含んでいるという。これは連邦憲法裁判所において定着した考え方であるものの、どのような基本権が、どのような条件の下で、どのような規律を求めるのか等については一般的な原則はないといわれている。また、基本権は、手続だけではなく、組織についても憲法適合的な形成を求める。たとえば、基本法5条1項2文が定める放送の自由は、民主主義の保持のために放送局の多元性及びその国家からの自由に配慮することを求め、したがって、放送の自由という目的を完全に実現するにふさわしい組織及び手続に関する放送秩序の創出を、国に義務づけている。以上は、放送の自由の基本権が組織及び手続がもたらす効果をも視野に入れて、当該組織及び手続の内容を形成することを求めることを意味する。

　試験に関しては、受験者の権利・義務等に関して法律による定めがない

1）　Laubinger, VerwArch 1982, 62ff.；恒川隆生「基本権論としての組織・手続問題―その系譜に関する若干の検討―」沖縄法学13号（1985）101頁、富塚祥夫「実体的基本権の手続法的機能(上)」東京都立大学法学会雑誌27巻1号（1986）219頁、笹田・実効的基本権保障論153-296頁参照。
2）　Kischel, 123f.
3）　U. v. 16. 6. 1981, BVerfGE 57, 295, 320；鈴木秀美『放送の自由』（信山社・2000）94頁以下参照。
4）　これとは異なり、組織及び手続がもたらす帰結とは無関係に手続・組織それ自体が求められる場合もある。たとえば、基本法103条1項の法的聴聞の権利あるいは同101条1項2文の法律上の裁判官がそうである。

状態が続いていたが、1980年10月20日連邦憲法裁判所決定が成績不振を理由とした退学命令の法的根拠の必要性を審査し、その結果、学校における進級条件について法律で定める必要はなく、法規命令で定めることができると判示したことにより[5]、試験法制における法律規定事項及び法規命令規定事項の区分が意識されていった。以降、試験手続における受験者の権利・義務に関する法制度が徐々に充実していったようである。なお、1991年以前は、試験決定に広範な判断余地が認められてきたこともあり、試験訴訟の多くは試験手続の瑕疵を主張するものであった。また、1991年以降も、試験に固有の評価に関しては判断余地が認められることから、判断余地に伴う司法上のコントロールの制限の代償として試験手続の重要性が意識されている。

第2節　試験の許可と試験法関係の成立

　許可要件が及ぼす受験者への影響は、比例原則に適合している必要がある。受験者個人の問題とは関わりのない客観的な許可要件、たとえば、受験の許可を当該職業に関する需要の有無にかからせることは、例外的にのみ許容されると解されている[6]。受験者個人の能力等に関わる主観的な許可要件についても、職業選択の自由の保障から、当該要件は適切かつ必要で、さらに受験者に期待可能な限りで、特に重要な公益の保護のために設定されうる（第2部第1章第3節参照）[7]。

　たとえば、医師開業免許規定11条4号では、医師の職業に照らして「不名誉」な行為をした者は、医師としての活動及び医師国家試験の受験が拒否されうると定められている。ただし、1993年12月15日連邦行政裁判所判決は、「許可制限の適切性の要請は、法律上のコントロール及び職業の自由という基本権への介入が、それぞれの教育段階及び対処すべき危険に適

5）　BVerfGE 58, 257.
6）　Niehues, Rn. 218.
7）　Niehues, Rn. 219ff.

合することを求める。したがって、医師開業免許規定……などが求める『名誉』及び『信頼性』という資格が必要なのか、どの程度で必要なのかを、それぞれの段階で審査しなければならない。よって、当該概念の内容が、試験、それに続く研修段階または開業や職業活動といった多様な要請に応じて決定されることになる」と判示した上で、医師国家試験の受験許可に関しては、開業免許の付与の場合よりも緩やかな基準が適用されなければ比例原則違反になるとした[8]。

　許可に瑕疵があるとしても、それが必ずしも後の試験の手続・決定に影響を及ぼすとは限らない。許可の手続は、広くとらえれば全体の試験手続の一部であるが、受験の申請から許可に至る手続と、その後の受験及び結果判定の手続とは区別できる。試験の許可に瑕疵があったとしても、それが試験判定の結果に影響するかどうかは、因果関係が証明されない限り否定されることになる[9]。また、試験の許可要件たる一定の学修成果の証明が欠如していたため許可が違法となるにすぎない場合には、受験者の信頼保護の観点から合格の効果は妨げられないと解されている[10]。しかし、当該瑕疵が生じた経緯に照らして受験者の信頼を保護すべき事情がない場合には、試験判定の結果が良好であったとしても、それを存続させる意義は乏しいといえるだろう[11]。

　受験の許可によって、試験実施機関と受験者との間に様々な権利義務を内容とした試験法関係が生じることになる[12]。試験法関係は特に法律で定義されておらず、一般的には受験者と試験官または試験実施機関との間に生じる法関係の全体を指して用いられている。受験者は、試験法関係の成立により、試験を受ける権利をはじめ試験規定の遵守を求める権利を得るこ

---

8) BVerwGE 94, 352, 369f.
9) Niehues, Rn. 247.
10) Niehues, Rn. 247.
11) 大学で必要な学修を経ていないなどの瑕疵は、試験結果の法的瑕疵とならないと解されている。もっとも、受験者が許可要件を満たしていないことを知りつつ受験した場合には法的瑕疵となるというべきであろう。Zimmerling/Brehm, Rn. 181.
12) Niehues, Rn. 240, 340.

ととなる[13]。また、受験者は、信義則に基づき試験の運営に協力する義務を負うこととなり、試験に何らかの障害があった場合には遅滞なくそれを申し立てることが義務づけられる[14]。他方で、試験実施機関にも、原告の実効的な権利保護の観点から必要な情報提供の請求を原告が有効に行うことができるように配慮する義務が生じる[15]。

第3節　辞退・欠席の法理

受験回数の制限がある場合、辞退及び欠席の取扱いは受験者にとって重要な問題となる。医師開業免許規定の辞退（18条）及び欠席（19条）にかかる規定について発展した法理は、同様の規定がない他の試験にもある程度は援用することができるだろう。

（辞退）
　受験者は、許可の後に試験を辞退する場合、辞退の理由を遅滞なく州の管轄機関に申告しなければならない。州の管轄機関が辞退を許可した場合、当該試験を受験しなかったものとみなされる。許可は、重大な理由がある場合にのみ与えられる。病気を理由とした辞退については、州の管轄機関は、医師の証明書の提出を求めることができる（18条1項）。辞退の許可が与えられず、あるいは辞退の理由を遅滞なく申告することを懈怠した場合、当該試験は不合格とみなされる（同条2項）。

---

13) 試験実施機関が試験法関係から生じる義務を怠った場合、しばしば職務責任（基本法34条及びBGB839条）に基づく損害賠償請求訴訟が提起される。試験法関係から生じる権利・義務をめぐる紛争としては、たとえば、試験の辞退の可否、試験時間の延長、試験官の党派性の有無及び試験資料の閲覧の可否等を争ったものがある。Zimmerling/Brehm, Prüfungsprozess, Rn. 496ff.; Zimmerling/Brehm, Rn. 130.
14) ドイツの行政手続法では、関係人の協力義務について定めがある。新山一雄「ドイツ社会行政手続法における関係人の協力義務」松田保彦＝山田卓生＝久留島隆＝碓井光明［編］『成田頼明先生横浜国立大学退職記念 国際化時代の行政と法』（良書普及会・1993）311頁以下参照。
15) U. v. 6. 7. 1995, BVerwGE 99, 185ff.; 本章第5節第2項(3)参照。

(欠席)

　受験者が試験期日に欠席しまたは作成した課題を期日に提出せずもしくは試験を中断した場合、当該試験は不合格となる。受験者の上記行為に重大な理由がある場合には、当該試験については受験しなかったものとみなされる（19条1項）。重大な理由があるかどうかの決定については、辞退に関する18条1項1文及び4文が準用される（同条2項）。

　辞退は、試験に参加しないこと、またはすでに受けた試験の成果（答案など）を提出扱いとしないとの受験者の意思決定とその表示を前提とする。一方、欠席は、受験者が予め辞退の意思表示をすることなく、実際には試験に参加しない場合またはできなかった場合である。上記制度の運用においては機会平等原則が基準となる。

　1988年10月7日連邦行政裁判所は、欠席・辞退のルールの適用次第では機会平等原則が損なわれることを、次のように指摘する。

　　「辞退の可能性が排除される場合、受験者から試験で確定されるべき成績を証明する機会が奪われることになり、平等原則に反する結果となる。なぜならば、受験者が試験中に能力を充分に発揮できない異常な状況にさらされた場合には、試験の結果は当該受験者の正しい成績を反映しているとはいえないからである。これに対して、辞退の門戸があまりに広いと、受験者に本来は認められない別の試験の機会を与えることとなり、それは、平等原則に反する結果をもたらす危険がある。」[16]

　また、前掲条文にあるとおり、辞退や欠席に「重大な理由（ein wichtiger Grund）」が認められれば受験したことにはならない。たとえば、試験の実施過程において騒音などの著しい障害が発生した場合や疾病罹患などについて、重大な理由が認められることがある。[17] 辞退の申出は遅滞なくなされる必要があるほか、試験規定などに除斥期間が設けられていることも

---

16) BVerwGE 80, 282, 284f.
17) Niehues, Rn. 480, 517.

ある。試験結果の判明後に辞退の申出をすることは、機会平等原則を損なうため許されないと解されている[19]。

　辞退の理由として多いのは、試験無能力（Prüfungsunfähigkeit）[20]、すなわち能力を発揮できない状態をもたらす疾病である。受験者は申出に際して試験無能力状態にあることを説明しなければならず、争いがある場合には証明しなければならない。また受験者は、疾病に由来する身体的・精神的な障害が発生していることを認識した時点で、遅滞なく辞退をするかどうかを考慮する必要がある[21]。試験無能力の判断は、第1次的に試験機関の責任で行われるが、争いがあれば裁判所により判断されることになる。この問題は医学的な基準によって判断され、試験機関の裁量や判断余地は認められない[22]。

　医師開業免許規定18条の文言によれば、辞退が許可されれば受験しなかったものとみなされ、不許可であれば不合格とみなされる。したがって、素直に規定を解すれば、辞退の申出以降、受験者は試験答案の評価及び手続瑕疵の審査の請求権を失うことになる。しかし、試験結果が平均点を上回っており、良い評価であった場合にまで不合格とみなすことは比例原則に反するとの理由から、この場合は辞退申請の撤回が認められるべきであると説かれている[23]。辞退の可否のポイントは、独立した試験機会を不必要に与えることによって平等原則に反するかどうかであるから、辞退申請の

---

18)　「瑕疵を知ってから1カ月」の除斥期間は適切と評価されている。Niehues, Rn. 141.
19)　Niehues, Rn. 480.
20)　試験における行為能力を問題とするに際して用いられる概念である。行政法上の法律関係においても、法的効果を伴う行為を完全になしうる能力という意味での民法上の行為能力（Geschäftsfähigkeit）の観念と対比すべき行為能力の観念が存在する。連邦行政手続法12条は、「行為能力（Handlungsfähigkeit）」との見出しの下で、民法で法律行為をする能力を有する自然人は手続行為を行う能力を有する（1項1号）と定めている。成田頼明「行政上の法律関係における権利能力・行為能力」同[編]『行政法の争点〔新版〕』（有斐閣・1990）46頁以下、鹿子島仁「行政法関係における私人の行為——ドイツにおける学説の展開とその検討——」一橋論叢110巻1号（1993）116頁参照。
21)　Niehues, Rn. 140.
22)　Zimmerling/Brehm, Rn. 464.
23)　Niehues, Rn. 152.

撤回があった時点で当該答案は正式に提出されたものとして扱うべきであろう。

第4節　試験の条件

第1項　障害の発生

　試験の実施過程で生じた何らかの障害は、受験者による能力の発揮を阻むこととなり、試験の目的たる能力の測定を不十分なものとしてしまう。たとえば、騒音、極暑・極寒及び悪臭などの障害が考えられる。[25]障害は持続的なものではならず、本来の能力測定を妨げる可能性がなければならない。[26]口述試験における騒音が問題となった事案として、1969年1月17日連邦行政裁判所判決がある。本判決では、口述試験の最中に、建設工事に伴う騒音による障害を申し立てることは、受験者に期待できないと判示した。[27]口述試験では試験課題に集中することが求められているのであり、その最中に生じた障害が試験の瑕疵につながったかどうかの判断を受験者に求めることには無理があろう。

　受験者が何らかの障害を申し立てた場合、試験機関は対策を講じる義務を負う。まず、試験機関は障害の除去を試み、これが成功しない場合または障害の除去までにいくばくかの時間が経過してしまった場合、試験機関は代償措置をとらなければならない。1993年8月11日連邦行政裁判所判決は、司法試験の筆記試験中の騒音について、代償措置として筆記試験の時間延長が必要となる旨を判示した。[28]もっとも、代償措置のあり方をどのようにするかについては、厳格な基準は設けにくい。障害の質、量、強度等

---

24)　Zimmerling/Brehm, Rn. 562ff.
25)　Niehues, Rn. 466.
26)　Niehues, Rn. 464.
27)　BVerwGE 31, 190, 192.
28)　BVerwGE 94, 64.

は多様だからである。厳密な基準を設定することは、かえって機会平等の原則に抵触する可能性があろう。たとえば、低空飛行中の飛行機による短時間の騒音は、受験者にとって長時間継続する比較的弱い騒音よりも重大であるかもしれない。ただし、前掲1993年判決は、平均的受験者を基準としてどのような代償措置が必要か、機会平等原則が回復されたかといった問題については、裁判所の審査に服することになるとしている。[29] 原則として、障害の継続時間と延長時間を等しくすることが考えられるが、しかし、障害が長時間にわたり継続したため時間延長だけでは不十分な場合、試験機関は再試の可能性を認めなければならないであろう。[30]

第2項　公正な手続の要請

　ドイツ法における公正手続請求権をめぐる判例の展開は、公訴に被害者の参加を認める刑事訴訟法上の規定に関する合憲性について判示した1969年連邦憲法裁判所決定が、法治主義から「公正（Fairness）」の要請を導いたことから出発している。[31] ドイツでは1969年決定以前から、学説において英米法のデュープロセスを意識した議論がなされていたが、同決定以降、刑事手続だけでなく、強制競売手続、民事手続及び行政手続にかかる訴訟においても公正な手続への言及がなされるようになった。端的にいえば、公正手続請求権にかかる理論は、圧倒的優位に立つ国家とそれに対さなければならない国民との間の力関係を是正しようとするものである。[32] 公正手続請求権は、法治主義により根拠づけられるとの見解が有力であると思われるが、特定の基本権保障の適用領域に触れる場合には、当該基本権の要素となると解されている。[33]

---

29)　BVerwGE, 94, 64, 69.
30)　Niehues, Rn. 479.
31)　B. v. 3. 7. 1969, BVerfGE 26, 66, 71；富塚・前掲注（1）219頁以下、笹田・実効的基本権保障論59頁以下参照。
32)　笹田・実効的基本権保障論121頁以下。
33)　Tettinger, Der Staat 1997, 587.

行政手続における公正の要請は、試験法においても重要な意味を有する。1979年11月13日連邦憲法裁判所の決定では、受験者が重大な理由なくして試験を妨害した場合に不合格とする旨を定めるハンブルク法曹養成法24条4項を、受験者が口述試験において沈黙した場合に適用した事案が扱われた[34]。本決定は、基本法12条1項から公正な手続履践を求める権利が生じるとした上で、本件事案において、制裁規定についての適時の警告が試験委員会によってなされず（教示義務違反）、その結果、不合格と評価されたことが12条1項の基本権を侵害すると判示した[35]。

　また、試験法における公正の要請は、試験の方法及び試験官のエチケットにかかる配慮を試験官に求める。1978年4月28日連邦行政裁判所判決では、医師国家試験（口述試験）での試験官の不適切な態度・行動によって、受験者の成績に負の影響を及ぼすことは避けなければならない旨が判示された[36]。すなわち、受験者の回答に対して試験官が嘲笑的な態度をとったことが受験者の成績の不振につながった場合、公正の要請は損なわれることになる。もちろん、受験者の発言に対する批判等が受験者に不安を与えたとしても、それは試験に当然に付随することであるから公正の要請を損なうとは考えられない[37]。試験機関側は、その公正の要請を損なう事情が試験の結果に影響しなかったことについて証明責任を負っており、それが証明できなければ試験判定は廃止されることになる[38]。

　筆記試験の場合には、通常、試験中に試験官から精神的な負荷をかけられることはないので、試験中の公正の要請は主に口述試験の問題である。これに対して筆記試験では、試験の終了後に試験資料の閲覧等が行われ、試験官の採点メモに不適切な内容が記載されていることが判明することが

---

34) BVerfGE 52, 380；本決定の紹介・検討として、山田洋「行政手続への参加権」一橋研究6巻3号（1982）118頁、富塚・前掲注（1）242頁、笹田・実効的基本権保障論89頁以下参照。
35) BVerfGE 52, 389f.
36) BVerwGE 55, 355, 360f.；笹田・実効的基本権保障論121頁以下参照。
37) Niehues, Rn. 187.
38) U. v. 20. 9. 1984, BVerwGE 70, 143, 147f.；Niehues, Rn. 188.

ある。この場合、結果として試験の実施が公正であったかどうか、試験官に党派性がなかったか否かが問題となりうる。口述試験では、公正の要請が試験実施の方法の適切さや試験官のエチケットを保障するのに対して、筆記試験の場合には、公正の要請から導かれる客観性の要請（Sachlichkeitsgebot）が試験官の成績評価に関する原則としての役割を果たす[39]。たとえば、成績評価のあり方を示す試験官の採点メモの内容が攻撃的かつ侮辱的であった場合、客観性の要請は損なわれることになるという[40]。さらに、試験の目的たる成果の測定と何の関連性もない事柄を考慮して成績を評価することは、「他事考慮（sachfremde Erwägung）」として、常に客観性の要請は損なわれる[41]。

第3項　試験記録

記録の作成義務について定めた一般的規定として、連邦行政手続法93条がある。同条1文は、合議制行政機関の議事録の作成を義務づけ、同2文では、少なくとも会議の場所、日、議長及び出席者の氏名、議事、議決事項及び選挙結果の記載が求められている[42]。しかし、行政手続法2条3項2号により、同93条は試験手続には適用されず、試験手続における記録については、各種の試験規定が別途定めている。試験記録の目的は、必要な場合に証明のために利用することである[43]。どの程度の記録を残すかについては各種の試験規定によることになるが、参加者、試験の課題、時間等の通常の経過についての記録だけではなく、たとえば、騒音障害の発生や辞退に関する記録も残される[44]。

---

39) Niehues, Rn. 185, 649.
40) Niehues, Rn. 189.
41) BVerwGE 70, 143, 151f.；Niehues, Rn. 649.
42) Kopp/Ramsauer, VwVfG, §93 Rn. 4.
43) Niehues, Rn. 482.
44) Niehues, Rn. 483；なお試験の判定は、実際の試験の成果物について行われるのであって、記録に基づいて行われるのではない。したがって、記録の欠如は試験の結果を誤ら

医師国家試験の口述試験に関する1971年10月1日連邦行政裁判所判決は、次のようにいう。

　「口述試験は、発問と答えに尽きるものではない。試験官は、個々の問題について、受験者を誘導することができ、また、受験者に対してヒントや助言を与えることができる。受験者の成績評価は、……受験者が問題を迅速に把握し、問題の解決を正しく行い、その思考をわかりやすく説明することができるかどうかにかかっている。受験者が試験で与えた全体的な印象も、評価に際して考慮されうる。この関係で、試験官及び受験者にとって決定的な詳細な事柄は、記録からもたらされるものではなく、録音テープをもってしても完全に確認はできない。さらに、口述試験の経過をできる限り詳細に確定するあらゆる試みは、常に目指されている『試験の対話』を損なうことになる。[45]」

本判決は、裁判上の権利保護の実効性が発問及び回答の記録を要請しない根拠として、試験官の判断余地により、答えの正誤問題は、原則として、教育学的・学術的な価値判断であって事後審査に服しえないこと、それゆえ証明に配慮する必要がないことを挙げている。しかし、1994年3月31日連邦行政裁判所決定では、1991年決定以降、受験者の回答が支持可能かどうかを専門鑑定手続によって明らかにすることが求められる以上、上記1971年判決の論拠は今日では維持できないと判示された。ただし、結論として、実効的な権利保護の請求権は、口述試験について発問及び回答を含む試験全体を詳細に記録するという方法までは、必ずしも認めていない。[46]

　「試験の面接の詳細を、確実かつ詳細に記録することが現実的かどうかについては疑問がある。たとえば、本質の迅速な理解、試験の対話の成立または受験生の説明の確かさといった試験成績の多くの要素は、記録からは読み

　　　せるわけではないから、試験結果に影響を及ぼさない。Niehues, Rn. 491.
45)　BVerwGE 38, 322, 325.
46)　BVerwGE 38, 322, 325.

取ることができず、技術的な補助手段(たとえば、録音テープあるいはビデオ録画)を用いても、評価にとって決定的なあらゆる基礎を誤ることなく把握できると信じることはできない。試験の対話を完全に記録することが可能であったとしても、試験の性格及び実施の方法に好ましくない影響をもたらすだろう。……たとえば、録音やビデオ録画といった補助手段を用いて可能となる試験記録の完全化が、不利益をもたらすことは明らかである。なぜなら、試験の雰囲気が好ましくない影響を被り、結果として試験官及び受験者はもはや自然に振る舞うことができず、集中を欠くこととなり、気持ちが逸れ、動揺することとなるからである。[47]」

1991年決定以降、受験者は、解答の学問的・専門的な正しさ、あるいは解答の支持可能性の審査を裁判所に求めることが可能となり、また、受験者には、行政内部コントロール手続を通した試験官による再考を求める権利が認められている。そして、再考手続に実効性をもたせるために、受験者には評価の瑕疵に関する具体的な異議申立てが求められているが、そのためには試験官の採点過程及び考量を知る必要がある。しかし、上記のとおり、連邦行政裁判所は、結局、口述試験への負の影響を理由に詳細な記録を不要とした。

録音テープやビデオテープ等を用いた記録義務の強化について、見解は分かれている。強化を肯定する見解は、技術的な記録手法により、評価の瑕疵及び解答の支持可能性等に関する裁判上のコントロールが容易になるとして、実効的権利保護の観点からその強化は要請されるという[48]。これに対して、受験者は、試験の場に同席した他の受験者や試験官の尋問、記録者や傍聴者への尋問によって重要な事実を探求することができるため、これらの方法で十分に実効的な権利保護は可能であるとの見解もある[49]。

---

47) DVBl 1994, 641.
48) Wimmer, JuS 1997, 1146.
49) Niehues, Rn. 489.

第4節 試験の条件 *219*

第4項 文書閲覧

　決定の基礎とされている事実や法的根拠を知らされない手続は、人間の尊厳（基本法1条）に適合しないと解されている[50]。試験手続における文書閲覧は、各種試験の法令において定められているほか、行政手続法2条3項2号が同法29条に基づく文書閲覧手続を試験手続に適用する旨を定めている。行政手続法上の文書閲覧権の行使の要件は、当事者の法的利益の主張のために請求されること、及び当該文書の閲覧が権利主張のために必要なことである（同29条1項1文）[51]。文書閲覧権は、市民と官庁の武器平等を保障し、かつ、決定理由の透明性を確保する目的を有する。試験法の領域では、成績評価の手続に関する情報なくして、機会平等に関する権利及び職業選択の自由が違法に損なわれていないかどうかを認識できないことや、再考請求権の行使に求められる具体的な主張も十分な情報を前提とせざるをえないことなどが、文書閲覧権を必要とする理由として挙げられている[52]。

　また、この権利の行使を通して、個人の権利救済手続の場面で行政の決定過程を跡づけることが可能となり、行政のコントロールが充実することになる[53]。行政手続法上の文書閲覧権は、当事者の情報入手の可否について行政官庁に裁量を認めていないため、市民にとって重要な情報入手の手立てである[54]。「文書」概念には、写真、録音・ビデオフィルム及びコンピューターやCD-ROM等で保存されている電子的な情報も含まれ[55]、決定のために実際に利用した文書のすべてについて閲覧が認められる[56]。文書閲覧が

---

50) Kopp/Ramsauer, VwVfG, §29 Rn. 2f.
51) 連邦行政手続法29条が定める閲覧請求権は、個人の権利保護を念頭に置いたものである。Badura, §37 Rn. 17, in：Erichsen/Ehlers.
52) Niehues, Rn. 264.
53) Bonk, §29 Rn. 4., in：Stelkens/Bonk/Sachs, VwVfG.
54) Kugelmann, 245f.
55) Kopp/Ramsauer, VwVfG, §29 Rn. 13.
56) Kopp/Ramsauer, VwVfG, §29 Rn. 14.

認められるためには法的利益の存在が必要であるが、手続の当事者は、決定の基礎とされた文書の閲覧については法的利益が認められるのが通常である。[57]

行政手続法29条2項では、閲覧請求の拒否事由として、①官庁の任務の秩序ある遂行が妨げられる場合、②文書の公表が連邦または州の福祉に不利益をもたらす場合及び③関係人もしくは第三者の正当な利益を考慮して秘密を保持しなければならない場合が定められている。閲覧請求権は、個人の権利保護を目的とした法治国的な要請として位置づけられており、上記の拒否事由はあくまで原則開示の例外であって、限定列挙と解されている。[58]また、上記拒否事由が存在する場合であっても、許可を義務づけられないだけであり、裁量によって開示することは可能である。[59]

上記の拒否事由のうち、とりわけ①については厳格な解釈が求められている。当該拒否事由は、行政の機能保持を保護法益とする。[60]過大な事務処理が求められる場合が例として挙げられるが、組織的な対処に時間がかかるにすぎない問題というべきであって、法治国の要請としての閲覧権を拒否するに値する事態は想定し難いだろう。[61]②の拒否事由は国の対外的・対内的な安全や他国との関係が損なわれる場合であり、③は個人の利益保護が問題となる場合である。行政裁判所法に基づく訴訟手続での文書閲覧に関しても、両者は拒否事由として挙げられている（行政裁判所法99条）。かつては、試験文書も上記拒否理由に該当する文書とみなす見解があったが、[62]

---

57) Hufen, Fehler, Rn. 244；いかなる観点からみても当事者の法的利益と関わりのない文書は、文書閲覧権の対象外となる。もっとも、当該文書に本人に関わる個人情報が含まれている場合には情報の自己決定の問題となり、当該情報は連邦データ保護法19条による開示請求の対象となる。Kugelmann, 251.
58) Kopp/Ramsauer, VwVfG, §29 Rn. 26.
59) Kopp/Ramsauer, VwVfG, §29 Rn. 27；Bonk, §29 Rn. 52, in：Stelkens/Bonk/Sachs, VwVfG.
60) Kopp/Ramsauer, VwVfG, §29 Rn. 29.
61) Kugelmann, 253；Niehues, Rn. 266.
62) 行政手続法29条の閲覧の除外事由をめぐる議論については、海老沢俊郎『行政手続法の研究』（成文堂・1992）255頁以下参照。

今日では試験文書は職業の自由から導かれる受験者の情報請求権の対象となると解されている。試験文書には、試験の課題、試験官のメモ及び受験者の答案等、試験の評価に関連するすべての文書が含まれる。[63]

第5節　評価の組織と手続

第1項　試験官の党派性

予断をもった試験官の関与は、機会平等原則及び法治国原理を損なうことになる。[64]いわゆる党派性（Befangenheit）の問題である。連邦行政手続法20条は、行政手続において行政官庁のために活動できない者（公務員）の類型を列挙し、また、同21条は、20条に該当しない場合についても一定の者を行政手続から除斥する旨を定めている。上記規定は、公務員の個人的属性に由来する法定外の利益を行政決定に紛れ込ませないようにすることによって、その公正性、客観性、非党派性及び合法性を確保することを趣旨とする。[65]また、上記規定には、行政決定が偏見により歪められているとの印象を回避することによって、行政決定を受け入れやすくする効果もある。[66]

行政手続法20条1項1文では、行政手続を進める立場にある公務員が自ら手続当事者となる場合、手続当事者の配偶者、親族もしくは代理人等の場合、手続当事者から報酬を得る立場にある場合等が列挙されている。以上の類型に当てはまる者は、個人的な利益に準拠して職務を遂行する危険がある。また、同2文では、活動・決定によって利益・不利益を直接受ける者は当事者と同等であると定められている。以上の除斥要件は、行政手

---

63) Niehues, Rn. 268.
64) Niehues, Rn. 194.
65) Bonk, §20 Rn. 1, §21 Rn. 1, in：Stelkens/Bonk/Sachs, VwVfG.
66) 争いのある事業に関して、行政の客観性を確保する機能が指摘されている。Hufen, Fehler, Rn. 67.

続における党派性の問題の重大性をふまえて、原則として広く解されているという[67]。試験法では、試験官が受験者との関係において、上記の除斥要件に該当するかどうかが問題となる[68]。除斥されるべき試験官の党派性については、その該当性の推定を受けることになるが、除斥されるべき公務員の関与が決定に影響を及ぼしたか否かについては反証が可能である[69]。この場合、行政手続法46条に則り、当該公務員の関与が行政の決定に影響を及ぼさないことが明白な場合、当該決定の廃止を求めることはできない[70]。もっとも、除斥対象となる試験官が審議及び評価に関与していない等の証明を試験機関が行わない限り、明白に影響を及ぼしていないとはいい切れない[71]。

また、職務の遂行について公平性を欠くのではないかとの主観的な不信を引き起こす客観的な事実は、行政手続法21条が定める「党派性の不安」を根拠づける。同21条は、同20条ではとらえられない潜在的な党派性を拾い上げる機能を担う。いかなる事情により党派性が生じるかについては、問題となる行政の活動により異なる。たとえば、任務の遂行にあたる者の独立性が保障されている司法類似の活動か、それとも階層構造の下で遂行される政策形成的な任務遂行かにより、党派性の生じる基準は異なると考えられる。前者では、訴訟手続と同様に厳格な党派性の判断が求められるが、通常の公務の遂行に関しては、あまり厳格でなくともよいと考えられる。後者の場合、当該公務員は上司の命令に服する立場にあるから、上司の非党派性が十分であれば、直接の任務遂行にあたる公務員の非党派性も導かれるからである[72]。一方、試験の場合は前者に近いため、党派性の判断[73]

---

67) Fehling, 201.
68) 試験における党派性は、訴訟の場面でも問題となる。たとえば、裁判官が司法修習の教官や試験官として活動する場合、当該評価が争われることがある。この場合、行政裁判所法54条2項により、当該裁判官はその訴訟に関与できない。Zimmerling/Brehm, Rn. 271.
69) Niehues, Rn. 198.
70) Fehling. 202.
71) Niehues, Rn. 195.
72) Fehling, 204f.

は厳格になろう。たとえば、1998年11月11日連邦行政裁判所判決[74]では、単科大学での「建築におけるデータ処理」という科目の再試験の開始前に、試験官（教授）が受験者を呼び出して、成績がふるわない場合の扱い等を伝えるなどしてプレッシャーを与えた言動が扱われた。同判決では、試験官が原告（受験者）に対して主観的に先入観にとらわれていたかどうかは問題ではなく、不公正な職務行為の疑念を根拠づける理由があるかどうかが問題であるとし、結論として党派性を認めている[75]。同判決では、試験実施機関は、党派性の疑いが生じないように予防措置を講じる必要を指摘し、具体的には、党派性を帯びている疑いのある教授を問題の作成、質問の応答及び試験監督の任にあたらせることが禁じられると判示している[76]。

また、教師と学生との関係を超えて、学生の経営する会社に教師が何らかの形で活動していたような場合にも、当該学生を試験で有利に評価することにより他の受験者が不利になる可能性は否定できないため、機会平等原則に違反するおそれがある[77]。

受験者は、試験官が予断をもちうるかどうかについて、原則として、試験の前に遅滞なく理由とともに主張しなければならない[78]。ただし、予め申し立てることを期待できたかどうかが問題であり、口述試験の最中であれば、申立ての結果を熟考する余裕はないため、申立てを期待できる状況にない[79]。また、試験後に党派性を認識した場合、試験の結果が判明する前にそれを主張すればよい。試験結果の判明後に主張を認めると不当な受験機会の付与となる可能性があり、機会平等原則に反することになるからである[80]。正当な党派性の主張があるにもかかわらず試験が実施された場合、

---

73) Fehling, 216f.
74) DVBl 1999, 790.
75) DVBl 1999, 791.
76) DVBl 1999, 793ff.
77) Zimmerling/Brehm, Rn. 278；BVerwG, U. v. 14. 6. 1963, DVBl 1964, 321.
78) Niehues, Rn. 202ff.
79) Niehues, Rn. 204.
80) Niehues, Rn. 204f.

その瑕疵が試験の判定に影響したことは否定できないため、当該試験決定は違法となると解されている[81]。

また、試験の判定に対する不服申立手続においても、党派性は問題となる。一般論として、元決定者が自己コントロールの過程の中で自ら下した決定の見直しを迫られる場合、もはや新たに下すべき決定に関して自由であるとはいえず、先入観にとらわれてしまうのではないかが問題となる。また、元決定者は自己コントロールの権限を有するのが通常であるから、党派性の問題は、いわば制度に起因していることになる。しかし、階層構造の下での決定は、指示系統によるコントロール下にあるため、制度的な党派性の問題は緩和されると考えられる[82]。

以上の認識をふまえて、フェーリングは次のようにいう。再考手続においては、試験官の評価権限は上級庁の指示に拘束されるとはいえ、司法類似の手続としてとらえることができる[83]。また、これまで確認されてきたように、試験官の広い判断余地は裁判コントロールを制限するため、憲法上、手続面での代償が求められている。判断余地を通して、試験官の個性や試験官の能力評価は大きな意義をもつことになるが、権利救済手続において試験官が再評価を求められる場合、試験官は専門的な権威を保持するために、結果として、当初の結論に固執することは十分ありうる。すなわち再試験の場合、試験官が落第した受験者について受けた消極的な印象を新たな試験の評価に反映させてしまい、完全に新たな評価をするという任務を軽んじてしまう懸念が残り、それは、受験者に対して精神的に大きな負荷を与えるかもしれない。したがって、再試験及び再考手続において元決定者が担当することは、行政手続法21条の除斥の対象となる[84]。

これに対して、連邦行政裁判所は異なる立場に立つ[85]。同様の評価基準の

---

81) 複数の試験官の1人についての党派性が認められる場合も、それが決定に影響を及ぼすことは排除できない。試験官の党派性の存在についての証明責任は受験者が負う。Zimmerling/Brehm, Prüfungsprozess, Rn. 183ff.
82) Fehling, 213.
83) Fehling, 216.
84) Fehling, 216.

適用及び単一の比較基準の適用により機会平等の原則を保障するためには、同一の試験官による評価が望ましいとの理由からである。評価行為は試験官の経験をふまえた独自の基準の形成に基づいて行われる側面は否定できないため、判例の立場が支持されるべきであろう。もっとも、試験官が予め評点の変更をしない意思を有するなど試験官が党派性を帯びる場合、他の試験官による評価を求めることができるとする判例もある。[86]

第2項　理由の提示

(1) 試験決定と理由の提示

　連邦行政手続法2条3項2号によれば、能力試験及び試験類似の決定に対しては、行政行為の理由の提示につき定めた同39条の適用はない[87]。しかし、このことに疑問をもつ論者は少なくなかった[88]。すでにみたように、1991年決定は、試験官の判断余地を専門的・学問的な問題には及ばないとし、これを完全に裁判所の審査に服することとしたため、試験決定での理由提示には重要な役割が与えられることになる。なぜなら、受験者は裁判上の審査前に推定上の誤りや法的瑕疵を適切な時期に効果的に指摘する必要があり、そのためには、試験判定について熟考しなければならないからである[89]。また、1991年決定が求めた行政内部コントロールでは、試験に固有の問題に関しても試験機関に対して再考を求めることができる[90]。この場合も、不服申立てを行う受験者は、事前の理由提示なくして効果的な主張をすることができない。

　1992年12月9日連邦行政裁判所判決（1992年判決）は、基本法12条1項

---

85)　BVerwG, U. v. 9. 7. 1982, DVBl 1983, 90；BVerwG, U. v. 24. 2. 1993, NVwZ 1993, 686.
86)　BVerwG, U. v. 24. 2. 1993, NVwZ 1993, 686；BVerwG, U. v. 4. 5. 1999, NVwZ 2000, 915.
87)　連邦行政手続法39条の解説については、髙木・技術基準190頁以下参照。
88)　Salzwedel, Prüfungen, in：HdbWissR Ⅱ, 739ff.；通説は準用を認めていたことについて、海老沢・前掲注(62)298頁以下参照。
89)　BVerfGE 84, 34, 48ff.
90)　BVerfGE 84, 34, 48f.

から試験決定に関する原則的な理由の提示義務を導き、専門的・学問的な問題に関して、理由の提示は裁判上のコントロールを実現するために不可欠であると判示した。試験決定における理由提示の義務は、基本法12条1項が定める自由な職業行使という基本権について展開されたため、狩猟免許やモーターボート免許等の非関連型試験のように、必ずしも職業の自由に直接には関係しない試験が問題となる。1991年決定からは上記問題について明確な答えは引き出せないが、連邦行政裁判所は、軍隊のキャリア試験に関して専門的・学問的な問題の判断余地を否定する一方で、再考請求権を認めなかった。そのため、軍隊のキャリア試験については、連邦行政裁判所は中道を歩んだと評されている。

ところで、手続による基本権保護の思考を理由提示の重要な論拠としてとらえる場合、非関連型の試験についても、同様に理由提示の必要性は説かれることになる。手続の形成により基本権保護を充実化させるという思考は、基本法12条1項に限定されないからである。もっとも、基本権によって要請される手続は、基本権侵害の強度によって異なると考えられ、また、職業の自由への侵害は、一般的行動の自由（基本法2条1項）の侵害よりも基本権保護の効果を強く発揮すると解されている。こうした見方からは、職業関連型試験について展開された原則は、他の試験では緩やかに妥当すると説かれることになる。

しかし、理由の提示に関する連邦行政裁判所の出発点は基本法19条4項であり、事後審査の思想が論拠の中心であるとの見方がある。そうだとす

---

91) BVerwGE 91, 262, 265f.
92) 進級拒否について、1981年10月20日連邦憲法裁判所決定は、職業の自由（基本法12条1項）の問題ではなく、人格の自由な発展（2条1項）に関わるとしている。BVerfGE 58, 257, 273f.
93) B. v. 24. 1. 1995, BVerwGE 103, 200, 303f.
94) Kischel, 252.
95) Kischel, 252.
96) Kischel, 252.
97) Kopp/Ramsauer, VwVfG, §39 Rn. 14.
98) Kischel, 128ff., 252.

ると、判断余地の代償としての再考手続及び受験者の具体化責任は試験決定に関する理由の提示を前提とする、との論理は、職業関連型試験にのみ妥当するわけではない。理由提示の欠如が基本法19条４項で予定されている公権力に対する防御可能性を縮減する点は、基本権の種類を問わず同様に語ることができる。[99]

(2) 理由提示の内容及び程度

　受験者は、行政内部での再考目的のために評価に関する異議を効果的に提起するという権利を有している。この行政内部手続で効果的な異議を提起する権利は、試験の手続及び結果の裁判コントロールを求める権利と同様に保障されなければならない。以上の理解をふまえて1992年判決では、理由の提示は、受験者及び裁判所にとって、試験官が最終的にその評価に至った基本的な検討過程を跡づけることができるものでなければならないとされた。[100] もっとも、必ずしもすべての点で詳細にわたって理由が求められるわけではなく、どのような事実が根拠とされたのか、どのような評価基準が基礎とされたのか、どのような学問的・専門的な見解に依拠しているのかという、評価にとって決定的な点を認識させるものであればよい。[101]

　試験に固有の評価に関しては、理由の提示の可能性について限界があると考えられるため、理由の提示の重点は、専門的な問題に置かれることになる。つまり、理由の提示は、特に専門的な問題に関する受験者の弱点に取り組むことになる。ただし、試験に固有の評価についても、限定的とはいえ裁判コントロールの対象であるから、できる限りで評価の基準を外部に知らしめることが求められる。[102] 公認会計士試験に関する1995年７月６日連邦行政裁判所判決（1995年判決）では、試験官は、理由提示の中で、課題についてどの程度の難易度を想定したか、受験者の論拠の説得力をどの

---

99)　Kischel, 252f.
100)　BVerwGE 91, 262, 268.
101)　BVerwGE 91, 262, 268.
102)　BVerwGE 99, 185, 197.

ように評価したか、成績を他の受験者との関係でどのように位置づけたか、終局的な評価に際してどの評価要素を重視したかを示さなければならないと判示されている[103]。さらに本判決は、試験に固有の評価に判断余地が認められる代償として、具体的な異議を前提とした再考手続が予定されているのであるから、再考手続を求める受験者が有効かつ具体的に異議を述べるためには、試験に固有の評価に踏み込んだ理由の提示が求められることになると判示した[104]。

(3) 口述試験の特殊性と理由の提示

　連邦行政手続法39条1項1文では、書面での行政行為あるいは電子式の行政行為について適用する旨が規定されており、口頭での行政行為については言及されておらず、理由の提示は必要ないと解されている[105]。たとえば、警察法及び道路交通法等の領域で警察官が発する市民に対する各種の命令について、予め理由の提示を義務づけるならば、行政には過剰な負荷がかかってしまう[106]。また、集団示威行進に際して暴力的に振る舞う者に対する警察官の指示が、どのような必要性に基づいて出されているかは、当該行動をとった者にとって認識可能であるから、指示に従った者が理由の提示を放棄したと推認することも可能である[107]。しかし、道路の通行を禁じる警察官の指示に対して市民がその理由を問うた場合には、もはや市民が理由の提示を放棄したと推定することは許されず、当該警察官は集団示威行進や消防車の通行等が理由となっていることについて説明する必要がある[108]。法治的・民主的な国家においては、国家活動について、何の理由もなく市

---

103) BVerwGE 99, 185, 197.
104) BVerwGE 99, 185, 197f.；もっとも、理由提示の程度は試験の種類に応じて異なっており、たとえば、算術的に判定可能な結果が問題となる数学の試験の場合、人文社会科学系の試験より簡潔な理由で足りると解されている。Müller-Franken, VerwArch 2001, 518.
105) Kopp/Ramsauer, VwVfG, §39 Rn. 6.
106) Kischel, 238.
107) Kischel, 240.
108) Kischel, 240f.

民に服従を求めることはできないからである。したがって、口頭による行政行為についても、原則として理由の提示は必要となる。同37条2項2文では、口頭による行政行為について、正当な利益を有する者がその確認を遅滞なく求めた場合、当該行政行為は書面または電子的に確認されるものとされている。同39条1項1文は、当該確認に理由の提示を求めていることから、行政手続法上も口頭での行政行為について理由の提示は予定されていることになる。

　口述試験の結果は、通常、その終了後に口頭で伝えられることとされており、当該告知は口頭での行政行為としての性質を有する。1995年判決は、筆記試験の場合と同様に、基本権から口述試験に関する理由提示義務を導いているが、他方で、口述試験については理由の提示に関する異なるルールを打ち立てた。

　まず口述試験では、受験者が要請した場合にのみ理由の提示が必要となるとした。試験官の反応や同時に審査された他の受験者との比較から、受験者は、結果をすでに認識しえたはずであるとの理由である。

　また、第1段階の理由の提示と第2段階の理由の提示が予定されている。第1段階での理由の提示は、口述試験の個々の科目に関する受験者の具体的な異議を受けて、問題となる評価に関する重要な視点の説明をすることに主眼を置いている。第1段階の理由の提示に対して、受験者がより具体的な異議を述べた場合に行われるのが第2段階の理由の提示である。理由提示の形式は、筆記試験では常に書面で行われなければならないとされているが、口述試験では、第1段階及び第2段階のいずれも書面で行われる必要はない。そして、試験官の記憶には限界があるため、当該請求はでき

---

109) Kischel, 241；ただし、警察官が窃盗犯を追う際の市民に対する指示等は、第三者の生命及び財産の保護という目的を有するので、市民の質問に対して理由の提示を要しないとしても憲法上正当化できる。
110) Kischel, 242.
111) Kischel, 242f.
112) BVerwGE 99, 185, 193ff.
113) BVerwGE 99, 185, 195.

る限り早い段階で行うことが推奨されている。1995年判決では、受験者の理由提示の請求権——情報提供請求権（Informationsanspruch）——は、基本法12条1項及び同19条4項から導かれている。

　上記の口述試験に関する理由提示の枠組みは、口述試験の特殊性をふまえたものである。1995年判決は、口述試験は筆記試験とは異なり、評価対象が有形のものではなく再現が不可能であって、それにとどまらず、試験官の口述試験における全体的な印象、いわば試験官の直感が大きな役割を果たすことになるという。この点は、口述試験について詳細な記録を残すことに意味がないとされる理由でもある。[115]また、同判決は、試験官は多くの受験者を短時間で評価しなければならず、かつ、時間の経過に伴い試験官の記憶も薄れるため、口述試験において試験機関の自発的な理由の提示や書面での理由の提示を常に義務づけると、特別な負担が生じてしまうとも指摘する。[116]このように、口述試験の場合、理由の提示は無条件で認められるわけではなく、受験者の求めが前提となる。

　一方、試験機関は、受験者の情報提供請求権が適切に行使されるよう配慮する義務を負う。1995年判決では、試験記録には十分な理由が記載されていないため、試験記録の閲覧によっては不合格判定の理由を知ることはできないこと、したがって効果的な権利保護の実現のためには早急に情報提供請求権を行使する必要がある旨を教示すべきであったと判示された。[117]結果として、本件不合格決定は、理由の提示の欠如という修正不能な瑕疵ゆえに違法であり、当該決定の廃止を求めることができるとされている。[118]

114）　BVerwGE 99, 185, 194f.
115）　BVerwGE 99, 185, 196.
116）　BVerwGE 99, 185, 191f., 195.
117）　BVerwGE 99, 185, 200f.
118）　BVerwGE 99, 185, 201.

第6節　手続瑕疵の効果

　試験手続の瑕疵が試験決定の違法をもたらすのは、瑕疵が重大であって試験結果に影響する場合のみであり、試験結果に対する瑕疵の影響を否定できない場合には、試験の結果は違法となる[119]。こうした試験法における手続瑕疵の取扱いは、連邦行政手続法2条3項2号、同46条またはこれに対応する州行政手続法の規定に則っている[120]。

　受験者が試験の成果物を提出する段階で瑕疵が認められ、当該瑕疵が結果として試験成績に影響した場合、受験者には、区分可能な限りで瑕疵により影響を受けた部分について、再試等の手続を通じて新たに成果物を提出することが認められなければならない。試験手続が能力の判定を目的としている以上、仮に瑕疵がなかったらどうであったかという推測に基づいて成績を判断するわけにはいかないからである[121]。これに対して、瑕疵が成績評価の段階で初めて生じた場合、評価のみが新たに行われればよい[122]。

　ドイツでは、処分時に理由の提示がなされていなくても、異議審査請求手続の終結時（異議審査請求手続が行われない場合には訴え提起時）までに追完されれば瑕疵は治癒する（行政手続法45条1項2号及び同条2項）[123]。したがって、試験官は、訴訟の段階で問題となった個別の評価について説明し、新たな理由によって当該評価を根拠づけることが許される[124]。

---

119) Niehues, Rn. 492.
120) 連邦行政手続法46条同条の動向については、海老沢俊郎「行政手続の瑕疵と行政行為の効果」寺田友子=平岡久=駒林良則=小早川義則［編］『現代の行政紛争　小髙剛先生古稀祝賀』（成文堂・2004）8頁以下参照。
121) Niehues, Rn. 504ff.
122) Niehues, Rn. 512.
123) ドイツの行政争訟において理由の差替えが鷹揚に認められている状況については、高木・技術基準190頁以下、交告尚久『処分理由と取消訴訟』（勁草書房・2000）78頁以下、152頁以下参照。
124) Niehues, Rn. 718；口述試験の場合、受験者の申出を受けてなされた第1の理由提示について受験者が不十分と考えた場合、受験者は、第1の理由提示の補足を求める趣旨で第2の理由提示を求めることになる。Niehues, Rn. 723.

第 4 章

個別領域における試験法

第 1 節　学校の試験

　学校制度に関しては本質的決定を立法者自ら定めるべきであるとする本質性理論の適用の下で、親の権利及び義務（基本法 6 条 2 項 1 文）[1]と国の教育任務（同 7 条 1 項）との調整は立法者の役割となる[2]。しかし、連邦憲法裁判所は、進級・退学などに関して求められる教育的な評価は複雑な考慮をふまえた柔軟な対応が必要なことから、立法者の規律になじまないとして、法規命令で定めることができるとしている[3]。進級・退学については、第 2 章でみたように、古くから行政訴訟により争われてきた。学校領域の試験訴訟では判断余地説が適用され、その後の試験判定の司法上の統制に大きな影響を与えていった展開については、第 2 部第 3 章でみたとおりである。もっとも、1991年決定は職業関連型試験についての試験法上の諸原則を打ち立てたのであって、基本法12条 1 項に関わらない非関連型の学校の試験について、どの程度同様の枠組みが妥当するかが問題となる。以下では、機会平等原則、理由の提示、再考手続、解答余地（一般的な評価原則）に関する学校領域での受容・展開の状況を簡潔に述べることにする。

　まず、機会平等原則は、職業関連型試験の成績評価と同様に大学入学資格試験に適用がある[4]。試験を通して教育目的を達成した者と達成できなか

---

1 ）　大橋・行為形式論96頁以下。
2 ）　市川須美子『学校教育裁判と教育法』（三省堂・2007）166頁以下。
3 ）　BVerfG, B. v. 20. 10. 1981, BVerfGE 58, 257.
4 ）　Zimmerling/Brehm, Rn. 1311.

った者とを区別する必要があるため、生徒はある程度の競争状態に置かれているからである。一方、進級決定に関しては上記のような競争状態にはないと解されており、機会平等原則に中心的な意義は与えられていない。進級の判断に必要な生徒の成績は、職業関連型試験と同様の競争状態に置かれるわけではないとの理由で、教育的な見地から柔軟に評価される[5]。もっとも、教師が、その個人的な信条、社会的立場、共感や反感等から、生徒を有利に扱ったり、不利に扱ったりすることが許されないことはいうまでもない[6]。

　職業関連型の試験では成績評価の理由の提示が要請されているが、この理は進級に関する成績評価についても同様である。退学につながる進級拒否の場合には、その限りで基本法12条1項の基本権が関係してくることになるし、また退学につながらないとしても、進級拒否決定は予測決定を含み、当該予測の合理性が問われるため、理由の提示が必要となる[7]。

　成績評価の再考手続は、学校における生徒の成績評価に関しても認められている[8]。行政内部コントロール手続では、生徒が教師に対して、推定上の瑕疵・法的瑕疵を適切な時期に効果的に指摘しなければならないとされているのも同様である。しかし、生徒に対して具体化義務の要請は強調されるべきではないと解されている[9]。

　大学入学資格試験に関しては、職業関連型試験に関して展開されている統制密度がそのまま用いられる[10]。したがって、受験者の解答が正しいか、少なくとも支持可能かどうかが審査されることになる。しかし、それ以外の学校の試験では生徒の解答余地は認められず、裁判所のコントロールの可能性は制限されている。学校レベルの試験では、試験問題は授業で扱われた素材でなければならないといわれており、そのため、解答として特定

---

5) Zimmerling/Brehm, Rn, 1325；Niehues/Rux, Rn. 416.
6) Zimmerling/Brehm, Rn, 1330；Avenarius/Heckel, 505.
7) Zimmerling/Brehm, Rn. 1335.
8) Zimmerling/Brehm, Rn. 1345；Avenarius/Heckel, 515.
9) Zimmerling/Brehm, Rn. 1346.
10) Zimmerling/Brehm, Rn. 1347.

の方法が期待されているからである[11]。

第2節　大学入試

　ドイツでは、大学入学資格は大学入学資格試験（Abitur）により取得される。現行制度によれば、諸州の合意に基づいて設置されている学籍配分センター（die Zentralstelle für die Vergabe von Studienplätzen：ZVS）が、大学入学資格試験の評価、待機期間及び両親の居所等の基準によって、州立大学の学籍を就学志望者に配分している。入学許可手続として、配分手続と選抜手続がある。在籍権の数がすべての申請者の許可にとって十分な場合には配分手続がとられるが、在籍権の数を超える申請者がいる場合には選抜手続がとられる。選抜手続では学生の一定部分が大学により選抜され、それ以外の学生の学籍は一般的な基準により割り当てられる[12]。大学の収容力は収容力調査命令（法規命令）に則り調査され、大学の収容力をできる限り活用するよう配慮されている。上記の実務は、1972年7月18日連邦憲法裁判所判決（入学定数制判決）[13]が、州立大学への同等な就学を求める学生の権利、すなわち配分請求権（Teilhaberecht）の法理を打ち立てたことに理由がある。配分請求権の法理によれば、現存する施設を他の利害関係者と同等に使用できる権利が認められ、国が一定の教育施設を設置する場合、基本法12条1項、社会国家原理及び平等原則から、当該施設への入学許可請求権が生じるとされる[14]。配分請求権は、国が任意に放棄できない独占を求めた領域であって、大学教育のように、国のサービスへの参加が同時に基本権実現の不可欠の条件となるところで生じる[15]。

---

11) Zimmerling/Brehm, Rn. 1349.
12) Hailbronner, WissR 2002, 209ff.
13) BVerfGE 33, 303.
14) 入学定数制判決については、戸波江二「西ドイツにおける基本権解釈の新傾向(1)」自研54巻7号（1978）86頁以下、寺田友子「西ドイツの大学入学定員数確定と裁判所」大阪市立大学法学雑誌30巻3＝4号（1984）330頁以下、西原博史『自律と保護』（成文堂・2009）115頁以下などを参照。

ドイツでは、配分請求権により、大学入学資格を有する市民が大学教育を受けることについて同等の機会をもつことが権利として認められる。しかし、入学定員に対して志望者が上回る教育課程においては、配分請求権は制限されざるをえない。連邦憲法裁判所によれば、入学許可制限が職業の自由の規制となる領域では、公益に対する重大な危険を防御するために、比例原則に適う範囲で当該制限が許されるとし、その上で定数制限は、①公的資金によってつくられた既存の教育収容力の飽和的利用状況において定められている場合で、②選考と割当が、大学入学資格のあるすべての志願者に対して大学教育を受ける機会を与えるという基準に基づき、教育場所の個人的選択をできる限り考慮してなされている場合のみ許されると判示された[17]。

　以上の配分請求権は、NSM が意図する競争的な大学運営[18]とは異質であるようにみえる。競争的な大学の運営を可能とするためには、大学と学生の相互の選択可能性が前提となるはずだからである[19]。そこでドイツでは、大学入学資格制度とは別に、個々の大学ごとの入試制度の導入の可能性が検討されている。まず、否定論者たるレウエの見解は、次のとおりである。法律による資格要件の設定次第では、職業選択の決定は、（たとえば司法試験のように）養成所の選択と関連してくるため、基本法12条1項の自由は教育の開始の時点ですでに機能しなければならない。しかし、大学入学段階で求められる能力・適性は、職業開始前と同様の基準ではなく、多様な職業のための一般的な能力が証明されることが求められるにすぎない。したがって、基本法12条1項は、大学入学資格試験とは別に、大学ごとの入学試験による能力証明を求めることを禁じるのである。大学入学に適したすべての志望者には、能力試験を課すことなく学修課程の選択を可能にし

---

15)　BVerfGE 33, 303, 331f.
16)　BVerfGE 33, 303, 337f.
17)　BVerfGE 33, 303, 338.
18)　ドイツの競争的な大学運営を目指した改革については、たとえば、折登美紀「ドイツ高等教育行政の動向」広島女学院大学人間・社会文化研究6号（2006）1頁以下を参照。
19)　Musil, 350ff.

なければならない。[20]

しかし、上記否定説に対して、ダリンガーは次のように反論する[21]。基本法12条1項は、大学教育の受入れに際して、大学入学資格という一般的な基準のみを要請しているとは解しえない。法学の志望者はドイツ語力と分析能力が肝要であり、医学生には自然科学の素養が必要である。大学入学資格試験の評点のみに基づく成績評価は問題があり、また、詳細な資格証明（入学試験）を求めたとしても、志望者には選択決定のための十分な余地が残される。

ハイルブロナーも、配分請求権の意義に疑問を提起して、次のようにいう[22]。大学教育の可能性がドイツ国内の大学にとどまらず、EU構成国の大学にまで広がっていることから、大学教育の機会が乏しかった時代の産物としての配分請求権は、もはや前提を失ったとみることができる。大学間競争によって大学の個性化・学修課程の多様化が進んでいる状況の下では、教育を受ける権利は、志望者の能力に応じた自由な大学選択によってより効果的に実現される。また、入学定数制判決の枠組みは、結果としてすべての資格者に学修機会を提供することを求めるにすぎず、大学ごとの入試制度がこれを妨げるとは必ずしもいえない。要は、志望者に現存する大学での修学・学籍取得の機会を確保しつつ、大学による学生の選抜を可能とすることができればよいわけである。以上のように述べた上で、最終的に配分請求権との整合性を保つために、志望大学の入学試験に失敗し続けた者に受入れ可能な大学の学籍を割り当てるシステムを連邦レベルで設けるべきことが説かれている[23]。

筆者は入試導入肯定説に説得力を感じるのであるが、上記反論に対しては、さらに再反論が行われている。ムジールは次のようにいう。多様な学修過程が存在するに至ったからといって、医学を学びたい者の需要を満た

---

20) Löwer, FS Meusel, 1997, 189ff.
21) Dallinger, WissR 1998, 132.
22) Hailbronner, WissR 2002, 209ff.
23) Hailbronner, WissR 2002, 216f.

すだけの学籍が十分にあるわけではなく、なお不足しているのが現状である。この場合、教育機会の多様化は意味がない[24]。大学制度に関する国の独占、——大学の国家性（Staatlichkeit）——という特殊な事情の下では、国は、大学施設を通した最善の基本権行使の実現を簡単には放棄できない。確かに、大学制度の私化を通して、国が最低限の就学機会を保障するという意味での保障責任（Gewährleistungsverantwortung）[25]の担い手になることはありうる。この場合、国の遂行責任（任務を自ら引き受けること）は後退し、大学制度について国と社会が共同して責任を負うことになる。大学の私化により社会の側の制度体となった大学は、国とは異なり、配分請求権に基づく職業機会の保障を義務づけられることはない。しかし、この場合でも、大学に対して国の補助金が提供される限りで、やはり、単なる保障責任への移行は認められない[26]。ムジールにあっては、完全な任務の私化が行われない限り、遂行責任から保障責任への移行は認められず、保障責任への移行なくして大学ごとの入試は認められないと考えるようである[27]。

　配分請求権は、大学制度の国の独占という特殊な事情に基づいて、国に対して最善の職業機会の保障責任を課すのであるが、実際には、医学を学びたい学生の中には待機状態に置かれる者もいる。しかも、入学定数制判決によれば、配分請求権は可能性の留保の下にあるため、収容力の強化が望めない以上、配分請求権が最善の職業機会の保障につながるとはいい切れないように思われる。しかし、ドイツにおいて配分請求権の思考は根強く、大学ごとの入試が包括的な形で制度化される状況にはない。現時点では、上記選抜手続がとられる限りで、各大学が動機・能力を判断するため

---

24) Musil, 359.
25) ドイツの保障責任の意義については、板垣勝彦「保障行政の法理論(1)」法協128巻1号（2011）83-155頁を参照。遂行責任、捕捉責任及び保障責任の理解については、同・140頁以下参照。
26) Musil, 360.
27) なお、大学における競争原理の導入は配分参加権を否定する論拠にならない理由として、競争や経済性原則は、基本法が公行政に求める実質的目標ではないことを挙げている。Musil, 63ff.

に面接試験を実施するにとどまる。なお、当該試験のために設置される試験委員会は、候補者の全体的な印象に基づいて判断することが認められており、その判断にはきわめて広い判断余地が認められると解されている[28]。

---

28) Zimmerling/Brehm, Rn. 1386ff.

第5章

日本法への示唆

第1節　試験と法律の留保

　職業関連型試験の仕組みに関する法制度については、法律の留保に関する諸学説のいずれによっても、法律の根拠が必要なことは明らかである。ただし、試験は、試験官が作成した問題に対して一定程度正答して初めて規制の解除が実現するため、規制解除の根幹が試験委員会（試験考査委員）に委ねられており、いわば実体的な法律の規律密度は本質的に低くならざるをえない。だからこそ試験に関する基本事項は、立法者が規律することにより、制度の合理化・透明化が図られるべきであろう。まずは、当該試験が一定の能力を示せばよいと考えるのか（主観的要件のみ設定）、あるいは受験者の能力以外の事情を考慮して一定の合格枠を設定するのか（客観的要件も設定）という[1]、基本的な制度設計の検討が必要であろう[2]。日本の司法試験法制は、法令上は合格枠などの客観的要件の設定がないにもかかわらず、事実上は合格者数の制限を伴う競争試験として運用されているという[3]。合格者数の増加を通して国民の司法へのアクセス及びサービスを向上させるための市場原理の導入に対する信頼性という本質的な問題に決着がつかない限り、上記要件設定の法的な制度化は困難であるとの事情があ

---

1) 業務独占資格について、「合格者数制限が存し参入規制的に機能している実態がある場合、その合理性は厳格に吟味されなければならない」との指摘として、角松生史「経済的自由権」安藤高行［編］『憲法Ⅱ　基本的人権』（法律文化社・2001）230頁を参照。
2) 需給調整の仕組みに関しても職業選択の自由を観念できることについては、交告尚史「行政法学が前提としてきた憲法論」公法70号（2008）62頁以下、72-75頁参照。
3) 新司法試験において合格者枠が設定された経緯について、浦川道太郎「司法試験合格者数問題」法時78巻2号（2006）44頁以下、47頁参照。

るかもしれないが、現状は、権利制限の仕組みに関する民主的正統性の観点から好ましいとはいえないであろう。

　もっとも、試験法制については、一定の知識をもった行政官及び試験の実施主体としての試験委員会等に委ねるべき事項が少なくない。そして、法規命令で制定すべき事項の検討は、議会が規律しなければならない排他的規律事項は何かという問題を検討することを意味する。ドイツの学説を参考に各種試験法制に関して法律対象事項を意識することは、試験またはその規律密度に関するルール形成（あるいは試験法の形成）につながると思われる。それは、自由規制の仕組みについて、法治主義の観点から求められる法律の明確性をもたらすことになろう。

　どのような科目を試験に課すかという問題は、国家試験制度の根幹・基本理念に関わる事柄である。阿部泰隆は、行政訴訟が法治主義を担保しているにもかかわらず、司法試験科目から行政法を除外することが、恒常的な行政有利の状態の固定化につながり、ひいては法治主義の空洞化をもたらすと説く。試験科目は、国家試験制度の理念に関わり、職業の自由等の禁止を解除するための要件の根幹の１つである。したがって、試験科目は法律制定事項とすべきであろう。受験科目を法律制定事項とすることは、議会の審議を通すことによって、国家試験に伴いがちな法治主義の希薄さを補う意味がある。

4）　市場原理をどの程度信頼するかは、法曹養成制度の根幹に関わる問題の１つであろう。市場原理導入を肯定する議論として、安念潤司「国家 vs 市場」ジュリ1334号（1997）82頁以下、89頁、福井秀夫『司法政策の法と経済学』（日本評論社・2006）83頁以下参照。批判的見解として、小田中聰樹「法曹養成と司法試験制度改革」法時68巻３号（1996）６頁以下。市場原理の導入による品質の向上を図るに際しては、同時に消費者への情報提供及び品質向上施策等の規制が不可欠である。古城誠「公的規制と市場原理」公法60号（1998）109頁、124頁参照。
5）　本質性理論は、単に根拠規範の有無を問うだけではなく、個々の法律規定が議会の規律責務を果たしたと評価できるほど十分な規律密度を有しているのかどうかをも問うことについては、大橋・Ⅰ35頁以下参照。
6）　阿部泰隆『行政法の進路』（中央大学出版部・2010）85-129頁。また、小早川光郎=小幡純子=高木光=高橋滋「法曹養成と行政法教育」自研76巻12号（2000）３頁以下も参照。

また、受験資格についても法制度の曖昧さが問題となることがある。外国人の医師国家試験の受験資格に関する東京高判平成13年6月14日判時1757号51頁（原審東京地判平成11年6月30日訟月46巻11号4131頁）では、受験資格の判断に移民政策的考慮が混入していたのではないかということが、1つの争点となっていた。移民政策的考慮が他事考慮に当たるかどうかは、法の趣旨に照らして判断されることになるが、他事考慮に当たるとの立場からは、その考慮によって受験の拒否処分に疑問が提起されることになる[7]。職業選択の自由の観点からは、不明確な法制度に起因する権利制限の合理性が問われることになろう。さらに、韓国籍の特別永住者が技術系の管理職を目指して管理職選考試験の受験申込みをしたところ、管理職選考実施要綱に日本国籍を有することが受験資格であるとの記載があったため受験を拒否された事案（東京都管理職選考受験権訴訟）で、最大判平成17年1月26日民集52巻1号128頁は、当該措置は平等原則等に反しないとした。しかし、本件は職業選択の自由の制限としてとらえられるのであって[8]、法律または条例によって試験制度を形成すべきであろう[9]。

　ドイツで発展している組織と手続による基本権保護という発想（組織と手続の規律による実体法の希薄さの代償）も参考になる。これは、立法者が通常の許可法制で行うのと同程度に実体的な規律を行えないのであれば、規制の根幹を担う行政機関の権限及び手続について、立法者自ら規律すべきであるという考え方である。試験法制においては、試験委員会の権限及び試験実施の手続等が問題となろう。司法試験法12条2項1号の「司法試験及び予備試験を行うこと」を根拠として合格者数を審議・決定することは、法科大学院に関する政策的判断が求められる問題であるから、当該権

---

7) 他事考慮となるとの見解として、阿部泰隆『行政法の解釈(2)』（信山社・2005）274頁以下、293頁。
8) 職業選択の自由の問題としてとらえることができることについては、本判決の和泉徳治反対意見、及び山本隆司「在外邦人選挙権最高裁大法廷判決の行政法上の論点」法教308号（2006）25頁以下。
9) 本件について、立法者の合理的基準の策定を説くものとして、阿部・解釈学Ⅰ166頁参照。

限の範囲を超えているとの指摘があるが、許可要件として法定がかなわないのであれば、合格者数の決定に関する何らかの手続を制度化することも一考に値しよう。

第2節　試験判定に対する争訟の提起

第1項　試験判定を争う紛争の「法律上の争訟」性

　欧米諸国においては、法治主義の実現にとって行政担当者の行動を法の観点から審査・統制する機構の存在は不可欠と考えられ、裁判所による行政の統制の問題が何よりも重視されてきた[11]。しかし、日本の法治主義及び法律による行政の原理において、裁判的救済は消極的位置づけにとどまっていたといわれており[12]、試験に関する法領域で、それは大いに当てはまる。ドイツでは、1991年決定により、「試験に固有の評価」（α）と「専門的・学問的な正しさ」（β）のコントロールとは区別され、それぞれ異なるコントロール基準が適用されることとなった。すなわち、βについては、行政裁判所によって完全に審査が及び、必要な場合には専門鑑定の手続をとるべきことや、支持可能な解答はもはや誤りとして評価されてはならないという、一般的評価原則の適用が明らかにされた。これに対して、αについては、試験官の判断余地が従来どおり承認されている。αについて判断余地を認める根拠としては、試験の評価は複雑であり再現することができないため、裁判手続においては解明できないこと、試験官は自己の経験に基づいた評価基準を形成するため、行政裁判所が試験官の採点結果を試験

---

10)　浦川・前掲注（3）48頁。
11)　小早川・上17頁。
12)　中川丈久「行政法からみた日本における『法の支配』」法哲学年報2005（2006）42頁以下、53頁。その根源は、行政権に対する司法権の干渉を可及的に排除し、後者に対する前者の独立性を確保するという思想にあるとの見方がある。宮崎・行政争訟3頁、岡田正則「行政訴訟制度の形成・確立過程と司法官僚制─司法制度改革に関する歴史的視点からの一考察─」早稲田法学85巻3号（2010）155頁以下。

官とは異なる基準で新たに評価し直すことは、機会平等原則を損なうことなどが挙げられていた（第2部第2章第2節）。1991年決定は、従来、試験官の判断余地に入るとされてきたβについて、裁判所の全面審査を及ぼすという大転換をしたが、αについては、依然として判断余地内にとどめている。もっとも、判断余地説が妥当するとしても、標準的な手続規定の遵守、受験者の機会平等の原則の尊重、一般的に承認された評価原則の適用及び他事考慮の有無という観点から裁判上の審査は可能である。

　試験について統制密度を高めてきたドイツの判例理論の展開は刮目に値しよう。もっともドイツでは、強すぎる司法に対する批判的見解が少なくなく、行政裁判所は統制密度の強化・法的コントロールの任務の拡張を通して自ら行政の任務を引き受けてしまうこととなり、行政の自立性が軽視されてしまうと指摘されている[13]。こうした認識は、行政裁判所の統制密度を縮減すべきであるとの主張につながっている[14]。強すぎる行政裁判権に対する上記反応のベクトルは、日本の行政訴訟改革論議のベクトルとは逆方向である[15]。戦後、日本の行政訴訟制度の改革を推進した基本思想として、田中二郎が主唱した「司法権の限界論」がある[16]。それは三権分立の原則の下において、具体的な法律上の紛争の解決を目的とする司法権は、立法権及び行政権に対して裁判的統制を及ぼす場合に一定の限界を有するべきであるという。宮崎良夫は、最高裁判所が司法権の限界論に忠実な判例理論を形成していると分析し、国家試験の判定をめぐる紛争についても司法権に属しないとした最判昭和41年2月8日民集20巻2号196頁（以下「昭和41年最判」という）を、その例として挙げている[17]。

　司法権の限界論は、「行政庁の第一次的判断」[18]の尊重という広範な裁量

---

13) Brohm, NJW 1984, 10-12；ders., Die Verwaltung 1991, 144f.
14) Stelkens, §1 Rn. 44ff., in：Schoch/Schmidt-Aßmann/Pietzner, VwGO.
15) ドイツとの対比で、つねづね日本の司法の消極性が指摘されてきた。たとえば、宮崎良夫「『司法の担い手』論」公法63号（2001）33頁以下、高木・行政訴訟論3頁以下。
16) 田中二郎『司法権の限界』（弘文堂・1976）23頁。
17) 宮崎・行政争訟43頁。
18) 田中・前掲注(16)40-43頁。

を生み出す考え方をもたらし、その広範な行政裁量をどのように縮減するかについても課題とされてきた。小早川光郎は、行政庁の第1次判断の尊重という考え方は今日では妥当性を維持しえないとのスタンスに立ち[19]、行政庁と裁判所の役割関係について「連続＝協働型」モデルを提示する[20]。同モデルによれば、両者の関係は、法令の趣旨の実現という共通の目的のため、一定の役割分担の下で協働する関係としてとらえることになるという。ドイツにおける強すぎる行政裁判所に対して行政の自立性を強調する議論は、司法優位型から行政の強化へと両者の関係を変化させることを意図したものであるが、日本の議論は、強すぎる行政を修正することに意を用いてきたといえるだろう[21]。

ドイツの判例・学説が示すように、試験訴訟は裁量の問題を重要な論点とするが、日本では、そもそも国家試験の判定をめぐる紛争は法律上の争訟ではないとする前掲昭和41年最判がある。法律上の争訟とは、法令を適用することによって解決することができる権利義務に関する当事者間の紛争である[22]。昭和41年最判では、この法律上の争訟の理解を前提として、法令の適用による解決に適さない単なる政治的または経済的問題や、技術上または学術上の問題に関する争いは、裁判所の裁判を受けるべき事柄ではなく、国家試験における合格、不合格の判定も、学問または技術上の知識、能力、意見等の優劣、当否の判断を内容とする行為であるから、その試験機関の最終判断に委ねられるべきものであって、その判断の当否を審査し具体的に法令を適用して、その争いを解決調整できるものとはいえないと判示された[23]。しかし、本件について、学説は、原告が合否判定の適法性を求めた訴訟と解した上で裁量の問題として処理すべきとするものが多い[24]。

---

19) 小早川光郎「行政庁の第一次判断権・覚え書き」三辺夏雄=小早川光郎=磯部力[編]『原田尚彦先生古稀記念 法治国家と行政訴訟』(有斐閣・2004) 217頁。
20) 小早川光郎「行政訴訟改革の基本的考え方」ジュリ1220号 (2002) 62-64頁。
21) 三浦大介「行政判断と司法審査」新構想Ⅲ 104頁以下。
22) 最判昭和29年2月11日民集8巻2号419頁。
23) 最判昭和41年2月8日民集20巻2号196頁。

ところで、最判昭和56年4月7日民集35巻3号443頁は、具体的な権利義務ないし法律関係に関する紛争の形式をとっていても、実質的には、宗教上の教義に関する紛争については法令の適用をもって終局的な解決ができないとして、法律上の争訟に当たらないとしている。では、国家試験の判定をめぐる紛争についても、実質的に学説の争いに帰着するのであれば、やはり法令の適用によって解決する問題ではないのだろうか。確かに、学者AとBが異なる見解を述べ、いずれが学問的に優れた見解かを裁判所に判断してもらうことを本質的争点とする紛争（I）は、法律上の争訟とはいえないだろう。また、ある研究に関し、他者に先んじて当該研究を手掛けた研究者が他者に対し先駆者としての地位を主張しうるとともに、学会等においても当該研究の先駆者としての評価を受け、尊重されることをも意味する先行権を主張した事案もI型の紛争に含めることができよう。しかし、先に述べたとおり、国家試験制度は公権力による職業の自由規制という仕組みであって、昭和56年最判とは事案を異にしている。さらに、昭和41年最判では、原告の上告理由の中に、論述式試験の解答で示された専門的・学問的な知見を正当に評価すれば合格していたはずであるとの主張が含まれている。つまり、昭和41年最判は、試験の課題について、試験機関がA説を正解、B説を不正解として判定したために生じたB説の支

---

24) たとえば、村上裕章『行政訴訟の基礎理論』（有斐閣・2007）18頁及び引用文献を参照。また、山本隆司「日本における裁量論の変容」判時1933号（2006）13頁も参照。
25) 両者は、紛争が法令の適用により終局的に解決されない例として、同じカテゴリーに含めて論じられる。亘理格「法律上の争訟と司法権の範囲」新構想Ⅲ 4-6頁、長谷部恭男「司法権の概念—『事件性』に関する覚書—」ジュリ1400号（2010）4-5頁。ただし、当事者間の具体的な権利義務ないし法律関係の存否に関する紛争でもないとする見解として、芦部＝高橋・憲法330頁がある。
26) 東京地判平成4年12月16日判時1472号130頁は、「2つ以上の研究の先後の評価ないし判定は、当該対比されるべき研究における時間的な先後の一事のみならず、当該各研究の内容、程度、方法、結果の発表態様、学説若しくは見解の当否若しくは優劣等種々の要素を総合しなければ容易になしえないものであって、このような学問上の評価ないし判定は、その研究の属する分野の学者・研究者等に委ねられるべきものであり、裁判所において審査し、法令を適用して解決することのできる法律上の争訟ではないといわなければならない」という。

持可能性をめぐる紛争（Ⅱ）としてとらえることができるだろう。Ⅱ型の紛争の場合、A説とB説の優劣が争われているというよりは、問いに対して正答として扱われるべき解答は何か、いいかえると、自由禁止を解除する要件としての出題に対する適切な答えは何かが争われているので、Ⅰ型の紛争とは構造が異なると考えられる。そして、Ⅱ型の紛争は、1991年決定により統制密度が高められた上記β（専門的・学問的な正しさのコントロール）の問題にほかならない。

　β型（ないしはⅡ型）の主張を行うタイプは、原告が、自己の解答の正しさを主張するという意味で「正答主張型」と呼ぶことができる。正答主張型については、法律上の争訟としてとらえることが可能である。仮に、受験者が答案で示した見解が専門的・学問的観点から支持可能であるにもかかわらず、もっぱら試験官の好みや印象によって職業選択の自由等が制限されるならば、それはきわめて不合理であろう。正答主張型の紛争の場合、試験の判定に際して正解とすべき解答を不正解としてしまったために職業選択の自由等が違法に制限されていないかどうかについて、基本的に裁判所の審査が及ぶと考えるべきである。

　もっとも、試験の採点もしくは成績評定または合格・不合格の判定の適否自体が司法審査の対象となるとした場合、単に争訟当事者についてのみならず、その他の志願者についても、試験の答案その他の関係資料を開示して、評定または判定の当否を審査しなければならない場合もありえよう。[27]しかし、合否判定を事実上やり直すことが困難であるという事情は、事情判決の問題となる可能性があるとしても、当該紛争の法律上の争訟性を否定する根拠にはならないというべきである。正答主張型の紛争において、原告の解答の支持可能性が認められるために試験の判定に瑕疵があることが判明した場合、行政処分たる国家試験の判定であれば、その取消事由または無効事由となり、以後は拘束力による試験機関自身の処理の問題とな

---

[27] 北海道大学医学部入学試験の合否判定の誤りを主張してなされた国家賠償の事案について、東京地判平成2年6月27日判時1359号83頁は、本文にある理由から法律上の争訟たることを否定している。

る。また、瑕疵がなければ原告が合格していたことが証明できれば、義務付け訴訟において合格の判定を勝ち取ることも不可能ではあるまい。

　これに対し、試験の判定に手続的な瑕疵があったかどうか、あるいは他事考慮があったかどうかを問題とすべき場合もありうる。前者を手続瑕疵主張型、後者を他事考慮主張型と呼ぶことにする。日本では、下級審判例の中に手続的瑕疵が主張された例[28]や他事考慮が主張された例[29]があり、こうした紛争は法律上の争訟に当たるとして裁判所の審判権が及ぼされている。昭和41年最判は、正答主張型の紛争に関する判例であり、手続上の瑕疵が司法審査の対象となりうることを否定しているわけではない[30]。すなわち、正答主張型の判決にのみ射程が及ぼされているというだけで、手続瑕疵主張型や他事考慮主張型については、そもそも従来から法律上の争訟として司法審査の対象であった[31]。

　試験の判定に至る過程は、知識・情報の集約が複雑、困難な性格を有するほどに、評価における裁量は広くなると考えられる[32]。とりわけ、学問的

---

28) 博士学位不授与に関する東京地判昭和37年3月8日行集13巻3号362頁及びその控訴審である東京高判昭和37年6月11日行集13巻6号1213頁、公立高校の入試に関する和歌山地判昭和48年3月30日判タ297号293頁、司法書士試験に関する甲府地判昭和47年7月17日行集23巻6＝7号522頁及びその控訴審である東京高判昭和51年2月9日判時821号110頁がある。
29) 司法試験に関する東京地判昭和49年9月26日判時769号38頁では、学識・応用能力の有無の判断の当否そのものは裁判所の審査に親しまないとしつつも、他事考慮の有無については裁判所の審判権が及ぶとされている。
30) 矢野邦雄［判解］法曹時報18巻5号（1966）756頁。もっとも、学問的な知識及び論理能力を問うのではなく、人物評価を主目的とする論述問題については正答主張型の紛争は成立しえず、もっぱら手続瑕疵主張型及び他事考慮主張型の紛争が考えられよう。
31) そうだとすると、1991年決定以前のドイツの裁判実務と日本のそれとを比較してみた場合、さして違いはないとの見方もありうる。すなわち、両国において、手続瑕疵主張型や他事考慮主張型については裁判上の審判の対象とされてきた点で同様であり、また、正答主張型の紛争は、日本では法律上の争訟に当たらないとされてきたが、ドイツでも例外的にのみ審査の対象となるにすぎなかったからである。しかし、1991年決定以降は、正答主張型紛争に関する連邦行政裁判所の判例が蓄積されており、やはり、日本の現状とは隔たりがある。
32) 山本・前掲注(24)13-14頁。

な知識を問う論述試験や瞬時に回答が求められる口述試験では、1991年決定が示した試験に固有の評価に関して、評価者に広範な裁量が認められよう。[33]

第2項　国立大学の入試判定

(1) 入試判定の法的性質

旧制度下の国立大学、すなわち国の設置する公の営造物としての国立大学（国家行政組織法8条の3の定める施設等機関）の場合、最高裁は、学生の入退学に関する大学の行為の処分性を肯定し、取消訴訟の対象としていたところである[34]。旧制度の下では、在学関係を特別権力関係ととらえるか[35]、あるいは在学契約関係ととらえるかについて対立していたが、前者が通説であると評されていた[36]。そこで、国立大学法人法（以下「国大法人法」という）の下で、国立大学の入試判定がいかなる法的性質を有するかが問題となる。年齢を考慮したことが他事考慮に当たるとして争われた東京高判平成19年3月29日判時1979号70頁（以下「平成19年判決」という）は、国立大学法人の行政主体性を前提としながら、入試判定を行政処分とは解さなかった。平成19年判決では、適切な訴訟の選択に関して、在学契約の成立時期に重要な役割が与えられている。すなわち、学納金返還訴訟最高裁

---

[33] 本書の立場によれば、正答主張型紛争は解答の支持可能性の問題であって、裁量の問題とはならない。これに対して、試験に固有の評価、すなわち受験者の解答にどのような評価を与えるか、2点とするか5点とするか、優とするか良とするかなどは裁量の問題となる。

[34] 最判昭和29年7月30日民集8巻7号1463頁、最判昭和52年3月15日民集31巻2号280頁。

[35] 田中・上78頁以下。

[36] 兼子仁『教育法〔新版〕』（有斐閣・1978）406頁。

[37] 園部逸夫・最判解民事篇昭和52年度101頁。特別権力関係論の領域に行政訴訟の対称性を認めるべきことは、従来から強く説かれてきた。室井力『特別権力関係論』（勁草書房・1968）358-371頁。大学内部の紛争を特別権力関係とみなした過去の判例については、原龍之助『公物営造物法〔新版〕』（有斐閣・1974）435-446頁参照。なお、現在では特別権力関係という理論は消滅したと評されている。阿部・解釈学Ⅰ 118頁。

判決の判旨にならい、学納金を納めていない段階での在学契約の成立を否定し、在学契約成立前での入学許可を求める原告の請求には理由がないとした。その上で、原告の請求を、入学試験による選抜において合格した（在学契約の申込み資格を付与する）との判定の意思表示を求める趣旨と解して審理を行っている。入試判定の処分性を根拠づける実定法上の根拠を見出し難い以上、妥当な結論であると思われる。

　国大法人法の規定からは、必ずしも行政主体性が明らかとはならないが、塩野宏によれば、国大法人法が独立行政法人法の仕組みとほぼ同様であること、独立行政法人等の保有する情報の公開に関する法律及び独立行政法人等の保有する個人情報の保護に関する法律が適用されており、国民への説明責任及び個人情報の保護を義務として負うことから、その行政主体性が肯定されていた。ただし、行政主体性を認めることと、法的仕組みが公権力の行使を予定しているかどうかとは別の問題である。そこで塩野は、職員の非公務員化、国公立の学校への適用を前提とした行政不服審査法4条8号（学校における処分の適用除外）が国大法人法下の大学に当然には適用されないこと、物的管理についても国有財産法の適用がなくなったこと、その他授業料の徴収についても民事法規の律するところによることから、在学関係を契約関係としてとらえるべきであると唱えていた。これに対して、学校教育法2条1項・5条は「学校は、国（……国立大学法人……を含む……）……が、これを設置することができる」、「学校の設置者は、その設置する学校を管理し……学校の経費を負担する」と定めることから、法人化後も国が営造物主として「大学」を設置するとの理解もありうる。し

---

38) 最判平成18年11月27日民集60巻9号3437頁等。

39) もっとも、部分社会論は大学の設置形態を問わないものであるから、国立大学法人の学生の在学関係にも適用されると解される。宇賀・概説Ⅲ 232頁。

40) 塩野・Ⅲ 88頁、92頁以下。

41) 晴山一穂「国立大学の非公務員化をめぐる法的問題点」神長勲＝市橋克哉＝神野健二［編］『室井力先生古稀記念論文集　公共性の法構造』（勁草書房・2004）23頁以下参照。

42) 塩野・Ⅲ 93頁以下、同「国立大学法人について」同『行政法概念の諸相』（有斐閣・2011）428頁。

43) 法人化後も未解明の解釈問題である。小早川光郎「概説 法人化の経緯」国立大学法

かし、この場合、従前の解釈を法人化後にも持ち込むことになろう。平成19年判決は、上記論拠を挙げているわけではないが、国大法人法下の大学と学生との間の法律関係は、学校法人たる私立の大学におけると同様に在学契約関係であると解しており、その意味で、国大法人法下の国立大学の在学関係を特別権力関係とみる古い考え方にとらわれずに判断している。

(2) 入試判定と裁量

平成19年判決では、面接に際しての評価は、性質上、一義的・客観的な基準に従って判断するには適さず、また、入学試験である以上、他の受験者についての同様の評価との比較が問題となることからも、面接官の最終的な判断に委ねるのが適当な事項である、と判示された[44]。特に本件の場合、専門的・学問的な知識の確認のための面接ではなく、人物の評価に重点があるため、面接官の最終的な判断に委ねるのが一層適当であるといえよう。しかし、そうだとしても、面接官の判断は適法な手続に則るべきであるし、事柄にふさわしくない考慮をすべきではないという法的拘束（他事考慮、平等原則違反など）が及ぶのであるから、面接に基づく試験判定をめぐる紛争もまた法律上の争訟たりうる。

平成19年判決は、年齢を考慮することが他事考慮に当たり、それゆえ裁量の踰越・濫用があるかについて審査している。その前提として同判決は、入学試験による選抜は、各国立大学がその教育理念や教育方針の下で、部分社会を形成する組織体である国立大学の構成員としての学生の身分及び地位を取得させ、信頼関係に基づき継続的かつ集団的に行う教育役務提供の相手方として適格を有する者を、募集に応じた入学志望者の中から、募

人東京大学[編]『東京大学大変革（現状と課題(4)）』（国立大学法人東京大学・2005）125頁参照。国立大学法人法4条2項が「国立大学法人は……国立大学を設置する」とあるのは、財産を管理する機能（大学法人）と研究教育を行う機能（大学）とが、1つの組織として結合していると解する立場として、山本隆司「民営化または法人化の功罪（下）」ジュリ1358号（2008）58頁以下参照。

44) 判時1979号75頁。拙稿「判批」自研85巻6号（2009）135頁以下参照。なお本章での考察の一部は、前掲「判批」で公表している。

集要項等で定めた評価方法及び評価基準に従って選抜し、合格者に、所定の期間内に所定の入学手続をして在学契約締結の申込みをすれば、特段の事情のない限り、国立大学は在学契約の締結を承諾する旨の在学契約の申込み資格を付与するというもので、優等懸賞広告に近似する法律関係にあると解するのが相当である、と述べた。この判旨からは、大学それぞれのプロフィールに従った学生の募集に基づき、大学独自の判断で学生を選抜する視点の承認をみてとることができよう。大学入試における裁量は、国家試験の場合より広くなる可能性がある。

第3項　個人情報保護制度に基づく試験の統制？

　試験争訟では、試験判定の基礎となった資料について開示されない限り勝訴は見込めない。平成19年判決では、年齢により差別されたことが明白であるとは認められないとして、被告が合否判定の権限を逸脱、濫用した旨の原告の主張は斥けられた。試験争訟における理由の提示または情報の取得方法が、重要な要素となることを端的に示した例といえるだろう。そこで、試験判定の経緯及び結果については、個人情報保護制度を用いて開示を求めることができるかどうかを検討してみよう。

　東京都保育士試験の受験者が、「保健衛生学及び生理学」に関する記述問題に対する解答の得点欄、採点記入部分、語句問題と記述問題の採点を集計した得点欄等の開示を求めた事案について判例がある[45]。被告たる東京都知事は、記述問題の得点等には採点者の主観的判断が介在しているため、これを開示すると、開示を受けた受験者が自己の解答に対する評価が不当に低い等の不満をもち、試験の採点方法に対する不信感を生じさせ、試験実施機関に対する信頼を失わせる結果になるとし、条例が非開示事由の1つとして挙げる「個人の評価、診断、判断、選考、指導、相談等に関する

---

[45]　宇賀・理論と実務322-326頁で、事実及び判旨が詳細に紹介されている。また評釈として、森稔樹「判批」法令解説資料総覧263号（2003）100頁、下井康史「判批」季報情報公開12号（2004）15頁参照。

個人情報であって、開示することにより、事務の適正な執行に支障が生ずるおそれがあるとき」（条例16条2号）に該当すると主張した。東京地判平成15年8月8日（判例集未登載）（以下「平成15年東京地判」という）は、①記述問題の解答に対する得点情報であっても、その採点に際して採点者の主観的判断が入る余地は少ないこと、②記述試験に関して採点基準の事前策定（行政の説明責任からの要請）及び採点後の点数調整が行われていること（公正さの担保）、③試験課題が、試験科目において客観的に確立している語句の定義や基礎的な事項を説明させる問題であることから、採点者の主観的判断により得点の差異が生じるものとは認められず、また、④採点結果に対する受験者の不服は、適切な争訟手段を通じて第三者が採点の適否を判断することによって問題の解決が可能となるというべきであって、試験に関する事務の適正な執行に支障が生じる客観的かつ具体的なおそれが生じるとは到底認められない、と判示した。さらに、⑤むしろ開示することにより採点の透明性を高め、不服のある者には適切な争訟手段を用いて自己の採点の適否を争わせる機会を与えることによって、最も効果的に信頼関係が確保されることとなり、これと反対に採点結果を開示しないことが、自己採点等により試験結果に疑問を有する者からのその解消を図る機会を奪い、試験制度自体に対する不信を固定化し、試験に関する事務の適正な執行に支障を生じさせかねない、と判示した。加えて、⑥本件の原告は、非開示部分についての自己の解答が正解またはそれに近いものであって、それほどの減点の対象となるものでないと確信し、そのことによって本件試験の採点に疑問をもっていることが認められ、この点については本件試験の採点結果を開示するとともに採点基準を説明し、なお疑問が残る場合には適切な争訟手段によって問題の解決を図るほかなく、このような手段を講じない限り、原告の本件試験制度への信頼を回復することはできないし、このような事態を放置することは受験者一般の本件試験制度への信頼を失わせることになりかねない、と述べた。以上により、開示すべきとの結論が導かれた。

これに対して、その控訴審の東京高判平成16年1月21日判時1859号37頁

（以下「平成16年東京高判」という）は、本件非開示部分を開示することにより、一方で、採点及び合否の判定の過程を透明化し、健全な批評、批判を通じて試験の適正の確保を実現するという効果を期待できるものの、他方で、①試験委員の確保が困難となり、能力不足の試験委員を採用することで試験問題が不適切なものになりがちになること、②試験委員及び事務局において質問に対する回答をするための事務が増加するおそれがあること、③採点基準が推定されて受験技術が発達し、機械的、断片的知識しか有しない者が高得点を獲得する可能性があるという副作用があることの4点を挙げて、「解答用紙及び問題ごとの配点と得点の開示」は、保育士試験の実施に関する「事務の適正な執行に支障を生ずる」おそれがあると判示した（最判平成18年3月10日（判例集未登載）は上告棄却）。まず、②については、情報の開示を制度化した以上、事務の実施が前提となるべきであるとの批判が妥当しよう。[46] ③についても、他の試験と同様、過去の筆記審査の出題例を編集した市販の問題集等を用いた受験準備が行われているのであって、当然、採点基準等も情報として試験を受ける者に提供されており、情報を開示することによって新たな弊害が生じるとはいい難い。[47] 宇賀克也は、本件について、開示がもたらす利益と当該副作用とを比較した場合に、開示がもたらす不利益が大きいといえるかについては議論の余地があり、平成15年東京地判の考え方は十分に成立しうるという。[48] 予算措置により試験委員の増加及び事務局の体制強化を図ることで、試験委員の負担をさらに軽減することができれば、①の弊害をも緩和することができ、開示の利益が優ることになろう。

　ただし、比較考量の結果は試験ごとに結論が異なるかもしれない。たとえば、司法試験の場合、第2次試験成績情報の開示が求められた事案に関する東京高判平成17年7月14日（判例集未登載）（以下「平成17年東京高判」

---

46) 磯村篤範「判批」判自261号（2005）31頁以下、33頁、高橋信行「判批」季報情報公開・個人情報保護19号（2005）34頁以下、35頁。
47) 磯村・前注(46)33頁。
48) 宇賀・理論と実務326頁。

という)は、口述試験に関しては、考査委員の氏名が公表されていることに加え、司法試験の受験生が多数にのぼり、不合格者数も多く、そのため考査委員に対する関心も高いことから、現にインターネット上では考査委員に関する大量の書き込みがなされ、中には考査委員に対する誹謗中傷や個人攻撃、脅迫まがいのものもあること、過去には法務省職員が司法試験失敗者から脅迫を受けた実例もあることを認定した上で、「口述試験の科目別得点」の開示によって司法試験事務の適正な遂行に支障が及ぶ、と判示した。しかし、平成17年東京高判は、司法試験特有の事情に配慮した上での判断であり、直ちに他の資格試験や入学試験に当てはめることは適切ではないだろう[49]。

　大学入試についてはどうであろうか。国立大学法人の大学院入試における成績等の情報が、独立行政法人等の保有する個人情報の保護に関する法律12条の規定に基づき開示を求められた事案がある。内閣府情報公開・個人情報保護審査会平成17年9月28日答申(17年度(独個)第1号)では、①小論文(解答用紙)に記載された内容については、当該解答用紙に採点者のコメントや配点・減点の書込みがないことから、法14条5号柱書ないし同号ハの定める、「事務又は事業の適正な遂行に支障を及ぼすおそれがあるもの」には該当しないとの判断が示された。また、②個別点数(「成績証明書」、「志望理由書」、「推薦書」及び「小論文」にかかる情報)については、採点者が誰であるかがわからない状況では、採点者が名指しで批判されることはなく、受験者からの批判により採点者が萎縮して適正な判断ができなくなるというおそれはないものと考えられるとして、やはり法14条5号柱書ないし同号ハの不開示情報には該当しないと判断された[50]。以上のうち、①については採点者の書込みがなかったことが判断のポイントとなっている可能性があり、事案ごとに判断が分かれる可能性があろう。しかし、たとえ採点者のコメントがあったとしても、評価の客観性が保たれて

---

49) 下井康史「判批」季報情報公開・個人情報保護19号(2005)43頁以下、45頁。
50) 事実及び判旨の紹介検討について、野口貴公美「国立大学法人の大学院入試応募書類、成績等情報」季報情報公開・個人情報保護20号(2006)38頁以下参照。

いる以上は、制度への信頼を高めることになるとした、平成15年東京地判の判旨が妥当しよう。

　試験の答案について、個人情報保護制度に基づく開示があれば、さらに訂正請求を行うことができる[51]。当該拒否は行政処分であるから、法律上の争訟性は問題にならず、訂正があれば不整合処分の取消し義務により、不合格処分の取消しもありえよう。しかし、以上の判例等の傾向をふまえて評するならば、現状では、試験の答案等に関する開示が認められる可能性は高いとはいえない。個人情報保護制度を試験統制として機能させるためには、まずは訂正請求の前提としての開示が認められる必要があろう。ところで、ドイツで説かれている代償原則によれば、等価原理をふまえた代償措置が求められる（第2章第2節第4項(2)）。個人情報保護法制は、確かに、「個人の権利利益を保護」することを目的とするが、それは行政処分の是正による権利利益の保護ではなく、第1次的には、情報自己決定権の保護が念頭に浮かぶところである。制度が寄与する法的価値に相違があるとすると、両者は制度的に等価関係にはないということになろう。

　訴訟で利用可能な資料の入手については、国家試験の判定であれば行政事件訴訟法23条の2が規定する釈明権の特則に[52]、処分性のない試験判定の場合にあっては説明責任の原則をふまえた裁判所の釈明権に期待することになる。前者の場合、新たな資料の作成までは求められないものの、行政庁及び関係行政庁に対して行使することができ、当事者の引用も不要なた

---

51)　橋本博之『行政判例ノート』（弘文堂・2011）163頁、大橋真由美「判批」行政判例百選Ⅱ〔第5版〕（2006）308頁以下。訂正請求は行政機関等の評価・判断を直接的に是正することにまで及ばない（宇賀・個人情報保護法の逐条解説374頁）。ただし、評価した行為の有無、評価に用いられたデータ等は「事実」であって訂正請求の対象となる（総務省行政管理局［監修］・社団法人行政情報システム研究所［編］『行政機関等個人情報保護法の解説〔増補版〕』（ぎょうせい・2005）143頁）。

52)　釈明処分の特則の理論的根拠地として、武器対等の原則及び行政の説明責任の原則を挙げることができる。行政訴訟実務研究会［編］『自治体法務サポート　行政訴訟の実務』（第一法規・2004）733頁以下［第23条の2・飯島淳子］を参照。なお、説明責任は処分に限定されたものではないとの理解として、深澤龍一郎「行政訴訟の審理のあり方」ジュリ1263号（2004）66頁参照。

め、民事訴訟の釈明処分より広い。処分としての試験判定が行われる国家試験の場合と、契約締結に至る過程で試験を行う国公立ないし私立大学入試の場合とでは、釈明権のあり方に差が生じることになり、その差のゆえに訴訟の帰趨は左右されることもあろう。

　もっとも、試験判定をめぐる紛争については、裁判上での解決が最もふさわしい紛争処理形態であるとは限らない。ドイツでは上記のとおり、国家試験をめぐる紛争に際して、行政上の救済手続の実施を求める再考請求権が、職業の自由の基本権から導かれていることに着目すべきであろう。また、立法論として、不服申立手続において審理機関が調査権を行使することにより、判定資料の提出を求めることができる仕組みを設けることが考えられる。

第3節　試験手続

　行政手続法は、試験の判定について適用除外（3条1項11号）とするが、より適切な手続を形成する余地はあるのであって、試験についても適正手続の要請という観点からの検討は必要であろう。職業の自由の規制としての許可制については、行政機関が審査基準を設定した上で当該基準を公正かつ合理的に適用しなければならないとした最判昭和46年10月28日民集25巻7号1037頁（個人タクシー事件）が想起される。同様の趣旨は、資格制についてもある程度で及ぶべきものと思われる。しかし、試験の場合、採

---

53)　試験判定の適正さを是正する司法の裁断について、試験実施主体の性質の差異が重要な意味をもつべきではなく、共通の法理に基づく規律が及ぶと解する。問題意識を共有すると思われる論考として、北島周作「行政法における主体・活動・規範(1)」国家122巻1＝2号（2009）51頁以下参照。また、国家資格の登録事務などを担う公益法人などを挙げながら、サービス行政の遂行主体の性格を問わず共通の公法的規律が及ぶとする多賀谷一照の見方も、基本的に上記主張に通底する思考を示しているように思われる。ただし、当該法人が実施する国家試験については言及がない。多賀谷一照「非営利組織の公法理論」千葉大学法学論集15巻1号（2000）41頁以下。
54)　行政不服審査制度検討会「行政不服審査制度検討会 最終報告―行政不服審査法及び行政手続法改正要綱案の骨子―（平成19年7月）」22頁以下。

点基準等を定めたとしても、試験の判定に際しては当該基準を補う形で採点者の個人的な基準の形成と適用が行われることは不可避であり、また、その限りで広範な裁量を認めざるをえない。ただ、そうはいっても採点基準の合理性及びその適用のあり方の適正性を審査することはできるだろうし、また、試験官は自己の採点内容についてある程度説明することができるはずである。[57]

ドイツでは、1991年決定が、職業関連型試験について憲法上の理由の提示義務を導出したが、司法試験は州ごとに実施され、受験者における合格者の割合も多い。[58]理由の提示について同様の理論を日本にもちこむことには躊躇を感じざるをえない。試験判定について、予め理由の提示を命じる事前手続の仕組みが日本になじまないとすると、当該判定に対する不服申立手続を設けることにより事前手続の弱さを補うことが考えられよう。[59]この場合、試験実施機関は、判定結果に対する不服申立てを受けて、理由の提示を含めて個別に対応することとなる。ドイツの試験法で発展した、再考請求権の具体化としての不服申立手続、及び試験委員に対する具体化された異議と応答の手続は、わが国の不服審査法のあり方を見直す際に参考になろう。[60]

---

55) 自動車の運転免許を取得する際に求められる技能試験の採点基準の存在及び必要性について、芝池・読本78頁以下参照。
56) 1991年決定が「裁判所の機能限界」として判断余地を認める根拠に挙げていた。BVerfGE 84, 34, 59.
57) 処分を下す際、行政庁は当該処分の理由をある程度考えているはずであるとの指摘として、常岡孝好「裁量権行使に係る行政手続の意義」新構想Ⅱ 245頁参照。
58) 連邦全体で、第1回法律試験の合格率は70%、第2回国家試験は80%を超えるという。村上=守矢=マルチュケ・ドイツ法入門271頁、273頁。
59) 行政書士法4条の18は、指定試験機関が行う試験事務にかかる処分またはその不作為について、総務大臣に対し、行政不服審査法による審査請求をすることができると定めている。しかし、同規定は、試験の判定については法律上の争訟に当たらないとの昭和41年最判を前提として、試験の判定を対象とするのではなく、受験申請の不受理や受験票の不送付、意に反する試験場の指定等を対象としたものであると解されている。兼子仁『行政書士法コンメンタール〔第3版〕』（北樹出版・2008）78頁以下。
60) 行政不服審査法における適用除外の対象の見直しは以前から主張されているが、伝統

ドイツでは、法治主義の要素としての裁判による国民の実効的権利保護が広範な判断余地により制限されるとの理由から、その不足分の代償（調整）として、理由の提示義務及び再考請求権が導かれていた。日本でも、手続相互間の補完可能性は以前から論じられており[61]、今日では、事前手続と事後手続の相互関係に関するバリエーションが具体的に検討される傾向にある[62]。たとえば、塩野宏は、公務員に対する不利益処分について、行政手続法が適用除外とされていること（行政手続法3条1項9号）、処分事由説明書の交付のみを予定する事前手続、実質的証拠法則及び裁決主義の不採用という3点から準司法的手続の意義が減殺されているとの認識を示して、次のようにいう[63]。

「処分に対する公正行政手続の要請は、事前・事後の総合的考察を必要とするが、わが国では不服申立ておよび訴えの提起に執行停止効果がなく、執行停止要件も厳格な法制をとっていることからすると、免職処分の侵害度が強いこともあるので、現行法のような事後手続の形式的適用で適正手続の要請をみたしているとみることはできない。処分事由説明書に加えた聴聞（必ずしも行政手続法の聴聞の形式をとる必要はないにせよ）の機会を事前に与える

的に特別権力関係であるとされている領域や試験について見直そうという主張は、近年においてもみられる。たとえば、岡田正則「行政不服審査の対象」福家俊朗＝本田滝夫［編］『行政不服審査制度の改革』（日本評論社・2008）64頁以下、68頁、室井力＝芝池義一＝浜川清［編］『コンメンタール行政法Ⅰ 行政手続法・行政不服審査法〔第2版〕』（日本評論社・2008）295頁［渡名喜庸安］など。
61) 不服申立てが行政訴訟をカバーするとの考えは、南博方「司法と行政―前進的司法権と終審的司法権―」公法46号（1984）15頁以下で示されている。環境行政訴訟等では行政の合法性確保よりも民主的コントロール（住民参加）の機能が期待されているとした、原田尚彦の分析もまた、事前手続の不十分さを行政訴訟で補完する視点を含んでいるといえるだろう。原田尚彦『訴えの利益』（弘文堂・1973）191頁以下。ただし、行政過程への参加の欠如の代償として司法過程への参加をとらえる発想を明示的に採用する判例はないとの指摘がある。仲野武志『公権力の行使概念の研究』（有斐閣・2007）312頁以下。
62) 山田洋は、多様なバリエーションを考慮した結果、事前手続を重視している。山田洋「事前手続と事後手続」新構想Ⅱ 219頁以下。
63) 塩野・Ⅲ 276頁。

ことが憲法上要請されると解される……。」

　不服申立手続及び司法上の救済があるからといって、憲法が要請する適正手続の水準を満たすとは限らないという上記立論の前提には、各種手続の総合的考察によって憲法が要請する適正手続の水準が達成されているかどうか、という問題意識をみてとることができる。以上は、不利益処分にかかる議論であることから、行政手続法との対比により事前手続の充実化が説かれているが、処分によっては不服申立制度を手厚く整える選択肢もありえよう。事前の行政手続だけでなく、事後手続としての不服申立制度を含めて、適正手続の保障を図るという視点が重要だと思われる。日本では、行政上の事前・事後手続の総合的考察が適正手続の要請となりうるとの認識は、立法論及び解釈論の指針として成り立つ土壌が形成されつつある。さらに、行政上の事前・事後手続と行政訴訟との総合的考察を憲法上の要請とする考え方を、解釈論として取り入れることもまた不自然ではないだろう。試験判定に関しては、事前手続の充実化は考えにくいこと、そ

---

64)　塩野・Ⅲ 276頁以下。
65)　久保茂樹は、事後手続たる不服審査を「事前聴聞を補完する制度」として適正手続保障の一環ととらえうること、不服審査制度を憲法上の要請ととらえうることを示している。久保茂樹「行政不服審査」新構想Ⅲ 161頁以下、170頁。
66)　塩野・Ⅱ 8頁以下では、行政上の不服申立ての制度を置くかどうか、置くとしてどのような制度とするか等については、行政過程全体（事前・事後）を通じての適正手続の保障という点に留意しなければならないと説かれている。適正手続の保障は法治主義の要請である。塩野・Ⅰ 27頁以下、阿部・解釈学Ⅰ 156頁。
67)　髙橋滋＝前田雅子＝島村健＝大橋真由美「座談会『行政不服審査制度研究報告書』について」ジュリ1315号（2007）50頁以下参照。
68)　福家俊朗は、「授権法律と統制および救済」という「三位一体論」からする法治主義の総合的な確保という視点を、行政不服審査の制度設計に際して求める。福家俊朗「行政不服審査制度の改革と論点」福家俊朗＝本田滝夫［編］『行政不服審査制度の改革』（日本評論社・2008）23頁以下（同『現代行政の公共性と法』（日本評論社・2010）217頁以下）。行政上の手続の整備によって、裁判上の権利救済の可能性を縮減する解釈は安易に採用すべきではないだろう。たとえば、住民参加手続を充実させたからといって当該決定の司法審査の必要性が減じるとはいえない。事前手続を類型化し、各種手続の機能を分析することにより、行政上の手続と司法手続の補完関係の成立可能性を検討する必

して、行政訴訟における統制が困難なことから、試験判定にかかる不服申立制度の整備は、試験法における法治主義の水準の低減を調整するという趣旨での代償として憲法上の要請となる、と解することができよう。

要がある。藤田・行政法Ⅰ 148頁以下。

◆第2部 文献

〔ドイツ語〕

Alexy, Robert, Ermessensfehler, JZ 1986, 701

Avenarius, Hermann/Heckel, Hans, Schulrechtskunde — Ein Handbuch für die Praxis, Rechtssprechung und Wissenschaft, 7. Aufl., 2000 〔**Avenarius/Heckel**〕

Bachof, Otto, Beurteilungsspielraum, Ermessen und unbestimmter Rechtsbegriff im Verwaltungsrecht, JZ 1955, 97

Bachof, Otto, Anmerkung, NJW 1953, 317

Bachof, Otto, Anmerkung, JZ 1958, 288

Becker, Peter, Prüfungsrecht — ein konstruktive Kritik seiner Rituale, 1988 〔**Becker**〕

Becker, Peter, Der Parlamentsvorbehalt im Prüfungsrecht, NJW 1990, 273

Böckenförde, Ernst-Wolfgang/Grawert, Rolf, Sonderverordnungen zur Regelung besonderer Gewaltverhältnisse, AÖR 1970, 1

Brohm, Winfried, Zum Funktionswandel der Verwaltungsgerichtsbarkeit, NJW 1984, 8

Brohm, Winfried, Stellung und Funktion des Verwaltungsrichters, Die Verwaltung 1991, 137

Bröhmer, Jürgen, Transparenz als Verfassungsprinzip, 2004 〔**Bröhmer**〕

Dallinger, Peter, Neuordnung des Hochschulzugangs, Zur Einführung des Wettbewerbs im Hochschulsystem, WissR 1998, 127

Dreier, Horst (Hrsg.), Grundgesetz-Kommentar II, 2. Aufl., 2006 〔**Dreier, GC II**〕

Erichsen, Hans-Uwe/Ehlers, Dirk, Allgemeines Verwaltungsrecht, 12. Aufl., 2002 〔**Erichsen/Ehlers**〕

Fehling, Michael, Verwaltung zwischen Unparteilichkeit und Gestaltungsaufgabe, 2001 〔**Fehling**〕

Groß, Thomas, Das Kollegialprinzip in der Verwaltungsorganisation, 1999 〔**Groß**〕

Gusy, Christopf, Prüfungsentscheidungen vor Gericht, Jura 1991, 633

Hailbronner, Kay (Hrsg.), Hochschulrahmengesetz Kommentar 〔**Hailbronner, HRG**〕 (§15=Stand 1999)

Hailbronner, Kay, Hochschulzugang, zentrale Studienplatzvergabe und Hochschulauswahlverfahren, WissR 2002, 209

Hufen, Friedhelm, Anmerkung, JuS 1992, 252

Hufen, Friedhelm, Fehler im Verwaltungsverfahren, 4. Aufl., 2002 〔**Hufen, Fehler**〕

Hufen, Verwaltungsprozessrecht, 7. Aufl., 2008 〔**Hufen**〕

Ibler, Martin, Rechtspflegender Rechtsschutz im Verwaltungsrecht, 1999 〔**Ibler**〕

Jochum, Heike, Verwaltungsverfahrensrecht und Verwaltungsprozessrecht, 2004

[Jochum]

Kingreen, Thorsten, Zur Zulässigkeit der reformation in peuis im Prüfungsrecht, DÖV 2003, 1

Kischel, Uwe, Die Begründung, 2003 [**Kischel**]

Koenig, Christian, Zur gerichtlichen Kontrolle sogenannter Beurteilungsspielräume im Prüfungsrecht, VerwArch 1992, 351

Kopp, Ferdinand O./Ramsauer, Ulrich, Verwaltungsverfahrensgesetz Kommentar, 10. Aufl., 2007 [**Koop/Ramsauer, VwVfG**]

Kugelmann, Dieter, Die informatorische Rechtsstellung des Bürgers, 2001 [**Kugelmann**]

Laubinger, Hans-Werner, Grundrechtsschutz durch Gestaltung des Verwaltungsverfahrens, VerwArch 1982, 60

Lindner, Josef F., Die Prägung des Prüfungsrechts durch den Grundsatz der Cancengleichheit—ein vielschichtiges Phänomen, BayVBl 1999, 100

Löwer, Wolfgang, Kontrolldichte im Prüfungsrecht nach dem Maßstab des Bundesverfassungsgerichts, Festschrift für Konrad Redeker, 1993, 515 [**Löwer, FS Redeker, 1993**]

Löwer, Wolfgang, Aktuelle Probleme einer Neuregelung des Hochschulzugangs, Festschrift für Ernst-Joachim Meusel, 1997, 175 [**Löwer, FS Meusel, 1997**]

Maunz, Theodor/Dürig, Günter u.a. (Hrsg.), Grundgesetz Loseblatt Kommentar [**Maunz/Dürig, GG**]

Maurer, Hartmut, § 60 Kontinuitätsgewähr und Vertrauensschutz, in : Isensee. Josef/Kirchhof, Paul (Hrsg.), Handbuch des Staatsrechts der Bundesrepublik Deutschland, Bd. 3, 3. Aufl. 2006 [**HStR Ⅲ**]

Maurer, Hartmut, Staatsrecht, 4. Aufl., 2007 [**Maurer, Staatsrecht**]

Maurer, Hartmut, Allgemeines Verwaltungsrecht, Aufl. 17, 2009 [**Maurer, Verwaltungsrecht**]

Muckel, Stefan, Verwaltungsgerichtliche Kontrolle von Prüfungsentscheidungen, WissR 1994, 107

Müller-Franken, Sebastian, Die Begründung von Prüfungsentscheidungen bei Berufszugangsprüfungen, VerwArch 2001, 507

Musil, Andreas, Wettbewerb in der staatlichen Verwaltung, 2005 [**Musil**]

von Mutius, Albert/Sperlich, Klaus, Prüfungen auf dem Prüfstand, DÖV 1993, 45

Niehues, Norbert, Schul- und Prüfungsrecht, Bd. 2 Prüfungsrecht, 4. Aufl., 2004 [**Niehues**]

Niehues, Norbert/Rux, Johannes, Schul- und Prüfungsrecht, Bd. 1. Schulrecht, 4. Aufl.,

2006 〔**Niehues/Rux**〕

Nierhaus, Michael, Beweismaß und Beweislast—Untersuchungsgrundsatz und Beteiligtenmitwirkung im Verwaltungsprozeß, 1989 〔**Nierhaus**〕

Pache, Eckhard, Tatbestandliche Abwägung und Beurteilungsspielraum, 2001 〔**Pache**〕

Pietzcker, Jost, Verfassungsrechtliche Anforderungen an die Ausgestaltung staatllicher Prüfungen, 1975 〔**Pietzcker, Prüfungen**〕

Pietzcker, Jost, Anmerkung, DÖV 1984, 806

Pietzcker, Jost, Anmerkung, JZ 1991, 1084

Redeker, Konrad/von Oertzen, Hans-Joachim, Verwaltungsgerichtsordnung 14. Aufl., 2004 〔**Redeker/v. Oerzen, VwGO**〕

Rozek, Jochen, Neubestimmung der Justitiabilität von Prüfungsentscheidungen, NVwZ 1992, 343

Schlette, Volker, Prüfungsrechtliche Verbesserungsklage und reformation in peius, DÖV 2002, 816

Schneider, Hans, Anmerkung, DVBl 1953, 82

Schoch, Friedhelm/Schmidt-Aßmann, Eberhard/Pietzner, Rainer (Hrsg.), Verwaltungsgerichtsordnung Kommentar 〔**Schoch/Schmidt-Aßmann/Pietzner, VwGO**〕

Schulze-Fielitz, Helmut, Neue Kriterien für die verwaltungsgerichtliche Kontrolldichte bei der Anwendung unbestimmter Rechtsbegriff, JZ 1993, 772

Schuppert, Gunner Folke, Self-restraints der Rechtsprechung, Überlegungen zur Kontrolldichte in der Verfassungs- und Verwaltungsgerichtsbarkeit, DVBl 1988, 1191

Sodan, Helge/Ziekow, Jan (Hrsg.), VwGO Großkommentar, 2. Aufl., 2006 〔**Sodan/Ziekow, VwGO**〕

Stelkens, Paul/Bonk, Heinz Joachim/Sachs, Michael (Hrsg.), Verwaltungsverfahrensgesetz Kommentar 6. Aufl., 2001 〔**Stelkens/Bonk/Sachs, VwVfG**〕

Tettinger, Peter J., Fairness als Rechtsbegriff im deutschen Recht, Der Staat 1977, 575

Ule, Carl Hermann, Zur Anwendung unbestimmter Rechtsbegriffe im Verwaltungsrecht, in : Gedächtnisschrift für Walter Jellinek, 1955, 309 〔**Ule, GS Jellinek, 1955**〕

Ule, Carl Hermann, Das besondere Gewaltverhältnis, VVDStRL 15 (1957), 133

Ule, Carl Hermann, Verwaltungsverfahren und Verwaltungsgerichtsbarkeit, DVBl 1957, 597

Voßkuhle, Andreas, Das Kompensationsprinzip, 1999 〔**Voßkuhle**〕

Wahl, Rainer, Risikobewertung der Exekutiv und richterliche Kontrolldichte—Auswirkungen auf das Verwaltungs- und das gerichtliche Verfahren, NVwZ 1991, 409

Wimmer, Raimund, Prüfungsprotokolierung durch Videoaufnahmen, JuS 1997, 1146

Wolff, Hans Julius, Anmerkung, DVBl 1959, 72

Wolff, Hans Julius/Bachof, Otto, Verwaltungsrecht I, 9. Aufl., 1974〔**Wolff/Bachof**〕

Wolff, Hans Julius/Bachof, Otto/Stober, Rolf, Verwaltungsrecht I, 10. Aufl., 1994〔**Wolff/Bachof/Stober**〕

Wolff, Hans Julius/Bahof, Otto/Stober, Rolf/Kluth, Winfried, Verwaltungsrecht I, 12. Aufl., 2007〔**Wolff/Bachof/Stober/Kluth**〕

Würtenberger, Thomas, Verwaltungsprozessrecht, 3. Aufl., 2007〔**Würtenberger**〕

Zimmerling, Wolfgang/Brehm, Robert G., Prüfungsrecht, 3. Aufl., 2007〔**Zimmerling/Brehm**〕

Zimmerling, Wolfgang/Brehm, Robert G., Der Prüfungsprozess, 2004〔**Zimmerling/Brehm, Prüfungsprozess**〕

〔日本語〕

青田テル子「試験評価に対する司法審査の意義」HUMANITAS（奈良県立医科大学一般教育紀要）24号（1999）114頁

青田テル子「試験官の評価特権と司法審査」HUMANITAS（奈良県立医科大学一般教育紀要）25号（2000）43頁

青田テル子「試験評価に対する裁判所による統制」阪大法学58号（2008）775頁

青田テル子「試験法（Prüfungsrecht）とその法的基盤」帝塚山法学20号（2010）200頁

青柳幸一「基本権の侵害と比例原則」芦部信喜先生還暦記念論文集刊行会［編］『憲法訴訟と人権の理論 芦部信喜先生還暦記念』（有斐閣・1985）601頁

芦部信喜［著］・高橋和之［補訂］『憲法〔第5版〕』（岩波書店・2011）〔**芦部=高橋・憲法**〕

阿部泰隆『行政法の解釈(2)』（信山社・2005）

阿部泰隆『行政法解釈学Ⅰ』（有斐閣・2008）〔**阿部・解釈学Ⅰ**〕

阿部泰隆『行政法の進路』（中央大学出版部・2010）

安念潤司「国家 vs 市場」ジュリ1334号（1997）82頁

石川健治「自分のことは自分できめる―国家・社会・個人―」樋口陽一［編］『ホーンブック憲法〔改訂版〕』（北樹出版・2000）124頁

石川健治「営業の自由とその規制」大石眞=石川健治［編］『憲法の争点』（有斐閣・2008）148頁

磯村篤範「判批」判自261号（2005）31頁

板垣勝彦「保障行政の法理論(1)」法協128巻1号（2011）83頁

市川須美子『学校教育裁判と教育法』（三省堂・2007）

伊藤進「教育法と民法の交錯2 在学関係と契約理論」季刊教育法30号（1978）149頁

今村茂和［著］・畠山武道［補訂］『行政法入門〔第8版補訂版〕』（有斐閣・2007）

宇賀克也『個人情報保護の理論と実務』(有斐閣・2009)〔**宇賀・理論と実務**〕
宇賀克也『個人情報保護法の逐条解説〔第3版〕』(有斐閣・2009)〔**宇賀・個人情報保護法の逐条解説**〕
宇賀克也『行政法概説Ⅲ〔第2版〕』(有斐閣・2010)〔**宇賀・概説Ⅲ**〕
浦川道太郎「司法試験合格者数問題」法時78巻2号(2006)44頁
海老沢俊郎『行政手続法の研究』(成文堂・1992)
海老沢俊郎「行政手続の瑕疵と行政行為の効果」寺田友子=平岡久=駒林良則=小早川義則[編]『現代の行政紛争 小髙剛先生古稀祝賀』(成文堂・2004)8頁
エーラース、D.(石川敏行[訳])「ドイツの法曹養成制度改革について」同(山内惟介=石川敏行=工藤達朗[編訳])『エーラース教授講演集 ヨーロッパ・ドイツ行政法の諸問題』(中央大学出版部・2008)127頁〔**エーラース**〕
遠藤博也『計画行政法』(学陽書房・1976)〔**遠藤・計画行政法**〕
太田匡彦「ドイツ連邦憲法裁判所における民主的正統化(demokratische Legitimation)思考の展開— BVerfGE 93, 37まで—」藤田宙靖=高橋和之[編]『憲法論集 樋口陽一先生古稀記念』(創文社・2004)315頁
大橋真由美「判批」小早川光郎=宇賀克也=交告尚史[編]『行政判例百選Ⅱ〔第5版〕』(有斐閣・2006)308頁
大橋洋一『行政規則の法理と実体』(有斐閣・1989)〔**大橋・行政規則**〕
大橋洋一『現代行政の行為形式論』(弘文堂・1993)〔**行為形式論**〕
大橋洋一『行政法Ⅰ』(有斐閣・2009)〔**大橋・Ⅰ**〕
岡田正則「行政訴訟制度の形成・確立過程と司法官僚制—司法制度改革に関連する歴史的視点からの一考察—」早稲田法学85巻3号(2010)155頁
興津征雄『違法是正と判決効—行政訴訟の機能と構造—』(弘文堂・2010)255-261頁
乙部哲郎「西ドイツ公法における信頼保護原則の動向—行政法規の遡及禁止との関連において—」神戸学院法学6巻1号(1975)181頁
乙部哲郎『行政の自己拘束の法理』(信山社・2001)
小野秀誠『大学と法曹養成制度』(信山社・2001)
折登美紀「ドイツ高等教育行政の動向」広島女学院大学人間・社会文化研究6号(2006)1頁
甲斐素直「ドイツにおける法曹養成制度改革について—制度の概要—」法学紀要49巻(2007)7頁
鹿子島仁「行政法関係における私人の行為—ドイツにおける学説の展開とその検討—」一橋論叢110巻1号(1993)116頁
覚道豊治「薬局開設拒否事件」山田晟[編]『ドイツ判例百選』(有斐閣・1969)66頁〔**ドイツ判例百選**〕
兼子仁『教育法〔新版〕』(有斐閣・1978)

兼子仁『行政書士法コンメンタール〔第3版〕』(北樹出版・2008)
神橋一彦『行政訴訟と権利論』(信山社・2003)
木佐茂男『人間の尊厳と司法権 西ドイツ司法改革に学ぶ』(日本評論社・1990)
北島周作「行政法における主体・活動・規範(1)」国家122巻1=2号 (2009) 51頁
ギップス、C. V.(鈴木秀幸〔訳〕)『新しい評価を求めて—テスト教育の終焉』(論創社・2001)〔**ギップス**〕
行政訴訟実務研究会[編]『自治体法務サポート 行政訴訟の実務』(第一法規・2004)
久保茂樹「行政不服審査」磯部力=小早川光郎=芝池義一[編]『行政法の新構想Ⅲ』(有斐閣・2008) 161頁〔**新構想Ⅲ**〕
交告尚史『処分理由と取消訴訟』(勁草書房・2000)
交告尚史「行政法学が前提としてきた憲法論」公法70号 (2008) 62頁
古城誠「公的規制と市場原理」公法60号 (1998) 109頁
小田中聰樹「法曹養成と司法試験制度改革」法時68巻3号 (1996) 6頁
小早川光郎『行政法 上』(弘文堂・1999)〔**小早川・上**〕
小早川光郎「行政訴訟改革の基本的考え方」ジュリ1220号 (2002) 62頁
小早川光郎「行政庁の第一次判断権・覚え書き」三辺夏雄=小早川光郎=磯辺力[編]『原田尚彦先生古稀記念 法治国家と行政訴訟』(有斐閣・2004) 217頁
小早川光郎「概説 法人化の経緯」国立大学法人東京大学[編]『東京大学大変革(現状と課題(4))』(国立大学法人東京大学・2005) 121頁
小早川光郎=小幡純子=高木光=高橋滋「法曹養成と行政法教育」自研76巻12号 (2000) 3頁
斎藤誠「公法における機能的考察の意義と限界—『機関適正』に関する断章—」稲葉馨=亘理格[編]『藤田宙靖博士東北大学退職記念 行政法の思考様式』(青林書院・2008) 37頁
櫻井敬子『財政の法学的研究』(有斐閣・2001)〔**櫻井・財政**〕
笹田栄司『実効的基本権保障論』(信山社・1993)〔**笹田・実効的基本権保障論**〕
塩野宏「国立大学法人について」同『行政法概念の諸相』(有斐閣・2011) 420頁
塩野宏『行政法Ⅰ〔第5版〕』(有斐閣・2009)〔**塩野・Ⅰ**〕
塩野宏『行政法Ⅱ〔第5版〕』(有斐閣・2009)〔**塩野・Ⅱ**〕
塩野宏『行政法Ⅲ〔第3版〕』(有斐閣・2006)〔**塩野・Ⅲ**〕
宍戸常寿『憲法裁判権の動態』(弘文堂・2005)
芝池義一「計画裁量概念の一考察」同『現代行政と法の支配』(有斐閣・1978) 200頁
芝池義一『行政法読本〔第2版〕』(有斐閣・2010)〔**芝池・読本**〕
下井康史「判批」季報情報公開12号 (2004) 15頁
下井康史「判批」季報情報公開・個人情報保護19号 (2005) 43頁
下山憲司「予防原則と行政訴訟—職権調査と証明責任に関する一考察—」石田眞=大塚

直[編]『労働と環境』（日本評論社・2008）254頁

シュミット-アスマン、E.（太田匡彦=大橋洋一=山本隆司[訳]）『行政法理論の基礎と課題　秩序づけ理念としての行政法総論』（東京大学出版会・2006）〔**シュミット-アスマン・行政法理論**〕

新山一雄「ドイツ社会行政手続法における関係人の協力義務」松田保彦=山田卓生=久留島隆=碓井光明[編]『成田頼明先生横浜国立大学退職記念　国際化時代の行政と法』（良書普及会・1993）311頁

鈴木秀美『放送の自由』（信山社・2000）

首藤重幸「法律規定における遡及効の2つの類型と憲法原則―所得税法事件―」ドイツ憲法判例研究会[編]『ドイツの憲法判例〔第2版〕』（信山社・2003）377頁

須藤陽子『比例原則の現代的意義と機能』（法律文化社・2010）〔**比例原則**〕

勢一智子「補償原則―ドイツ環境法にみる持続的発展のための調整原理―」西南学院法学論集37巻1号（2004）71頁

総務省行政管理局[監修]・社団法人行政情報システム研究所[編]『行政機関等個人情報保護法の解説〔増補版〕』（ぎょうせい・2005）

園部逸夫「判解」法曹会[編]『最高裁判所判例解説民事篇昭和52年度』（法曹会・1981）101頁

高木光『技術基準と行政手続』（弘文堂・1995）〔**高木・技術基準**〕

高木光『行政訴訟論』（有斐閣・2005）〔**高木・行政訴訟論**〕

高橋滋『現代型訴訟と行政裁量』（弘文堂・1990）〔**高橋・現代型訴訟**〕

高橋滋=前田雅子=島村健=大橋真由美「座談会『行政不服審査制度研究報告書』について」ジュリ1315号（2007）50頁

高橋信行「判批」季報情報公開・個人情報保護19号（2005）34頁

多賀谷一照「非営利組織の公法理論」千葉大学法学論集15巻1号（2000）41頁

田中二郎『司法権の限界』（弘文堂・1976）

田中二郎『新版行政法　上〔全訂第2版〕』（弘文堂・1976）〔**田中・上**〕

田村悦一『自由裁量とその限界』（有斐閣・1967）〔**田村・自由裁量**〕

田村悦一『行政訴訟における国民の権利保護』（有斐閣・1975）〔**田村・国民の権利保護**〕

常岡孝好「裁量権行使に係る行政手続の意義」磯部力=小早川光郎=芝池義一[編]『行政法の新構想Ⅱ』（有斐閣・2008）245頁〔**新構想Ⅱ**〕

恒川隆生「基本権論としての組織・手続問題―その系譜に関する若干の検討―」沖縄法学13号（1985）101頁

恒川隆生「西ドイツにおける行政裁量拡大傾向とその法理論的展開― O. バッホフ（O. Bachof）の判断余地説を基軸として―」沖縄法学16号（1988）17頁

恒川隆生「1980年代西ドイツにおける不確定法概念論の展開と裁判統制―『行政任務』

論と『権力分立』論を素材として―」沖縄法学17号（1989）143頁
寺田友子「西ドイツの大学入学定員数確定と裁判所」大阪市立大学法学雑誌30巻 3 = 4 号（1984）330頁
徳本広孝「判批」自研86巻 6 号（2009）135頁
戸波江二「西ドイツにおける基本権解釈の新傾向(1)」自研54巻 7 号（1978）86頁
富塚祥夫「実体的基本権の手続法的機能(上)」東京都立大学法学会雑誌27巻 1 号（1986）219頁
中川丈久「行政法からみた日本における『法の支配』」法哲学年報2005（2006）42頁
仲野武志『公権力の行使概念の研究』（有斐閣・2007）
中原茂樹［書評］「学界展望・行政法：Das Kompensationsprinzip」国家116巻 7 = 8 号（2003）851頁
成田頼明「行政上の法律関係における権利能力・行為能力」同［編］『行政法の争点〔新版〕』（有斐閣・1990）46頁
西谷剛『実定行政計画法』（有斐閣・2003）
西原博史『自律と保護』（成文堂・2009）
野口貴公美「国立大学法人の大学院入試応募書類、成績等情報」季報情報公開・個人情報保護20号（2006）38頁
野中俊彦「法曹資格試験の成績評価と司法審査のあり方」ドイツ憲法判例研究会［編］『ドイツの最新憲法判例』（信山社・1999）300頁
野村武司「西ドイツ義務づけ訴訟と現代行政（1～4・完）」自研64巻11号（1988）121頁、65巻 2 号（1989）110頁、同 3 号（1989）100頁、同 4 号（1989）101頁
橋本博之『行政判例ノート』（弘文堂・2011）
長谷部恭男「司法権の概念―『事件性』に関する覚書―」ジュリ1400号（2010） 4 頁
畑瑞穂「民事訴訟における主張過程の規律―主張・否認の具体化・理由づけについて―（1・2）」法協112巻 4 号（1995）488頁、114巻 1 号（1997） 1 頁
原龍之助『公物営造物法〔新版〕』（有斐閣・1974）
原田尚彦『訴えの利益』（弘文堂・1973）
晴山一穂「国立大学の非公務員化をめぐる法的問題点」神長勲=市橋克哉=神野健二［編］『室井力先生古稀記念論文集 公共性の法構造』（勁草書房・2004）23頁
人見剛『近代法治国家の行政法学』（成文堂・1993）
平岡久「法規命令制定への法律による授権の明確性（1～3・完）」大阪市立大学法学雑誌28巻 3 = 4 号（1982）29頁、29巻 3 号（1983）48頁、35巻 1 号（1988）203頁
平岡久『行政法解釈の諸問題』（勁草書房・2007）
広岡隆『行政法総論〔第 5 版〕』（ミネルヴァ書房・2005）
深澤龍一郎「行政訴訟の審理のあり方」ジュリ1263号（2004）66頁
福井秀夫『司法政策の法と経済学』（日本評論社・2006）

福家俊朗=本田滝夫[編]『行政不服審査制度の改革』(日本評論社・2008)
藤田宙靖『行政法Ⅰ〔第4版改訂版〕』(青林書院・2005)〔**藤田・行政法Ⅰ**〕
ブリンガー、M.(塩野宏=山下淳[訳])「行政裁量——展開、機能、裁判コントロール—」国家99巻1=2号(1986)95頁
ブローム、W.=大橋洋一『都市計画法の比較研究』(日本評論社・1995)
松本和彦「基本権の制約と法律の留保」樋口陽一=植村貞美=戸波江二[編]『日独憲法学の創造力 上巻』(信山社・2003)369頁
三浦大介「行政判断と司法審査」磯部力=小早川光郎=芝池義一[編]『行政法学の新構想Ⅲ』(有斐閣・2008)103頁〔**新構想Ⅲ**〕
南博方「司法と行政—前進的司法権と終審的司法権—」公法46号(1984)15頁
宮崎良夫「行政訴訟における主張・立証責任」鈴木忠一=三ケ月章[監修]『新・実務民事訴訟講座9』(日本評論社・1983)225頁
宮崎良夫「『司法の担い手』論」公法63号(2001)33頁
宮崎良夫『行政争訟と行政法学〔増補版〕』(弘文堂・2004)〔**宮崎・行政争訟**〕
宮田三郎『行政計画法』(ぎょうせい・1984)〔**宮田・行政計画法**〕
宮田三郎『行政裁量とその統制密度』(信山社・1994)〔**宮田・統制密度**〕
村上淳一=守矢健一=マルチュケ, H. P.『ドイツ法入門〔第7版〕』(有斐閣・2007)〔**村上=守矢=マルチュケ・ドイツ法入門**〕
村上裕章『行政訴訟の基礎理論』(有斐閣・2007)
室井力『特別権力関係論』(勁草書房・1968)
室井力=芝池義一=浜川清[編]『コンメンタール行政法Ⅰ 行政手続法・行政不服審査法〔第2版〕』(日本評論社・2008)
森稔樹「判批」法令解説資料総覧263号(2003)100頁
矢野邦雄[判解]曹時18巻5号(1966)756頁
山内一夫『行政法』(第一法規出版・1986)
山田洋「行政手続への参加権」一橋研究6巻3号(1982)118頁
山田洋『大規模施設設置手続の法構造』(信山社・1995)〔**山田・大規模施設設置手続**〕
山田洋「事前手続と事後手続」磯部力=小早川光郎=芝池義一[編]『行政法の新構想Ⅱ』(有斐閣・2008)219頁〔**新構想Ⅱ**〕
山本隆司『行政上の主観法と法関係』(有斐閣・2000)〔**山本・主観法**〕
山本隆司「義務付け訴訟と仮の義務付け・差止めの活用のために(上・下)」自研81巻4号(2005)70頁、同5号(2005)95頁
山本隆司「日本における裁量論の変容」判時1933号(2006)13頁
山本隆司「在外邦人選挙権最高裁大法廷判決の行政法上の論点」法教308号(2006)25頁
山本隆司「民営化または法人化の功罪(下)」ジュリ1358号(2008)58頁

亘理格「法律上の争訟と司法権の範囲」磯部力=小早川光郎=芝池義一[編]『行政法の新構想Ⅲ』(有斐閣・2008) 1頁〔**新構想Ⅲ**〕

事項索引

●A～Z

ADR…104,120
AStA…62
DFG…78,101
DFG オンブズマン…104
FFP…96
FhG…80,91
HRK…98
HRK マスター規定…109
KGW…80
MPG…78
NPM…27,32,42
NSM…27,64,235
ORI…97

●あ

アウトノミー…8
網目スクリーン捜査…125～
安全の中の自由…138

●い

異議審査請求手続…197,231
医師国家試験…162,177,178,195,209,241
委託研究…80
一身専属性の論拠…189
一体管理…16
一般学生委員会（AStA）…62
一般給付訴訟…30,56,117
一般的評価原則…180,193,242
一般附款規定…89

●え

営造物法人…68
閲覧請求…220

●お

公の支配…93
応用研究…80

●か

概括主義…168
会計検査院…29
カイザー-ウィルヘルム協会（KGW）…80
解答余地…180,194,233
科学者共同体…118
学術適合性…46,48,85
　――の原理…47
学術適合的…87
　――決定…85
　――組織…33,67,71,92,93
学生団…62
学籍配分センター…234
学則作成優先権…19
学納金返還訴訟最高裁判決…248
確認訴訟…70
学部…43,63
学問及び技術水準…159
学問共同体…68
学問の自由…33,42,66,68,77,91,99,100
学問の自立性…77,92
学問法…76～
価値概念…172
仮命令…57
カルカー決定…159
関係人能力…57
管理者留保…128
管理職選考試験…241

●き

機会平等原則
　…162,166,184,187,211,232,243
議会留保…157
機関間訴訟…48,62
機関訴訟…41
機関内訴訟…48,61
危険（警察法上の）…160
危険防御型…126
記述的不確定法概念…174
偽造…96

272　事項索引

基礎研究…79
機能法的考察…184
規範授権説…181
規範的不確定法概念…174
規範の明確性…133
基本規則（Grundordnung）…18
基本権保護義務…84
基本装備請求権…50
義務付け訴訟…169
客観性の要請…216
客観的な許可要件…163,208
客観的要件…239　→　客観的な許可要件
9.11テロ…124,136
教育研究評議会…33,67
教授…23
教授会…69,70
共助…146
行政規則…89,156
行政警察…140,143,147
行政行為…168
行政主体…32,34,249
行政組織の一体性…32,34
行政庁の第一次的判断の尊重…243
行政内部コントロール手続…196,200
行政の自己拘束の法理…156
行政の法律適合性の原則…185
行政不服申立手続…199
行政便宜主義…14
行政法各論…77
行政法総論…76
協働原則…65,68,71,78,93
協力の形式…16～
協力領域…9,10,16,21,49,63
許可制…154
距離保障…33,76,92,120
規律密度…239

●く

苦情処理…104
具体化責任…205,226
具体的な危険…124,133
具体的な手がかり…127,138
国の教育任務…232
国の代表…90

グループ代表制大学…44

●け

経営協議会…33
計画裁量…202
経験概念…172
経済計画…87
経済性コントロール…29
警察法…139
　　──2条一般根拠規範説…146,147
警察法模範草案…126,128
芸術の自由…191
警備業…140
欠席（試験の）…210
建学の精神…93
研究公正局（ORI）…97
研究者の不正行為…96～
研究の自由…99
権限の「主観化」…53
原告適格…59～
現在の危険…124,129,130,134
権利保護の実効性…181

●こ

行為裁量…171
公益法人…92
合格者数…239,241
合議制機関…191
口述試験
　…177,178,190,213,229,230,248,253
交渉（経済計画に関する）…88
交渉行政…77
公正（Fairness）…214
　　──の原則…114
拘束力…246
口頭での行政行為…228
公認会計士試験…201,227
公法上の社団…3
公法上の争訟…55
考量（衡量）コントロール…201,203
国勢調査判決…132,160
国立大学法人法（国大法人法）…31,144,249
個人情報保護制度…251
個人情報保護法…139

個人タクシー事件…256
国家事務…6,10,30
国家代理…13
国家の施設…3,4
国家不浸透性理論…48
固有の機関権…58～

●さ

在学契約関係…248
再決定義務付け判決…169
再考請求権…196,197,219,256,258
再考手続…197,228,233
裁判外紛争処理（ADR）…104
裁判官留保…128
裁判を受ける権利…70
作用法規範…143
三権分立…32,243
参照領域…76
三段階モデル…9

●し

試験委員会…191,239
試験科目…240
試験官…155,160,176,196
　──の党派性…166
試験規定…18
試験記録…216
試験訴訟…168
試験に固有の評価
　…180,186,203,228,242,248
試験の許可…208
試験法関係…209
試験無能力…212
自己訴訟（Insichprozess）…40
自主規制機関…119
自主コントロール…102,112,118
自主法制定権…8
市場原理…239
事情判決…246
施設等機関…31
辞退（試験の）…210
自治行政主体…40
自治事務…6,10,30
自治体組織訴訟…41

実験法律…46
私的自治…91,92
支配領域説…204
司法警察活動…143
司法権の限界論…243
司法試験…178,195,253
司法試験法（制）…239,241
司法の機能限界…190
釈明権…255
　──の特則…255
修正主体説…56
収容力調査命令…234
主観的機関権…52
主観的権利…40
主観的な許可要件…163,208
主観的要件…239　→ 主観的な許可要件
受験の回数制限…164
証言拒否権…115
招聘合意…50
招聘提案…23,55
情報自己決定権…133,148,160,255
情報提供請求権…230
証明責任…203,215
職業関連型試験…154,168,226,232,239,257
職務共助…128
職権探知…114,203,206
私立大学…92,141
侵害留保説…155
信義則…210
進級拒否処分…176
進級決定…233
新公共管理（NPM）…23,27,32,42
新制御モデル（NSM）…27,47
真性遡及…161
親大学行態原則…14
新保護規範説…182
信頼性（reliability）…164

●す

遂行責任…237
スクリーニング…148
スリーパー…132

274　事項索引

●せ

正規状態…198
正教授大学…44
政策基盤研究…92
正式調査…109〜111
正答主張型…246
制度体保障…6
制度的保障論…6
絶対的合格規制…165
説明責任の原則…255
選挙提案…21
選抜手続…234, 237
専門医決定…18
専門監督…10, 14, 28, 30
　　――の手法…14
専門水準…43, 45, 64

●そ

相対的合格規制…165
遡及禁止…161
組織基本権…101
組織訴訟…41
組織と手続による基本権保護…158, 241
ソフトロー…120
存続保護（Bestandsschutz）…64

●た

大学改革…44
大学学長会議（HRK）…98
大学財政…26〜
大学自治…3, 5, 30, 33, 66, 68
大学組織訴訟…41
大学組織の再編…63
大学統括機関…21
　　――の決定…46
　　――の権限…45
大学入学資格試験…232, 234
大学の私化…237
大学判決…2, 45, 46, 54
大規模研究施設…92
代執行…12
代償（Kompensation）
　　…136, 138, 148, 196, 226, 241, 258, 259

対照機関（Kontrastorgan）…53
代償原則…136, 158, 255
代償措置…47, 213, 255
代償的権利保護…198
代償履行…198, 200, 201
代替可能性説…173
対流手続…65, 71
宝塚パチンコ条例事件…42
他事考慮…216, 241
他事考慮主張型…247
多肢選択式…178
妥当性（validity）…164
段階理論…162

●ち

中央水準…43, 45, 64, 70
仲介型組織…78, 104
中核領域…9
中間型…127, 138
中期計画…32
中期目標…32
聴聞…115
直接国家行政…4, 40

●つ

通報者保護…107

●て

定数制限…235
訂正請求…254
適正手続…256
　　――の水準…259
データ保護法…128
手続瑕疵…231
手続瑕疵主張型…247
手続による基本権保護…207
テロ対策…124
電子式の行政行為…228

●と

ドイツ研究協会（DFG）…78, 101
等価原理…199, 255
登記社団…80, 101
統制密度…183, 186, 192, 243

事項索引 *275*

党派性…221
盗用…96
特定処分義務付け判決…169
特別規則説…156
特別行政主体…32
特別権力関係…156, 248
独立行政法人通則法…34

●な

内部監督…15
内部法…32

●に

二水準原則…43
日本学術会議…97, 118
入学拒否処分…175
入学定数制判決…234, 236
入試判定…248

●ね

ねつ造…96

●は

配分参加…50
配分請求権…234
配分手続…234
配慮型…126
波及的正統化責任…78
判断裁量…171
判断余地…171, 238, 242
判断余地説…171

●ひ

非関連型試験…154, 169, 226, 232
筆記試験…190, 248
非党派性…115, 121
秘密の保持…115
比例原則…133, 136, 162

●ふ

フォルクスワーゲン財団…30
不確定法概念…170
附款…87～
武器平等…219

不算入受験…165
不真性遡及…161
付随義務…117
負担的行政行為…16
不服申立制度…259
不服申立手続…199 → 行政不服申立手続
部分社会…250
部分社団…44, 68, 69
プライバシー…134, 139, 147
フラウンホーファー協会（FhG）…80
不利益変更禁止…197
文書閲覧…219

●へ

ヘルマン・ブラッハ事件…98

●ほ

保安警察…140
保育士試験…251
法監督…10, 14, 30
　——の手法…11～
放送の自由…207
法治主義の水準…259
法的安定性…161
法律上の争訟…41, 66, 70, 244
法律の留保…117, 239
保障責任
　（Gewährleistungsverantwortung）…237
補助金…88
本質性理論…84, 117, 157, 232

●ま

マックス-プランク協会（MPG）…78

●み

民衆訴訟…61
民主的正統性…158, 185, 192, 240

●め

免許制…154
面接試験…238

●も

目的プログラム…202

目標合意…27, 64

●ゆ

有害図書指定…191～

●よ

要代償状態…198, 200
予算提案…26
予測決定…193
予備審査…109, 111

●ら

烙印効果…135

●り

リスクコミュニケーション…137
理由の提示…225, 233, 258

●れ

連続＝協働型モデル…244
連邦機関訴訟…52
連邦データ保護監察官…132

●わ

枠組責任…71, 84, 93, 119
早稲田大学事件…139～142

著者紹介

徳本　広孝（とくもと　ひろたか）

1967年　石川県生まれ
1992年　金沢大学法学部卒業
1998年　東京大学大学院法学政治学研究科博士後期課程（公法専攻）単位修得退学。明治学院大学法学部専任講師、同助教授、首都大学東京法科大学院准教授を経て
2011年　首都大学東京法科大学院教授

著書・論文
「インフォーマルな行政活動の法的限界─ドイツにおける学説と判例を素材に─」本郷法政紀要3号（1994年）
『市民と公務員の行政六法概説』（行政管理研究センター・2004年、共著）
『自治体法務検定公式テキスト（自治検）基本法務編』（第一法規・2010年、共著）など

学問・試験と行政法学　　　　　（行政法研究双書　27）

平成23年10月30日　初版1刷発行

著　者　徳本　広孝
発行者　鯉渕　友南
発行所　株式会社　弘文堂　　101-0062 東京都千代田区神田駿河台1の7
　　　　　　　　　　　　　　 TEL 03(3294)4801　振替 00120-6-53909
　　　　　　　　　　　　　　 http://www.koubundou.co.jp
印　刷　港北出版印刷
製　本　牧製本印刷

© 2011 Hirotaka Tokumoto. Printed in Japan

JCOPY　〈(社)出版者著作権管理機構　委託出版物〉
本書の無断複写は著作権法上での例外を除き禁じられています。複写される場合は、そのつど事前に、(社)出版者著作権管理機構（電話03-3513-6969、FAX03-3513-6979、e-mail:info@jcopy.or.jp）の許諾を得てください。
また本書を代行業者等の第三者に依頼してスキャンやデジタル化することは、たとえ個人や家庭内での利用であっても一切認められておりません。

ISBN978-4-335-31214-4

オンブズマン法〔新版〕《行政法研究双書1》	園部逸夫 枝根　茂
土地政策と法《行政法研究双書2》	成田頼明
現代型訴訟と行政裁量《行政法研究双書3》	高橋　滋
行政判例の役割《行政法研究双書4》	原田尚彦
行政争訟と行政法学〔増補版〕《行政法研究双書5》	宮崎良夫
環境管理の制度と実態《行政法研究双書6》	北村喜宣
現代行政の行為形式論《行政法研究双書7》	大橋洋一
行政組織の法理論《行政法研究双書8》	稲葉　馨
技術基準と行政手続《行政法研究双書9》	高木　光
行政とマルチメディアの法理論《行政法研究双書10》	多賀谷一照
政策法学の基本指針《行政法研究双書11》	阿部泰隆
情報公開法制《行政法研究双書12》	藤原静雄
行政手続・情報公開《行政法研究双書13》	宇賀克也
対話型行政法学の創造《行政法研究双書14》	大橋洋一
日本銀行の法的性格《行政法研究双書15》	塩野　宏監修
行政訴訟改革《行政法研究双書16》	橋本博之
公益と行政裁量《行政法研究双書17》	亘理　格
行政訴訟要件論《行政法研究双書18》	阿部泰隆
分権改革と条例《行政法研究双書19》	北村喜宣
行政紛争解決の現代的構造《行政法研究双書20》	大橋真由美
職権訴訟参加の法理《行政法研究双書21》	新山一雄
パブリック・コメントと参加権《行政法研究双書22》	常岡孝好
行政法学と公権力の観念《行政法研究双書23》	岡田雅夫
アメリカ行政訴訟の対象《行政法研究双書24》	越智敏裕
行政判例と仕組み解釈《行政法研究双書25》	橋本博之
違法是正と判決効《行政法研究双書26》	興津征雄
学問・試験と行政法学《行政法研究双書27》	徳本広孝
司法権の限界《行政争訟研究双書》	田中二郎
環境権と裁判《行政争訟研究双書》	原田尚彦
訴えの利益《行政争訟研究双書》	原田尚彦
行政救済の実効性《行政争訟研究双書》	阿部泰隆
条解 行政手続法	塩野　宏 高木　光編
条解 行政事件訴訟法〔第3版補正版〕	南　博方 高橋　滋編
アメリカ環境訴訟法	山本浩美
要説 行政訴訟	橋本博之
要説 個人情報保護法	多賀谷一照
日本の地方分権	村上　順